Epitoma Rei Militaris

FLAVII VEGETI RENATI

EPITOMA REI MILITARIS.

RECENSVIT

CAROLVS LANG.

LIPSIAE
IN AEDIBVS B. G. TEVBNERI.
MDCCCLXVIIII.

LIPSIAE: TYPIS B. G. TEVBNERL

J. CHR. F. BAEHRIO

GRATO ANIMO

s.

PRAEFATIO.

*Flauium Vegetium Renatum ampliorem in mili-
tia gradum obtinuisse non solum ex ipso, quo innotuit, opere
perspicitur sed etiam codicum auctoritate firmatur, qui
'inlustris (ill.) uiri' et 'comitis' dignitatem illi attribuant.
Eundem christianum fuisse ex compluribus locis, quos
apud ipsum legas (p. 4, 3. 37, 16 sq. 72, 18. 151, 18, 19.
158, 12), satis elucet. Contra Romanum fuisse Vegetium,
quamquam dicendi ratione, qua usus est, totiusque libelli
condicione probari uidetur, pro certo tamen non potest de-
finiri*). De nomine autem auctoris nostri illud est monendum, 'Vegati' formam, quae passim in optimis codicibus
adstipulante antiquissimo (VII. saeculi) excerpto Vaticano
(Vat. Reg. 2077; cf. Mommsen Hermes I. (a. 1866) p. 130—
133) nullam, unice ueram 'Vegeti' esse: haec enim sola cum
in epigraphicis monumentis reperitur (Grut. 817. Murat.
1762) tum in ipsa operis inscriptione ab omnibus codicibus
antiquis agnoscitur; deinde, ut 'Vegatium' prorsus respua-
mus, amplectamur 'Vegetium', deriuandorum propriorum
nominum ratio**) maximopere suadet; locupletissimus uero*

---

*) Cf. Fabricii bibl. lat. ed. Ernesti III p. 173; Schwebel.
(1767) praef. p. 4. Comitem Constantinopolitanum Nostrum diserte
dicunt Harleianus 2551 (XIV. s.) Vat. 2193 (XIV. s.) Vat. 4494
(XIV. s.) In recentioribus aliquot codicibus comes 'Etylius' uel 'Eto-
lius' uel 'Atilius' Vegetius nominatur (cf. Vat. Reg. 1512 (XIV. Saec.)
et unum ex Bodleianis (b. canonic. Nr. 274. XV. saec.)). Illud
uero 'Etylii' ex male lecto V. C. ET ILL. (i. e. uiri comitis et
illustris) — id quod Librianus codex 1028 (uide infra) XI. (immo
XII.) saec. in operis indice praebet — quin natum sit, non dubito.
**) Vt flauus — Flautus, nouus — Nouius, septimus — Septimius,
ita uegetus — Vegetius.

testis est Prisciani locus (Inst. lib. III, 21, p. 97. Hertz: cf. p. 23, 19 nostrae Vegetii editionis), ubi quas codices praebent lectiones 'uegitius, uegitus, uegetus, uigitus' *) ei formae, quam quidem unam probauimus, mirum quantum fauere negari nequit.*

Iam uero, qua aetate Vegetius uixerit, quaeritur. Quam ad rem peruestigandam id maxime ualere consentaneum est, ut, cuinam imperatori (cf. p. 32 et 33) Noster operis sui primum librum obtulerit eiusdemque iussu conscripserit reliquos, accuratius disceptetur. Et sunt quidem certi fines, intra quos conicientibus nobis licet uagari; neque enim ante a. 384 Vegetius epitomam suam rei militaris composuit (cf. p. 21, 6 'diuo Gratiano († 383)) et ante a. 450 Vegetii opus peruulgatum fuit (cf. subscriptionem, quam ad quarti libri calcem z codicum genus exhibet 'Fl. Eutropius emendaui sine exemplario Constantinopolim consul. Valentiniano Augusto VII. et Auieno' **) (codd. 'Abieni' et 'Abieno'); qui est annus 450). Fuerunt autem intra hos sexaginta sex annos imperatores Valentinianus II. († 392), Theodosius I. († 395), Honorius et Arcadius, Theodosius II. (408—450) et Valentinianus III. (425—455). Iam uero id mihi ante omnia exploratum uidetur, maximopere falli uiros doctissimos Gibbonem (history of the decline etc. V 90) et Richterum* ***) *(das westroem. Reich etc. p. 666), ut qui ad Valentiniani III aetatem Vegetium promoueant* †). *Neque minus Arcadium et Theodosium II. aspernandos operae pretium non est ut*

---

*) *rh, manus alterae codicum RH, praebent 'Vegetius'; illam (r) ad IX. saec. pertinere opinatur Keil praef. p. X.*

**) *De qua subscr. uide Ottonem Iahnium act. soc. Sax. a. 1851 p. 344 et Fr. Haasium 'de latinorum codicum manuscr. subscriptionibus commentat.' (ind. lect. Vratislau. hibernarum anni 1860).*

***) *Cautius Richter saeculo quinto omisso imperatoris nomine Vegetium adscribit.*

†) *Cf. 'Institutions militaires de Végèce' (Bourdonii de Sigrais interpretatio Francogallica addita editioni Schwebelianae 1767) p. XIII. Vitia rei militaris, de quibus Vegetius conqueritur, ad totam illam aetatem pertinent.*

demonstretur. At enim duo codices ΠV iique satis bonae
fidei 'ad theodosium imperatorem', nimirum Th. I. intelle-
gentes, inscriptioni libelli adiciunt alibique (D quoque)
agnoscunt. Sed, quin interpolatoris additamentum illud sit,
nemo dubitabit, qui, quam infra accuratius aperiemus, naturam illorum codicum probe perpenderit; accedit, quod,
cur illud imperatoris nomen, si genuinum fuisset, ab ε cod.
genere in tradendis rubris illo quidem sollicitissimo non
fuerit cupidissime arreptum, uix potest intellegi. Verum-
tamen nescio an rectissime iste coniectauerit*); certe prae-
dicationes quaedam, quales in libello nostro leguntur — 'continuis uictoriis ac triumphis' p. 32, 2, 3, 'domitori omnium
gentium barbararum' p. 32, 11, 'tanti principis' ibid. 14,
'huius felicitatis' p. 51, 1, 'cunctos imperatores felici-
tate**) — praecedis' p. 127, 21, 'regni animique tui bona
cernimus — quantum uel humana mens petere uel gratia
potuit diuina conferre' p. 128, 1—5 incl., 'imperator inuicte' p. 5, 2. 28, 4. 32, 5. 63, 16. 123, 11. 149, 4. (cf.
etiam 50, 15.) — quamquam ex aetatis illius more in quemuis
alium imperatorem pertinere possunt, tamen in Theodosium I.
potissimum cadere uidentur. Verum sunt etiam quaedam
uerba, quae derecto huius imperatoris indolem ac facta ad-
umbrant; uerba enim 'Ab illis enim uel paucae uel singulae, a pietate tua innumerabiles urbes ita iugi labore perfectae sunt, ut non tam humana manu conditae quam diuino
nutu uideantur natae' p. 127, 18 quamuis redoleant adu-
latorem, quamuis sequenti libro, qui est poliorceticus, quasi
praeludant, uide ne aliquid certi ueríque in eis continea-
tur. Iam uero eam laudem nulli illorum imperatorum

---

*) Cf. Baehr, röm. Litteraturgeschichte, vierte Auflage III
§ 389.
**) 'Moderatione castimonia exemplis indulgentiae, studiorum
amore', quas uirtutes, licet re uera magis in Valentinianum II.
quadrent, Theodosio quoque, ut Pacatum panegyricum omittam,
uindicat Sexti Aurel. Victor. Epit. c. 48. Si quem talia delectant,
conferat Latin. Pac. c. 11, 4 ('Gothus — Hunnus — Alanus') et
c. 32, 4 ('Gothus ille et Hunnus et Alanus') cum Nostri p. 21, 4;
Latinus Theodosium constanter appellat 'imperator' aut 'imperator
Auguste' (cf. Nostri p. 96, 19).

uindicari posse arbitror, nisi Theodosio I., cuius prae-
fectus Cynegius 'uniuersas prouincias longi temporis labe
deceptas ad pristinum statum reuocauit' *). *Hoc unum est,*
cur nec de infelici illo Valentiniano II., sub quo uolgo
Vegetius uixisse perhibetur**), nec de Honorio****) esse*
cogitandum crediderim.

  Cum igitur de ipso imperatore, cui Vegetius libellum
suum inscripserit, ex hoc certi nihil constet, Theodosium
autem fuisse uerisimile saltem sit, restat, ut de duabus aliis
ansis disseramus, quas nobis Vegetius ad definiendam dedit
aetatem. Lib. I. c. 20 Gothorum mentionem facit. Si post
a. 410 Vegetius scripsisset, nemo, qui libellum nostrum
perlegerit, Romam per Gothos deletam eum illo loco non
omissurum fuisse infitietur; 'tantae' autem 'urbes' quin ad
Thraciam deuastatam pertineant, dubium non est, si modo
confers ea, quae de Gratiano militiae neglegenti et Gotho-
rum uictoriis a. 378 P. Diaconus et Ammianus Marcelli-
nus narrant. Alterum subsidium ex uerbis p. 149, 7 'quia
iam dudum pacato mari cum barbaris nationibus agitur
terrestre certamen' captari posse quis credat, utpote ex
quo loco cum Marcellini chronico sub anno 400, quo
pugna naualis facta memoratur, comparato ante a. 400
Vegetium scripsisse efficiatur; sed cum Marcellini aucto-
ritas minima sit, hinc nihil omnino colligendum censeo.
Igitur artissimi, qua Vegetii epitomam conscriptam pute-
mus, aetatis fines, si de imperatore rem integram relinqui-

---

*) cf. *Descriptionem consulum sub anno 388. Vide etiam Rich-*
teri l. l. p. 509: '*Theodosius that wenigstens das Mögliche um die*
Städte noch sicherer zu befestigen', *et Haenel corp. leg. anteiust.*
p. 229 et 233.

**) *Ad hoc usque tempus Valentiniani nomen in ipsis antiquis*
codicibus inscriptioni adiectum extare opinio fuit. At ante ter-
tium decimum saeculum (cf. Bandin. IV 175) illud additamentum
in codicibus repperi nullum. Mirum est quod in catalogo manu-
scriptorum a Librio surreptorum legitur p. 230: '*Perhaps the work*
was successively dedicated to both those emperors (Theodos. I and
Valentin. II.)'. (!)

***) *Nihil facio quod 'polyptychorum' uox (p. 51, 17) in codice*
Theodosiano non nisi sub annis 400 et 401 occurrit.

mus, anni sunt 384—410, *sin uero de Theodosio recte disputauimus,* 384—395.

Scripsit autem Vegetius epitomam*) rei militaris. Qui index ab ipsone Vegetio sit profectus, merito potest dubitari; nam, id quod iam supra indicauimus, eorum, quos nunc quattuor libros habemus, primus, 'libellus de dilectu atque exercitatione tironum' (p. 33, 1), a Vegetio imperatori suo oblatus est et post aliquod demum tempus ('dudum' p. 33, 2) reliqui eiusdem iussu a Nostro compositi sunt. Hinc etiam fusiorem illam (p. 29) libri primi subscriptionem codicum εDP nec non libri secundi praescriptionem codicum εD pendere opinor. Utut est, consentiunt optimi libri manuscripti in inscriptione 'epitoma rei militaris', et, ut hoc addamus, in quattuor non quinque**) libris. Qui in hanc rem accuratius inquirere uolent, ad eorum usum singulorum a nobis adhibitorum codicum indices operis hic subiciemus.

A: Flaui Vegeti Renati Viri Inlustri(s) (*per abbreu.*) Comiti(s) Epithoma Rei Militaris liber IIII Incipiunt Feliciter.

M: Flauii Vegeti Renati Viri inlustri(s) (*abbr. ut in A*) Comiti(s) Epithoma Rei Militaris liber Ñm (i. e. numero) IIII Incipit Feliciter.

G: Flauii Vegeti Renati Uiri Inlustri(s). Comiti (*sed haec uox postea erasa est*) epithoma Rei Militaris Libri Numri (—°2) IIII.

---

*) 'Quod putat Barthius XXVII Aduers. et alibi Epitomen tantum librorum Vegetii atque adeo Epitomen Epitomes hodie superesse, minus uerisimile uidetur. Et nescio quomodo ille uir doctissimus nimis acutus erat in olfaciendis usquequaque Epitomis.' Fabric. l. l.

**) Antiquissimus eorum codicum, qui diserte quinque libros agnoscunt, est unus ex Laurentianis partim ad XIII. partim ad XIV. saeculum pertinens (cf. Bandin. III 407); ceterum etiam posthac rarius accidit, ut Vegetius in quinque libros discriberetur. In libris typis excussus Scriuerii primi editiones quinque exhibent libros. Virum doctissimum errasse non solum codicum auctoritas sed etiam elenchus librorum probat; cf. etiam Casaubonum ad finem Polybii poliorcetici, qui et ipse de bello nauali enarrationem poliorcetico suo libro subnexerat.

Q: Flauii Vegeti Renati Vir̄ Inlusis (*s a* 2 *add.*) Epithoma
Rei Militaris Lib Num̄ IIII.   Incipiunt Feliciter.

L: inscriptio et lib. I. desunt.

Π: Flauii uegeti renati uiri illustris comitis sacrum*)
epituma rei militaris libri quattuor ad theodosium imprem.
Item periochae cuiusque libri.

V: Incipit liber flauii uegetii renati uiri illustris epytoma institutorum rei militaris ad theodosium imperatorem
feliciter.

D: In Nom̄ Dī Sūmi Incipiunt Libri IIII^{or} Flauii Vegeti
Renati Viri Illustris Epitoma Institutorum Rei Militaris.

P: Flauii Vegetii Illustris Viri Epithoma Rei Militaris
Libri Numero IIII^{or} Incipiunt Feliciter.

Adicio E (*exc. Vat. Reg.* 2077): Ex libro quarto
Publi(!)**) Vegati Renati (p. u. r.?) de re militari in titulo
XXXVIIII (*immo* XXXVIII) post praecepta belli naualis quae inci-
piunt a titulo supra scripti libri XXXI inter cetera et ad locum.

*Cum A et Π maximam habeant auctoritatem, rectissime
spero me ita, ut factum est, indicem nostri libelli consti-
tuisse, nisi forte librorum numerum additum uis.*

*Priusquam accedamus ad quaestionem de codicum ge-
neribus disceptandam, cum de elencho librorum tum de
rubricis pauca praemittenda uidentur. Elenchum librorum quin recte uncis incluserim, dubium esse nequit;
contra de rubricis ambigi potest, cum Vegetius ipse de
primo quidem libro tale quid significet uerbis 'per quosdam
gradus et titulos' p. 4, 18. Sed ut profectas eas ab ipso
auctore negemus, primum facit prauissima hic illic eaque
Vegetio indignissima (e. g. II, 24) uel absurdissima (e. g.
IIII, 44) dicendi ratio, deinde, quod saepe ineptissime non
nisi ad aliquam solam neque eam grauissimam orationis
partem spectant(e. g. III, 10) postremum, quod interdum per-*

---

*) i. e. sacrarum cf. *Boecking Not. dign.* p. 330. *Librarium
fugisse uidetur 'comitem' uocabulum optime absolute dici eoque
dignitatis inprimis militaris gradum non officium significari. 'Comitis sacrum' codicis Vatic.4497(XIV.saec.)quoque index exhibet.
**) Publii Vegetii mulomedicina fertur.*

*uersum in modum orationem interrumpunt atque conturbant
(e. g. II, 18.) Quae argumenta cum omnia etiam in primum
librum quadrent (cf. 1, 8, 12, 28), cunctas rubricus, et primi
libri et reliquorum, a posteriore scriptore quinti fere uel
sexti saeculi — iam enim in eo codice, ex quo fragmentum
Vaticanum VII. saec. excerptum est, rubricae adscriptae
fuere — additas contenderim; referendum autem illud 'per
gradus quosdam et titulos' uidetur ad 'Rerum ordo deposcit etc.' c. 2, 'Sequitur etc.' c. 3, 'nunc. — exploremus'
c. 4, 'Sequitur' c. 7; 'Signatis itaque tironibus per cotidiana exercitia armorum est demonstranda doctrina' in
c. 8 (p. 12, 1, 2, huc usque de dilectu tironum egerat Vegetius, iam alteram partem ad exercitationem tironum
spectantem ingreditur), 'Locus exigit, ut etc.' c. 20, 'castrorum quoque etc.' c. 21 (— c. 25 incl.); abrupte sane c. 26
et 27 exercitationem tironum ad finem deducunt; 28 est
epilogus. Quae cum ita sint, titulos illos ex ipsa oratione
tollendos arbitrati sumus, praesertim cum, si quis totam hanc
rem diligentius perscrutari uolet, ex capitum indicibus, quos
singulis libris praemissos et codices habent et nos uncis inclusos retinuimus, subsidium ei redundare possit certissimum,
etiamsi in minutioribus quibusdam rebus capitulationes ab
ipsis discrepent interdum rubricis. Hoc loco non omitte-
mus nos paenitere, quod non numeros quoque capitulorum
prorsus ex oratione exstirpauimus ac solummodo in margine adnotauimus.
Sequitur, ut de codicum generibus affinitatibusque dispu-
temus. Qui cum adeo multi extent, ut, quantum mihi quidem eruere licuit, centum quadraginta excedant numerum,
ita rem institui, ut eorum codicum, qui post duodecimum
saeculum exarati sunt, nullam fere habendam rationem
censuerim. Ceterorum autem, quos quidem pro uirili parte
omnes*) respeximus, duo sunt genera, unum mutilum ac per-
quam neglegenter scriptum (ε), alterum plenius et correctius
(π' uel π); sunt autem illius quasi primaria nota hiatus*

*) *Excipias Montepessulanum Nr. 133 XII. saec. 'incomplet
et en mauvais état' (Catalogue géneral des manuscrits des biblio-
thèques publiques des départements I 334).*

p. 153, 4—9 et 164, 4—7. Huc accedit, ut in prioris generis codicibus subscriptio illa Eutropiana*), quam supra protulimus, adsit, contra in altero nil tale compareat. Unde ne quis ea, quibus ε ab π discrepet, ad Eutropium emendatorem colligat esse referenda, tria potissimum impedimenta sunt: primum lemmata, quae a posteriore scriptore profecta supra demonstrauimus, duorum illorum codicum ordinum sunt communia, deinde in cunctis codicibus l. I, c. 1. primum enuntiatum 'In omni — uictoriam' elencho librorum postponitur, postremum, ut insiticia quaedam (e. g. totum caput 26 l. III) omittam, in ipso uerborum contextu in adeo multis consentiunt uitiis, ut ex uno eodemque archetypo eoque iam deprauato ε et π non fluxisse non possint. Sequitur, ut etiam π genus ad Eutropii librum reuocetur, sed ita, ut per neglegentiam subscriptionem illam in archetypo huius classis omissam statuamus. Iam uero cum uix sit credibile, ab Eutropio, quem rubricas quoque confecisse negauerim, multos illos errores esse intrusos, archetypum omnium codicum superstitum ad sextum fere saeculum promouendum censeo.

Pergentes ad archetyporum utriusque generis naturam et condicionem edisserendam incipiemus ab eo, quem ε nota indicauimus. Cuius pleraque uitia — et sunt quidem plurima — a neglegentia incuriaque et inscitia eius, a quo est exaratus, pendere satis est manifestum. Huc pertinent quattuor potissimum erratorum species: 1) quod ex aetatis inferioris indole α) singulas litteras (o et u, i et e, c et r, p et f 'ex' uel x et s, x et f (p. 157, 4)) confundit, β) n litteram alienis locis intrudit aut abicit (e. g. uincere — uicere; angariis — agrariis), m litteram finalem, prout libet, addit et omittit; 2) quod litterarum similitudine fallitur (i — c, t — c, r — s, d — ti, m — nc etc.) uel sigla non comprehendit (e. g. 'diei' et 'die' — dei — dĩ, 'istae' — istae — instructae). 3) quod omittit α) saepissime singulas litteras uel β) singulas syllabas (e. g. 'hortem' uel 'hostem' — cohortem, 'firmiores' — infirmiores, 'in africam' —

\) In Bernensi et cod. Q casu excidit.

intra africam, 'turio' — *centurio etc.; similiter* 'prolixa'
— *prolixiora); γ) frequenter singula uel plura uocabula*
(e. g. [altissimae] *latissimaeque,* [iterum] *iterumque,* [aut
ineptum uideatur] *aut longum); δ) saepenumero tota commata (cf. praeter ea, quae supra commemorauimus, p.* 41,
17, *p.* 119, 11). 4) *quod interdum uocabula uel syllabas
iterat (cf.* 'facie faciebant' *p.* 159, 2, *longitudinis* 'ad-
dinis additur' *p.* 81, 23, 'marti martis' *p.* 92, 20). *Hinc
repetendum etiam* 'hanate' *p.* 127, 21 == 'nanate' *uidetur
Vegetioque* 'natae' *uindicandum; nam N litterae forma antiqua proxime ad H accedit.*

    *Rariora sunt ea errata, ad quae aut mendo leui eius
codicis, unde descripsit suum, aut male legendo librarius
delatus est (e. g. p.* 5, 22 'seuire (i. e. saeuire) *in desides
uindicando'* — *seuire in desides uindicare* — *seuere in
desides uindicare; p.* 12, 23 'ede' *i. e. aede* — *ade* —
AcIe — *acie,* 95, 13: 'capias' — *captis* — captes*) *etc.).
Emblemata quoque partim interlinearia partim marginalia
quaedam quamuis pauca in ipsum uerborum ordinem in-
seruit, nempe loc. Vergil. p.* 110, 22, *p.* 76, 8 'insidiatores
in alio loco inpulsant transuersos frequenter incursa' (i. e.
incursant), *ubi* 'in alio loco inpulsant' *quin glossema ad
uocem pertinens* 'incursant' *sit, uix dubium est; simili modo
natum uidetur* 'explicitos uelites' *p.* 100, 18. *Praeterea
ὁμοιοτέλευτα quaedam (cf.* 78, 14) *multaque alia uitia
inrepserunt, quae ad neglegentiam solam librarii redire
haud difficile est intellectu. Denique p.* 34, 12 'barbaricae'
('barbarae' π) *interpolatane sit lectio, nunc quidem in dubio
relinquam.*

    Huius classis primarii testes sunt Parisinus 7230
saeculi decimi ineuntis (— *sec. catalogum s. noni* —)
nobis A Bernensis 208 *Parisinusque* 6503 *inter se ad uerbum fere consentientes, quibuscum etsi artissime cohaeret Monacensis* 6368 *eiusdem aetatis nobis M, tamen non*

---

   *) *Ita fortasse etiam* 49, 1 'reparari' *ex* 'sperari' — *ceterum
praecedit etiam* 'reparata' — *ortum est, paenitetque nunc* 'reparari' *recepisse.*

ex eodem libro descriptus est. Secundarii testes sunt ab una parte Guelpherbytanus Gudianus 84 saeculi X. exeuntis uel undecimi nobis G — quem Schwebelius adhibuit — et Parisinus 7230 A, quem non in certamen uocauimus utpote cum G in omnibus fere uariis lectionibus consentientem ipsumque neglegentissime exaratum, ab altera parte Parisinus 7383 X. saec. nobis Q, Laudunensis 428 X. s. ineuntis nobis L, Dresdensis D 182 X. saec. Illos cum A esse coniunctissimos, hos — nobis λ*) — quamquam mirum quantum interpolatos ac deprauatos prorsusque nullius pretii tamen in quibusdam leuioribus ad M proxime accedere constat. Quod Bernensem Parisin. 6503 Dresdensem ab apparatu nostro exclusimus, neminem, spero, offendet; factum est ex ea criticae ratione, quam in hac recensione ineundam iudicauimus (cf. quae in Teubneri 'Mittheilungen etc.' 2. p. 7. de nostra editione professi sumus).

Venimus ad archetypum alterius classis, quem π uel π' — quid differat, uide infra — nominamus. Quem pleniorem atque correctiorem quam ε fuisse ut iam supra dictum est, ita qui leuiter, quae inter ε et π intercedunt, discrepantias percurrerit, hunc codicum ordinem pro fundamento instituendae criticae editionis habendum iudicauerit. Sed aliter res se habet. Primum antiqui libri, qui ad hanc classem pertinent, longe pauciores sunt, unde fit, ut traditarum lectionum origo et progressus hoc in ordine minus sit perspicuus; deinde quicumque diligentius naturam huius classis perscrutabitur singulis, quibus ε et π differunt, locis accurate consideratis atque expensis, ita eam comparatam reperiat necesse est, ut, id quod iam supra, cum de operis inscriptione ageremus, leuiter quidem tetigimus, ab ingenioso quodam homine scriptus uideatur, qui cum haec illa, quae haud probe mente adsequeretur, suo arbitrio atque emendandi studio interpolaret tum antiquitus tradita uitia, quae

---

*) *Ad hanc deterrimam familiam pertinuit codex, unde Cusana excerpta ('Ueber eine Handschrift des Nicolaus von Cues etc.' auctore Jos. Klein p. 39 et 40) sumpta sunt.*

adhuc in ε seruantur, falso corrigeret. Quam rem ut
melius possis diiudicare, nonnulla exempla subiciemus.

p. 26, 10	sine perturbatione et celeriter ε	sine perturbatione et celeriter et caute π
37, 14	uicturis punctis ε	picturis punctis π
56, 4	ut ε	quod π
89, 2	consuluere ε	coluere π
92, 11	delebarunt (i. e. debellarunt) α' (= AM)	deleuerunt π
94, 1	marię eius (i. e. marcidus) α (= AGM)	anhelus π (incautus λ)
94, 2	hos — ε	haec — π
4	exercitus didicerunt ε	exercitus perdiderunt π
14	quasi †se fac. peruenturi ε	quasi sperent se peruenturos π
103, 10	[Exceptis — amittit] *titulo adiunctum habet* ε	*orationi inseruit* π
113, 15	quas ε	quasi π
113, 17	auersis ε	aduersis π
135, 8	aliaque ε	atque alia π'
146, 3	odore εP	nidore π'

Sed neglegentia quoque non prorsus immunis fuit ille
librarius; a qua repetenda sunt uitia ut 'lentiones' pro
'linteones', 'enucleatim (π')' pro 'enucleati', 'exspectat'
pro 'spectat', 'anteferentarios' pro 'ferentarios' (antece-
dente 'antesignarios'), 'superuenientibus' in capitul. III, 9,
'duplex proponitur' pro 'duplex prope ponitur', 'fidissi-
mis' pro 'fidelissimis', 'barbari quoque' pro 'barbaricoque',
'numerum' pro 'munerum'. Denique cum omnino ei parum
sit religionis, tum minuta quaedam, ut 'cornum' missibi-
lia', parum diligenter tradit.

Huius classis testes primarii sunt Palatinus 909 X. saec.
nobis Π et Vaticanus 4493 XII. saec. nobis V, secundarii
Parisinus 7231 XII. saec. nobis D aliquatenus cum α familia
classis ε contaminatus et Perizonianus F 17 XI. saec.
nobis P ualde cum λ familia ε classis contaminatus, ad cuius
exemplum P₂ etiam alias intrusit correctiones*); quem cum
eodem iure etiam ad ε genus referas, consensum librorum

---

*) Oudendorpius (obseru. miscell. VI. VII. VIII. IX), quod
maximi hunc codicem aestimauit, magnopere errauit.

*Π VD propria nota π', consensum librorum Π VDP π littera
expressimus. Librum D, quamuis frequentissime et praecipue
in interpolationibus cum V ita consentiat, ut in editione nostra
duos hos codices una littera δ comprehensos uideas, tamen
hoc praefationis loco, ut pro se uterque rectius aestimetur,
a V separandum duximus. Ipsi denique primarii huius
classis testes Π et V maxime inter se differunt, cum et Π
suas easque permultas habeat interpolationes — cuius rei
periculum in unaquaque fere pagina fieri licet — et V ex
eodem ac D archetypo fluxerit multis illo quidem in locis
deprauato atque interpolato. Nihilominus uterque perbo-
nus codex est habendus neque omitti debet V potissimum
nonnullis in locis, ubi ceteri omnes delirant, rectum ser-
uasse uel restituisse.*

   *Haec pauca de singulis generis π codicibus disserenda
existimauimus, ut nunc quaestio de discrimine archetyporum
ε et π instituta ad finem possit deduci. Restat enim, ut in eis locis, quibus Π et δ (uel etiam interdum Π V et D) et ab ε et inter
se differant, consentiant generis ε libri certe primarii, quae-
nam sit sequenda lectio, statuamus. Quam rem inuestiganti-
bus nobis apparuit omnibus fere talibus in locis ε ueram lectionem praebere; id quod his paucis exemplis probatur:*

p. 8, 12	per laborem usu mili-	per laborem usũ militie *Π*
	tiam (— a *A*) α'	per laboris usum militiam *δP*
47, 17	semispathia (—tia *A'*)	semispathias *Π*
	ε*P*	semispatium *D*
		(in *V* excidit)
58, 1	aut seruare aut auge-	aut seruare aut agere *Π*
	re *Aμ*	aut certare aut agere *δP*
73, 11	mota *ε*	nota *Π* mutata *δP*
92, 14	ambronum *ε*	umbonũ *Π* umbrorũ *δP*
124, 1	iungeretur α	iniungeretur *Π* ingeratur *δP*
136, 19	proserit α	proferit *Π* profert *δP* (λ)
150, 4	ionio mari *ε*	in ionio mari *Π* ionio in mari
		VP

   *Extremum est, ut de excerpto Vatic. VII. saec. nobis
E pauca addamus. Quod quamquam ad π pertinet, tamen
complura sunt, in quibus cum ε consentit:*

p. 34, 10 ut — censerentur *Eε*	[ut] — censebantur *Π*
	et — censuerunt *δP*
154, 2 experimentum poste-	experimento posterior aetas
rioris (— es *α'*)	*δP* non solum posterioris
(potioris *E*) aetatis	aetatis [d.] *Π*
(— es *α'*) XII (duo-	
decim *α*) *Eα*	
154, 7 solstitio *EεP*	solfatio *V* equinoctio *Π*
155, 4 aparcias *EAμ*	aparkias *Π* apartias *P* apar-
	tius *V*
155, 5 thrascias (trasc. *A*)	thraskeas *Π* τρασκίας *P* tras-
Eε	chias *V*
155, 7 consuerunt *Eε*	consueuerunt *π*
156, 11 easdem *EεP*	einsdem *Π*

Habet autem et E suas interpolationes e. g.

p. 154, 4 horum	quorum *E*
154, 12 hoc	id *E*
157, 11 quo	quod *E*

et, qui est locus grauissimus,

p. 155, 4 adhaeret (aderit *α*)	est *E*

Quare etiam 'Pliadum' 156, 3 formae 'Pleiadum' prae-
tulerim. Denique 'urbium' p. 157, 9, quod EΠ praebent,
quamuis Mommsen V. Cl. l. l. aliter sentiat, interpolatio-
nem archetypi π puto paenitetque in textum recepisse.

    Etiam in eis, quae liberius excerpsit ex II 6 et 2, sunt
quaedam menda. Postquam enim IV c. 38 inde ab 'Igitur'
usque ad c. 41 excl. perscripsit, hunc in modum pergit:

    'Item ex superioribus libris eiusdem operis inter cetera
et ad locum. Apud Romanos in legione X cohortes (38, 4 sq.)
erant quarum prima habet pedites ∞ CV equites XXXII et
dicitur millenaria (*immo* 'miliaria'). relique nouem cohortes
habent pedites quingentenos quinquagenos quinos equites
sexagenos senos et appellantur cohortes quinquagenariae
(*immo* 'quingentariae'). plena legio habet pedites sex milia
centum equites DCCXXX. legiones ergo proprie (34, 4 *sq.*)
romanorum sunt. macedones uero greci dardani phalangas habuerunt ut in una phalanga armatorum VIII milia censerentur.
galli atque celtiberi pluresque barbarae nationes cateruis utebantur in praelio in quibus erant sena milia armatorum'.

*Reliqua leuiora uitia huius excerpti uide in uariae
lectionis* (V. L.) *et supplementi lectionis* (S. L.) *laterculo.*

     *Ex his igitur, quae de archetyporum ε et π (π') condi-
cione disputauimus, in' constituendo textu neque unum potissimum codicem neque unam solam classem sequentibus id
nobis agendum putauimus, ut in dubiis utriusque generis
naturae quam accuratissima ratione habita, quid legendum
esset, statueremus, in orthographicis uero A codicis*)
scripturam adoptaremus. Atque ecce iam stemmatis, ut
dicunt, imaginem, eo quidem consilio deliniatam, ut, quo
modo singuli codices ex libro Eutropiano descendisse uideantur, uno quas conspectu possit cognosci.*

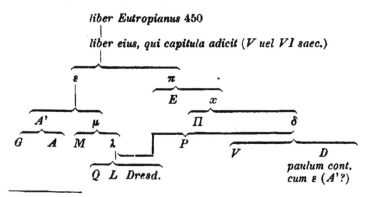

    *) *Consensus omnium codd. effecit, ut* 'directus' 'epistola'
*alia, quae abhorrent ab orthographiae genere hoc tempore usitato,
intacta relinqueremus.*

CODICVM RECENSVS.

I. Codices, quos in hac editione adhibuimus.

a) Classis ε:

1. *A*)= Parisinus* 7230, *in fol. maiore, saec. X.in-
euntis (secundum catalogum IX. saec.), integer; fol.* 27.29
sunt transposita, fol. 39 *uers. glossas nonnullas, quae nullius sunt pretii, a manu recentiore conscriptas continet.
Fol.* 1 *r. uiginti nouem linearum, quod ualde dilutum est,
'Praeceptum Dagoberti de fugitiuis ad ecclesiam sancti
dionisii' continet his uerbis incipiens 'Dagobertus rex
francorum uir inlustris omnibus episcopis abbatibus etc.'
lin.* 17 *'Finis priuilegii nicholai apostolici de rebus et stipendiis francorum'. Fol.* 1 *u. incipit Vegetius; fol.* 2 *r.
in inferiore parte legitur 'Solinius de mirabilibus mundi
liber s̅c̅i dionisii SL✠ XXXbJ. XTJᴦXJ.' Fol.* 53 *r.
Solinus*) incipit. In ultimo folio manus satis antiqua ad-
leuit 'Hec accepit Odo rex de thesauro s̅c̅i dyonisii.' Sequitur index rerum pretiosarum, ut fibularum cultellorum
uasculorum calicum palliorum etc. Multi errores correcti
alii intrusi a manu recentiore (A_2) (partim atramento partim stilo cerussato); in foliis prioribus a manu satis antiqua quaedam correcta alia ad marginem excerpta sunt
(e. g. ad p.* 6, 16—19 *n. ed. 'iste nationes largo sanguine*

---

*) *cf. p. XIII.*
**) *Mommsen in codicum Solini recensu hunc èt cod.* 7230 *A
mire confudit.*

b*

redundant.' *Inuolucrum Caroli IX. habetur. Post Haa-*
sium Du Rieu alios ipse (a. 1866) *hunc codicem contuli.*
Iterum complures locos in meam gratiam inspexit Dr. Au-
gustus Behaghel collega (a. 1868). *Exceptis uocabulis per*
'*e*' *uel* '*ẹ*' *non* '*ae*' *et uice uersa scriptis (e. g. aequos* =
equos, quae = *que) totum hunc codicem in apparatum*
recepimus.

     2. *M**) = *Monacensis* 6368 (*olim Frisingensis* 168) *in*
quarto, saec. X. incip., nisi fallor, omnium antiquissimus.
Integer est habetque folia 43, *binis columnis scriptus; fol.*
2 *u. et* 42 *u. atramenti bona pars euanuit. Fol.* 1 *sq.*

legitur (ab antiqua manu) '*liƀ iste ē sc̄e marie et sc̄i corbi-*
niani frisiḡ'. *Altera manus* (*M₂*) *rarissime occurrit. In-*
uolucrum ligneum est a tineis perforatum, quod et ipsum per-
antiquum, qua intus uestitur, membrana IX. saec. ecclesia-
stica quaedam continens testatur. Post Haasium (1845)
Halmium Zangemeisterum (1865) *Du Rieu* (1866) *ipse* (1867)
eum contuli. Iterum complures locos in meam gratiam in-
spexit humanissime Halmius V. Cl. Exceptis uocabulis per
'*e*' *uel* '*ẹ*' *non* '*ae*' *et uice uersa scriptis (e. g. aequos* =
equos, quae = *que) omnem eum in apparatum recepimus.*

     3. *G***) = *Gudianus* 84, *in folio paulo latiore, meo*
iudicio saec. X. ex. uel XI. Schoenemann ('*Hundert Merk-*
würdigkeiten der Wolfenbüttler Bibliothek', *Nr.* 18.) *eum*
IX. saec. attribuit: ipse Gudius '*Censeo*' *ait in inuolucri*
parte interiore '*codicem hunc annorum septingentorum et*
magni pretii esse | *Marq. Gudius anno CIƆ IƆC LXXXVI*'
(1686). *Correctiones* (*G₂*) *hic codex habet partim ab ipso,*
ut uidetur, qui eum exarauit, librario — *ceterum non ab*
una eademque manu scriptus uidetur — *partim a manu*
recentiore, quae quidem eadem ad exemplum familiae δΓ
nonnulla emendauit; ab illa antiqua profectae sunt notae
marginales, quae ad locos orationis ipsius aut difficiles aut
aliquid singulare habentes spectant (e. g, 77, 5. '*galiarias*'
in margine iterum scriptum est). Ruber color non inuenitur.
Fol. 67 '*Incipit Libellus De Vita. Et Moribus Imperatorum*

---

     *) *cf. p. XIII.*   ,**) *cf. p. XIII.*

Breuiatus Ex Libris S̄ex̄. Aūr. Victō̄r A Cesare Aūg. Usque Ad Theodosium.' Post Korttium (1726) Wernsdorfium (in Schwebelii (1767) usum) L. Trossium (1861), qui ' Vegetium accuratissime excussit et ad litteram transscripsit, quod apographum in bibl. Monacensi est 252 II', Zangemeiste-rum (1866), 'qui Vegetium Gothae contulit' et quo 'teste hic codex optimus est huius familiae' ipse (1867) contuli. Ite-rum complures locos mea gratia inspexit Dr. Bartels.

4. L*) = Laudunensis 428, s. X. ineuntis (secundum catalogum ('Catalogue général des manuscrits des biblio-thèques publiques des départements' tom. I 227 (cf. etiam I p. 43)) IX. saec.), in quarto paulo minore; haud integer; incipit enim his.l. II. capitulationis uerbis: 'qui promouentur. XXI. Quid inter tubicines et cornicines et classicum intersit.' (p. 31 nostr. ed.). Manus altera (L₂) est satis antiqua. Hanc habet praescriptionem ab antiqua sed non eadem, qua ipse codex scriptus est, exaratam: 'Hunc libellum dedit domñ dido dō et s̄c̄ae mariȩ laudunensis eclȩ. Si quis abstulerit irā dī et scȩ mariȩ incurrat.' (inde ab 'laudunensis' atra-mento alio usus est librarius.) Dido episcopatum iam anno 883 obtinebat et a. 893 concilio Remensi interfuit (Gallia christiana IX 519). Inter pennae probationes ad finem operis (fol. 67 r.) adiectas uersus Horatianus legitur 'omnib; hoc uitiū est cantorib;'; fol. 67 u. a recentissima manu scriptum extat: 'Iste liber est manc⁹ | collegiū laudunen̄ est meum'. Ipse (a. 1866) contuli.

5. Q**) = Parisinus 7383, X. saec., in quarto paulo minore, olim Colberti, postea Monsardi (cf. fol. 1 u.); in-teger excepto ultimo folio (74), cuius exterior margo ad dimidiam prope paginam est abscissum; praeterea in su-periore fol. 4—6 angulo pauca uocabula madore sunt affecta. Ruber color non existit. Exaratus est hic co-dex a librariis minimum tribus, correctus quoque a manu satis antiqua eaque, nisi fallor, librariis illis aequali (Q₂); rarissime recentioris cuiusdam correctoris manus (XV. s.) occurrit. Est Laudunensi praeferendus; deest sub scri-

---

*) cf. p. XIV.   **) cf. p. XIV.

*ptio (cf. 164 n. ed.), quamquam (fol. 74 u.) supererat
spatium; neque tamen recentiores manus id intactum re-
liquerunt: adleuerunt alphabetum, notas musicas (e. g.*

*), 'rnati uerbi misterium nosce
oculis lux tue' (XIV. saec.) alia. Fol. 58 u. (in fin.
quaternionis) (n. ed. p. 123, 2) desinit 'necessita' reliquo
spatio et lineae et paginae uacuo; pergit fol. 59 r. 'te confligunt' etc.; et hunc locum in suum usum recentior quaedam ecclesiastica manus conuertit (e. g. 'Sca maria mat dni
nri ihu XPI in manus filii tui et tuas qmedo hodie et in oi
tempore animā meā et corp⁹ meū. (i. e. sancta Maria,
mater Domini nostri Jesu Christi, in manus f. t. et tuas
commendo h. e. in omni t. animam meam et corpus meum).
Fol. 2 r. et in superiore et in inferiore margine rasurae
comparent: diluta sunt quae pauca manus XV. saec. ad
marginem eiusdem folii superiorem conscribillauerat. Post
Haasium et Du Rieu ipse (a. 1868) contuli. Complures
locos iterum inspexit Dr. Aug. Behaghel collega. —
Memoria dignissima est epistula ad Vegetium spectans,
quam hic codex ipsi operi praemittit. Ea cum a Fride-
rico Haasio (l. l.), quae diligentissime tractaretur, digna
habita sit neque dubium uideatur, quin rectissime Hrabano
Mauro Vegetii exemplum Lothario regi dedicanti uindicetur,
non possumus non eam hoc quoque loco subicere. Id uero
monendum est, Frid. Haasium, qui in Paris. 7230 A hanc
epistulam inesse doceat, contra de cod. 7383 prorsus taceat,
numero esse falsum: neque enim aut in Par. 7230 aut in
Par. 7230 A, de quo infra pauca uerba faciemus, tale
quid apparet; accedit, quod, quas codicis Parisini (P)
uarias affert, optime in Par. 7383 quadrant. Praeterea
commemorandum est illam epistulam non solum, quos Haa-
sius affert, a Treuirensi (XV s.), Vindobonensi (Basileae
a. 1437 scripto; cf. Endlicher catal. codd. Vindob. lat.
p. 206), Florentinis plut. 45, 20 (XV. s.) (e quo Bandinius in
catal. II p. 357 eam ediderat), plut. 45, 21 (XV. s.) et plut.
53, 12 (saec. XIV.) et italice uersam (XIII. saec.) a Bono*

Giambonio exhiberi, cuius interpretationem Vegetii Franc.
Fontanius (Firenze 1815) publici iuris fecit, sed etiam ex-
tare in Parisinis 7233 (XIV. saec.). 7387 (XV. s.), Vatic.
Regin. 1880 (XV. s.) et Ambrosiano G 83. Epistula autem,
qualis quidem in Parisino 7383 legitur, haec est*):

Populus iubente deo israheliticus libenter munera obtulit
ad fabricam tabernaculi, cuius exemplar *dei famulo moysi*
fuerat ostensum in monte. alii quidem aurum *(auaru c.)* et ar-
gentum uel cetera (cętera *c.*) copiose metalla nec non et lapides
preciosos, quidam uero ligna aut pelles rubricatas, pauperio-
res uero pilos caprarum, ut non uacuus appareret quispiam
in conspectu domini, quoniam non quantitatis munerum est
trutinator sed animi deuoti inspector; qui duo minuta uiduae
inspiciens plus eam diuitibus in corbanan misisse (miſſisse *c.*)
testatur. In magna enim domo diuersi uasa sunt generis,
uilia quidem ˜suis usibus necessaria ait poëta: non omnia
possumus omnes. Ego quidem inclite rex, famulus deuotis-
simus excellentiam sensus uestri sciens et acumen ingenii
gaudio perfusus sum (sum *om. cod.*), quod amore sophiae
(sofphiae *cod.*) animus sit uestrae indolis (indolis *supra lineam*
script. in cod.) nobilissime succensus. quamobrem statui
˜uobis offerre libellos flauii uegeti renati de re
militari, quos corrigere curaui sine exempla-
rio**), quoniam unum, quod reppereram tantum,
uicio scriptorum ita erat deprauatum, ut lite-
ratura (l. *dilutum in cod.*) nequaquam ‖ *fol. 1. u.*
manere aut intellectus inde utiliter colligi possit, ut post paschales uenerabilium doctorum dapes et diuini
fluenta eloquii seu mellifica (mellefica *cod.*) poetarum carmina
his frui libellis condescendendo delectatione exercitii non
pigeat. non enim aquila, quae ceteris (cęteris *cod.*) auibus
altius uolare et radiis solis intuitus figere (fiere *cod.*) consue-

---

uit, semper in caelo haerendo (her. *cod.*) manet sed ima pro
sua commoditate petit. miles etiam quamuis bellicosissimus
post inmensos sui laboris triumphos et uictoriae palmam lau-
reasque coronas armis depositis tessera aliquoties ludit aut
ceteris infantialibus iocis. Igitur post libros ab inicio mundi
usque ad regna francorum (frācoч *cod.*) in Galliis a paruitate
mea congestos (congest≡os *cod.*) ex hagiographorum (agio-
grafphorum *cod.*) siue gentilium historiis, in quibus continentur quaeque (quęque *cod.*) nidentur uel frequentantur digna
in singulis partibus orbis uel in eminentioribus regnis memoria,
seu quo modo initia sumendo inchoauerunt, *hic desinit Noster*
uersu extremo, uacuis duabus eiusdem paginae lineis
relictis, ceteri, qui hanc epistulam habent, pergunt: uel qua
desidia uel incuria singularum regna gentium defecerunt*),
cui operi si regia maiestas adriserit, utiliter subnectendos hos
censeo fore tomos, quibus inspectis cum superioribus libris,
si diuina permiserit gratia, principes sua suorumque incommoda praecauere poterunt.

Ineptos errores et manifesta menda nec non ortho-
graphica singulorum codicum Gλ (λ = LQ) fere omisimus.

II. Classis π:

6. *Π = Palatinus 909**) in folio X. saec.; binis*
columnis diligenter exaratus caracteribus Longobardicis.
Mentio fit huius codicis iam apud Scriuerium, qui eum
Palatinum quartum dicit.   In fol. 1. 'heinricus imperator
istum dedere dinostitur (?) librum' litteris pulcherrimis ex-
aratum legitur, quae ad Henricum IV.(1006—1056)summo
iure referas, unde sequitur librum in Italia scriptum in Ger-
maniam delatum et illi imperatori dono datum esse. Gothi-
cis litteris additum est 'monasterio scorū martyrū stephani.
uiti. iustini. atti. dyonifii', cui eidem manui debemus titulum
'hic liber gesta narrat romanorum'; tunc cernitur praeter

---

*) *Verba* in quibus continentur — defecerunt *non edidit*
Endlicher; uerba uel qua des. — defecerunt om. *Treuirensis.*
**) *cf. p. XV.*

pennae probationem 'hoc libro lippold[9] decan[9] maior studuit', saeculo nempe recentiore; fragmentum orationis canticorum notis adscriptis pro parte saec. XI. ineunte exaratum non facit ad rem nostram. Fol. 1 u, 'Incipit historia romana eutropii gentilis usque ad obitum iouiani imptoris cui aliqua paulus aquilegensis diaconus addidit rogatu adelpergae beneuentanae ductricis deinde idem paulus ex diuersis auctoribus colligens a ualentiniani imperio incipiens usque ad tempora iustiniani; quem landolfus sagax secutus plura et ipse ex diuersis auctoribus colligens in eadem historia addidit et perduxit eam usque ad imperium leonis quod est annus dominicae incarnationis DCCCVI in die .

VII. Incipit lib prim[9] historiae romanae feliciter'. Subiungitur series imperatorum a Caesare ad Basilium et Constantinum scripta ab horum aequali, ut uidetur, sedulo; adnotata sunt regnorum spatia nec non summa eorum, quae ad rem christianam pertinent. Fol. 305 'Augustae romanorum quae constantinopolim regnauerunt'. Series incipit ab 'Fausta uxor constantini magni helene filii', desin. 'Eudocia uxor michahelis'. Fol. 306—359 continetur Vegetii epitoma. Exaratus est codex a christiano, ut ex lectione uaria in quibusdam locis colligitur; in margine nec non inter lineas apparent glossae, quas parui feci; sunt autem eiusdem manus Longobardicae; eidem debemus multas in textu correctiones, quae in tempus antequam Henricus ille uixit cadant necesse est. Plures insunt manus, quas difficile distinguas; nam iam prima post finitum laborem complures locos emendasse uidetur, aliis locis apparet altera manus, aliis tertia. Indicia quaedam docent hunc ex codice Longobardice scripto manasse. Libro extremo (f. 359 r.) adleuit recentior quaedam manus (in sinistra columna): explic iste lib'; ad eandem manum referenda uidentur quae in eiusdem paginae uacua dextra columna leguntur: 'Quis deus magnus sicut deus noster | tu es deus qui facis mirabilia | solus.'

Quae de Palatino 909 protuli, cuncta ex schedis sum-

sumpsi uiri doctissimi Du Rieu; qua enim ille est eximia humanitate, postquam de consilio meo Vegetii edendi casu certior est factus, multa sua de Vegetii codicibus scripta una cum multis collationibus ultro ad me misit. Contulerunt autem hunc codicem post Du Rieu Zangemeister atque in meum usum Dr. Fridericus Schlie, a quo etiam excerptum illud Vatic. VII. saec. transscriptum habeo; idem Vaticani 4493, qui mihi dubii erant, locos mecum accuratissime communicauit. Ita euenit, ut, cum duobus Palatini 909 collationibus a Du Rieu et Schlie confectis exornatus essem, rarissime lectio huius codicis in dubio relinqueretur; ubi autem nihilominus id est factum, nota? indicauimus. Hoc codice, prout fieri licebat, in eundem modum usus sum, quo codicibus AM.

7. V*) = Vaticanus 4493, in. fol. min., XII. saec. quamuis accurate et diligenter ac satis correcte fere exaratus, tamen saepissime singula commata terminationum similitudine lapsus omittit. Desinit in IV, 39 cf. 156, 2; etiam capitulatio libri IV non ultra caput 39 progreditur, praeterea inter fol. 6 et 7 unum excidit folium (cf. p. 21, 21 et 25, 8.) Qui codex cum unus ex optimis sit ac dignus, qui iterum quam diligentissime excutiatur, haud superfluum puto nonnulla ad orthographiam huius libri spectantia specimina, quae Du Rieu excerpsit, proponere. balista et ballista, molior, cincinatus, thesali, quintio, quotiens, adquirere, adgredi, assumo, ascribere, amminiculum, aspicere, adgregare, adtentus, atenuare, aduectere, annotare, adsolere, adportare, adsuefacere, adplicare, apponere. audatia, prouintia, inficiari, fidutia. Gneus, tyro, Tyber, Tideus, epytoma, Illiricum, olym corr. in olim, clipeus, monoxilus, myxtus, Pirrhus, cilinder. sescenti, xerses, expectare, existere, extinguere, exerere, sedecim. conexus, conplures, conponere, conparare, conpellere, conplere. iulecebrae, inmergere, inminere, inpedimentum *et* impedimentum, inlatus, inpossibilis, inbuere, inpulsus, inpressio, inrumpere, inruere, inbellis, inpugnare, inligare, inpar, inportare, inpuue, inprouisus, inpensa; surrogare, summota.

---

*) *cf. p. XV.*

quicquid, catafracta, falanges, phẹnum, scafa, elefanti. obti-
mus, obponere. cedes, aequites *et* aequi *passim corr.*, acịẹ,
loetale, mesi, federatus, poene, fedari. adrianus, ordeum,
inhermis, halani, exaurire, scola, honus, arpago, nihilhominus,
labyrintus, habundare. ostes, spata, mitridates, orror, an-
thiochus, iugurta, matheria, troclea, corda. uelud, relinqd
(*semel*), dendatus. *Contulit Du Rieu.*

8. *D*) = Parisinus 7231, in fol. minore, XII. saec.
Deest lib. I V 31—fin., neque capitulatio libri I V ultra caput 30 progreditur, etiam 'naualis — subnectit' elenchi
librorum uerba omissa sunt; fol. 13 u. paulo ante finem
recentior manus addidit 'Fl. uegetij de re militarj lib. IIII
et ultimus'. Inter cetera, ('Solin., excerpta ex libris Ciceronis ad Herennium in sex partes diuis., Cic. partitiones
orator., Iulii Seueriani syntomata, fragm. e Quintiliani libro
decimo, Sancti Augustini de musica lib. sex, Cic. ad Betu-
rium lib. de synonymis') quae hoc codice continẹntur, insignis est 'notarum tachygraphicarum' collectio. Scriptura
haud ita pulchra, uersus absque linea recta et angustissimi.
Inter cimelia habetur. Post Haasium Du Rieu alios ipse
(1866) eum contuli. Complures locos iterum in meum usum
inspexerunt Dr. Zotenberg et Dr. Aug. Behaghel.*

9. *P**) = Perizonianus ('ex legato Iacobi Perisonii')
F 17, in fol. maiore, XI. saec; integer. Insunt praeter
Vegetium 'Machabiorum liber primus' multis cum imagini-
bus (61 cap.) XI. s., 'Registrum siue tabula libri uigecii de
re militari' (i. e. index eorum uerborum, quae in rubricis
Vegetii occurrunt), ut omnia, quae secuntur, XV. saec. ineuntis, fol. 15 'uocabularius liber uigecii de re mil.'. fol. 21
'Incipiunt capitula libri qui uocatur sextus frontonius in quo
tractantur q̃dā ualde utilia et necessaria ad opus bellicum'
(= Frontini strategemata·cum glossis), fol. 33 'Incipiunt
uocabula rariora super frontoneo de re bellica', fol. 37
'Incipit tabula frontonij de re militari in qua nomina et
uerba atque quaedam dictiones secundum ordinem alpha-
beti collocantur etc.' fol. 41 corollaria tria postrema iterum*

---

*) *cf. p. XV sq.*   **) *cf. p. XV.*

in tenuiore membrana inscripta secuntur. Ipse Vegetius a diuersis manibus (P₂) correctus est. primum ab ipso librario qui codicem exarauit, deinde ab alia manu satis antiqua, postremum, id quod rarius est factum, a recentissima (XV. s.); item glossae, quas multas praebet hic codex, in primo libro (— I, 24) ad tres diuersas manus redeunt, ad duas antiquas et tertiam XV. saec., quae quidem et in reliquis libris crebra addidit interpretamenta; horum maior pars in uocabulario, quem commemorauimus, libro denuo occurrit. Inter antiquas illas libri primi glossas nonnullae sunt germanicae*), quas publici uiris fieri operae pretium iudicauerim. Sunt autem hae:

```
                tymbron
p. 10, 15  fabrof
                fmidof
   ibid.  ferrariof
                g.
                wannerof
   ibid.  carpentariof
                fuingas                         corbof
p. 14, 21  clauaf              p. 25, 24 qualof.
```

Eximia Leidensis bibliothecae praefecti Pluygersii V. Cl. beniuolentia mihi contigit, ut hic codex Heidelbergam transmitteretur ibique tres menses remaneret (1868). Complures locos iterum mea gratia inspexit Dr. Du Rieu.

Codicibus VDP in eundem modum usus sum, quo GLQ; scribendi autem rationem uocabula, qua hi codices utuntur, nequaquam respexi.

10. *E = Vat. Reg. 2077 uide p. IV. X. XVI sq.*

---

*) *In uocabulario Vegetii haec repperi germanica uocabula:* 'eÿ jaerfrucht' *sub* 'annona', 'eyn halm uel stoppel' *sub* 'culmus'; 'uiualter uel fomeruogel' *sub* 'papiliones'; *in Frontini uocabulario (fol. 33 sq.) hae mihi occurrerunt germanicae uoces:* 'eyn huuel' *sub* 'collis', 'ellende uel uerdriet' *sub* 'exilium', 'fmallich uel cleynlich' *sub* 'gracilis', 'hinderlage' *sub* 'insidiae', 'glauie uel eÿ sper' *sub* 'lancea', 'eyn mudde' *sub* 'modium' 'eÿ molen' *sub* 'mola', 'overkomynge' *sub* 'superuentus', 'omgekiert' *sub* 'transuersus'.

~ II. Codices examinati sed paucis tantum locis
adhibiti.

a) Classis *s*:

11. *Bernensis* 203 (*falso* 280), *in fol. longiore,
saec. X. Deficiebal iam saec. XV. ultimum folium; quare
Eutropiana illa subscriptio in hoc codice non apparet. In
indice operis adicit cum Monacensi et Gudiano 'numero';
quod sequilur, IIII, erasum est. Distinguas duos corre-
ctores, unum antiquiorem alterum recentem. Contulit Du
Rieu; conspirat accuratissime cum A.*

12. *Parisinus* 6503, *in fol. maiore, Haasio auctore
ante X. saec. scriptus; rectius catalogus, qui eum XI. saeculo adiudicat. Haud integer; incipit* '[*l*]*egionis merita*'
(41, 11 *n. ed.*). *Insunt praeter alia recentioris aetatis
a*) *praecept. moral. fragm. latine et graece* (— '*Glossae
optimae notae*' —) *IX. saec. b*) *Vegetius. c*) *Alexandri
Magni ad Aristotelem epistola de situ Indiae XII. s. d*) *Da-
relis Phrygii historia de Troiae excidio XII. s. Post Haasium et Du Rieu ipse* (*a.* 1866) *contuli; conspirat et ipse
accuratissime cum A.*

13. *Parisinus* 7230 A. *antea Noalliensis, X. saec., in
quarto maiore; haud integer, incipit enim his* (*cf. n. ed.*
69, 12) *uerbis* '*arduis per capita*' *in fol.* 14 *r. quod est
primum; fol.* 14 *deficit in uocabulo* '*fumo*' (73, 19) *fol.* 15 *r.
incipit* '*rantur cum naturaliter equites etc.*' (54, 10) *per-
gitque oratio rectissime usque ad* '*celerius*' (64, 19). *Quod
sequitur fol.* 17 *est mutilum, ex singulis schedis composi-
tum, obducta membrana ita tectum, ut pauca perluceant;
subsunt autem uerba* '*significant*' 73, 19 *usque ad* '*fuerit*'
76, 2. *Deinde oratio sine ullo maiore hiatu procedit; in
fine operis uocabulo* '*milites*' (164, 2) *desinit. Neglegentissime scriptus; nonnulla, quae antiqua in Bernensi manus
correxit, in hoce et G a prima manu scripta extant. Madore situque corruptus, ita ut bona pars titulorum perierit:
etiam atramenti color haud ita niger est. Inest etiam Solinus;
'Waldiaudus Clericus Hunc Librü Scripsit' Solini subscri-*

ptio docet librarium, qui Vegetium quoque scripsit. Solinum
sequitur Itinerarium Antonini et ipsum mutilum. Cohaeret
artissime cum G cf. p. XIV. Post Haasium et Du Rieu
ipse (a. 1866) contuli.

14. *Korttianus* 2 *). Adseruatur in bibliotheca Lip-*
siensi exemplum editionis Scriuerianae maioris (1607), quo
ut Heidelbergae uti mihi liceret Naumanni bibl. illius prae-
fecti comitate factum est. Habet ille liber hus praescriptio-
nes: a) in inuolucri interiore parte 'Fl. Vegetium cum XIII*
Msss. Codicibus in Galliis ano (sic!) CIↃ IↃLXXXII (1582)
diligenter fideliter conlatum quintoque libro de Praeceptis
Naualibus auctiorem familiariter nimis a me cum multis aliis
quae rariora conquisieram commodato sumsit (durius non
dicam ne Manes solicitem (sic!)) Ludouicus Carrio: ς. *Paul.*
Merula Cosmograph. Part. II lib. IV pag. 1033.' — *b) eodem*
loco infra: 'Liber Joan. Stark Lunaeburgensis.' — *c) in ea*
pagina, in qua titulus inscriptus est, ad uocem impressam
'libri' haec sunt addita manu scripta: 'cum Mss. uetustissi-*
mis collati'; infra nomen, 'Gottlieb Kortte' **), *germanicis*
litteris scriptum legitur; secuntur in eod. folio uerso:

'1) *Notat codicem MS membranaceum peruetustum ex*
'Gudianis Guelpherbyti no. 82 de quo ita in fronte Gudius'*:
(sequitur praescriptio Gudiana cf. supra p. XX). 'forma
'est propemodum quadrata, scriptura uetus et adcurata.
'Contuli anno 1726.'

'2) *Ms. Puteanum aut alium Gallicum notat in Schedis*
'Lindenbrogianis***) Certae (sic!) Variantes istae in iisdem
'chartis eadem scriptae manu erant, quibus Notae Puteani
'in Velleium Paterculū.'

'3) *Ms. Gottorpiensem notat quem aliis schedis quibu9*
'notas quasdam non prorsus ineruditas idem doctiss. Linden-

---

*) *Accedunt tandem fragm. Einsied. (I, 9) et excerptum Cu-*
sanum (14 'ex libris Flauii de arte bellica' *cf. supra p. XIV.).*
**) *Eiusdem Korttii* 'Anonymi adnotationes in Vegetium' *ab*
ipsius manu scriptae extant in bibliotheca Lipsiensi (Rep. IV 49ᵇ),
quas Heidelbergae inspicere eiusdem Naumanni opera et humani-
tate mihi licuit.
***) *nobis Korttianus 2.*

'*brogiu9 inscripserat excerptum sistebat, diserteque Gottor-*
'*piensem dixit.*' *Korttius ex hoc cod. praebet lectiones
paucissimas; pertinet ad deteriorem familiam δP, si quidem
hoc ex 'sublimitas' pro 'sub linea' (p. 25, 19), quae lectio
cum cod. δP ei est communis, efficitur.*

b) classis π.

15. *Parisinus* 7232. *XIV. saec. membran. Ipse
(a.* 1866) *contuli.*

16. *Gissensis* 1256. *XV. saec. Collationem huius codicis suam Otto (Commentar. critic. p.* 250 *sq.) publici iuris
fecit. Contaminatus est hic codex cum* ε.

*His duobus ad finem operis ideo amplius usus sum,
quia VD eo loco sunt manci.*

17. *Korttianus* 3 *uide supra.*

III. Codices examinati neque adhibiti.

18. *Dresdensis D* 182, *in quarto, XI. saec. ineunt.
Priore parte (fol.* 1—62) *argumenti geographici libri non-
nulli continentur (cf. Itiner. Antonini ed. Parthey et Pinder
p. XVIII* (1848)). *Praepositus Ragenerus ('Rainer', qui
ineunte XI. saec. uixit (cf. Gall. christian. IX* 165) *dono
dedit hunc codicem ecclesiae Remensi sanctae Mariae; est
autem haec praescriptio ab eodem manu eisdemque litteris
exarata, quibus ipse codex; unde Du Rieu aetatem, quae
uulgo saec. X. habetur, ad XI. promouit. Manus recentior
fol.* 2. *et* 64 *adscripsit: 'Codex monasterii sancti michael
in monte I²⁰ prope ƀƀƀg. ℥.* 20.' *et 'codex monasterii sancti
michael' in monte prope ƀƀƀg.* 1791.' *Unde sequitur et
uolumina olim duo et hunc librum in bibliotheca Bambergensi
fuisse; inuolucrum autem saeculo 15 uel 16 tribuendum uidetur; prioris partis atramentum a nigriore partis posterioris ualde est diuersum; ipsae manus, quae codicem
exarauerunt, duae uel tres sunt. Falkenstein (catal. b.
Dresd.* 1839) *codicem anno* 1438, *cum monasterium illud
direptum esset, sublatum opinatur. Fuit deinde ex libris
J. G. ab Eckhart, denique ex bibliotheca Ch. G. Schwarzii,*

prof. p. Altorf.. Auctore Ebertio (p. 284) Schneider Saxo a. 1819 eum adhibuit, postea Fr. Haase (cf. l. l. p. 11). Secunda manus permulta correxit, non ubique recte emendauit. Passim apparet scriptura secundae manus perantiqua; eidem glossas interlineares haud ita paucas debemus. Folium antepenultimum periit. Examinauit denuo Du Rieu, qui nobiscum, quae de hoc codice disseruimus, communicauit et specimina dedit. Pertinet ad pessimam familiam (λ).

19. *Cottonianus (Lond.) (Cleopatra D. I.) saeculi X. uulgo perhibetur, sed saeculo XII. eum Holder adiudicat amicus noster, qui codicem hac ex parte (a. 1867) accuratissime examinauit. Huius codicis, item cod. 17 et 18 specimina Dr. Wright (a. 1866) summa cum beniuolentia et comitate mihi misit; ex quibus id mihi satis perspicuum est, hunc codicem ex P eoque iam a P_2 (satis antiqua manu; correcto fluxisse. Quamobrem eum prorsus non in censum uocauimus. Cum hoc artissime cohaerent:*

20. *Codex (Lond.) bibl. Reg. 15C IV (XI. saec., immo teste Holdero XIII.) et*

21. *Harleianus 3859 (sec. catal. (1808) X. saec., teste Dr. Wright XII. s., auctore Holdero XIII. exeuntis).*

22. *Cod. Vat. Reg. 1286 membr. in fol. binis columnis exaratus saec. XII. uel XIII. incip. (auctore Du Rieu), olim Petauii, Parisios delatus, sed inde reuersus. Pertinet ad corruptissimam familiam λ. Contulit Du Rieu.*

23. *Ambrosianus D 2 sup., membr., in octauo, saeculi XII., ut testatur catalogus, sed auctore Du Rieu re uera est recentior librariumque codicis antiquioris scripturam imitatum esse apparet. Folia ultima quattuor (inde a I V 40 usque ad finem) ab alia manu scripturae paulo maioris item XIII. uel XIV. saec. exarata sunt. Inscriptio haec est 'Flauii Vegati Renati. Viri illustris. institutorum | rei militaris liber primus incipit feliciter'. Olim emptus erat ab haeredibus Caesaris Rouidii senatoris Mediolanensis (1606). Codicis huius folia duo ultima continent librarii recentioris uersus nescio quos. Examinauit Du Rieu; quaedam de hoc codice iam, antequam apparatum suum Du*

Rieu misit (1867), *Ceriani uir reuerendissimus mecum libe-
ralissime communicauerat. Pertinet ad familiam* δ *operae-
que pretium uidetur eum conferre.*

24. *Parisinus 7233 XIV. saec. Ad genus* ε *pertinet,
sed pro sua aetate est corruptus. Ipse contuli (a.* 1866).

IV. Codices antiqui, qui num etiam nunc extent aut ubi sint, nescitur.

1. '*De hystoria nabutae I***) *in quo et uegecius de re
militari et quaestiones albini etc.' Haec docet catalogus,
qui inest in codice Lassbergiano sacramentarii Gregorii
Magni IX. saec.*

2. *In eodem catalogo* '*Vegecius uolumen' memoratur.
De quo catalogo cf. Serapeum I* (1840) *p.* 81—85.

3. *Sangallensis* '*Vegetii de re militari in uol. I', quem
catalogus IX. saec.* (*a.* 850—900) *Sangallensis exhibet; Istos
autem libros* '*domñs grimaldus de suo dedit ad ŝcm Gallum'.
cf. Serap. II p.* 23.

4. *Bobiensis Nr.* 163 *eius catalogi, quem a.* 1461
*conscriptum Peyron una cum fragmentis Ciceronis pro
Scauro Tullio in Clodium orationum edidit* (*a.* 1826); '*Vegetii
de arte militari. In littera longobarda'. Ex quo additamento nudo — aliter* '*In littera grossa legibili' adiectum
esset — hunc codicem non ante saec. X/XI. conscriptum
fuisse censeo.*

5. '*Flauii Viceti Lib.' refert Corbeianae bibliothecae
catalogus XII. saec.; cf. Serap. II p.* 109 *et Haase l.l. p.* 9.

6. '*Item Negocius de re militari. et Gestis romanorum
imperatorum ab augusto usque ad theodosium', catalogus
bibliothecae Constantiensis anno* 1343 *confectus testatur.
Recte Haase* (*l. l.*) '*et Gesta' emendat;* '*Negocius' autem
ille* '*Vegetius' uidetur. Cf. Serap. I,* 49—58.

7. *Librianus* 1028 ('*catalogue of the splendid manu-
scripts formed by Gugl. Libri, — sold by auction London
25. March 1859', p.* 230, *ubi uideas specimen scripturae
et lectionis) XI.* (*immo XII.*) *saec. cf. supra p. IV not. et VIII.*

---

*) *i. e. unum uolumen.*

VEGETIUS.   c

8. *Laureshamensis**) 'peruetusti' mentio fit sub XLIX.*
1 *in breuiario X. saec. (Pal.* 1877), *quod in bibl. Vaticana*
adseruatur (cf. Ang. Mai Spicilegium Romanum V p. 189).
'*Flauii Vegetii Renati Viri inlustris epitoma rei militaris*
libri numero IIII in uno codice'.

V. Codices non examinati.

XII. saec.

1) *Montepessulanus* 133 (*Catalogue général etc.* 1
334) *u. p. XI. Inest etiam Cicero de officiis.*

XIII. saec.

2) (*teste Schwebelio*) 1 *Gudianus* (*Guelpherbytanus B*
uide Schw. praef. p. II). *Ex iis, quae pauca Schweb. ex*
hoc codice publici iuris fecit, eum aliquatenus a G pendere
uerisimile est. — 3) 1 *Laurentianus* (*Band. IV* 175) *cum*
aliquot scholiis. Inscribitur '*Flau. Veg. R. uiri ill. de arte*
bellica l. IV ad Valentinianum Augustum' *cf. p. IV not.*
— 4) *Leidensis bibl. publ. Lat. F* 62. (*teste Du Rieu*). —
5) *Leidensis Vossianus Lat. F.* 93 (*fragmentum siue ex-*
cerptum).

XIII. saec. exeuntis.

6. *Harleianus* 2475 '*Fl. Veḡ. institutorum rei mili-*
taris libri IIII'. *Exaratus anno* 1297 *Parisiis a Petro de*
Pass. — 7. (*teste Maximiliano Muellero V. Cl.*, *qui summa*
cum comitate de Bodleianis me certiorem fecit) *Oxoniensis*
(*Auct. F.* 3, 2) '*Incipit liber primus flauii uegaci uel uegeci*
renati uiri illustris epytoma'; *mutilus.*

XIII.—XIV. saec. (*teste Du Rieu*).

8) 1 *Laurentianus* (*Band. III* 407, *XIII et XIV*
saec. '*Vegetii de re militari libri V*'). — 9) *Vat. Regin.*
1274 *in fol. min.*, *olim Claudii Fauchetii regii Consiliarii*
curiae Monetarum praesidis. '*Flauii Vigetii Renati uiri*
illustris epythoma rei militaris libri numero quattuor inci-
piunt. — 10) *Urbinas* 939 *in quarto minore.* '*Fl. Vegetii*

---

*) *Wilmanns (Mus. Rhen. XXIII,* 3 *p.* 406) *hunc codicem*
Pal. 909 (*nobis Π*) *esse perperam opinatur.*

liber incipit foeliciter'. — 11) *Urbinas* 456. — 12) *Leiden-sis Vossianus Lat. Q* 59. (*teste Du Rieu*).

XIV. saec.

13) *Harleianus* 2551 '*Eustropii flauii uegecii renati illustris comitis constantinopolitañ ualentino augusto con-suli epitomia institutionum rei militaris de commentariis traiani et adriani fortuni.*' — 14) *Harleianus* 2667 '*Fl. uegetii epitome rei militaris'.* — 15) *Bodleianus* 242. — 16) *Lipsiensis XCI m* (*cat. Naum.*). — 17) (*teste Schwebelio*) 1 *Gudianus* (*Guelpherbytanus C cf. Schweb. praef. p. III*); *quem codicem cum Dresdensi cohaerere Bethmanus in litteris ad Baehrium V. Cl. datis adfirmauit.* — 18) *Donaueschingen-sis* 21 (*Lassberg. 96*).(*cf. Barackii catal.*). '*Flauij uegecij Renati uiri illustris Epitoma Institutorum Rei militaris libri numero quatuor de Conuentarijs* (*sic!*) *Catonis Augusti Tra-iani et Adriani nec non etiam Frontini'* ('*de comm. — frontini'* *etiam in G nostro ab altera manu addita legas*). — 19) *Tu-ronensis* (*teste Haenelio* (*in catalog. libr. man. an.* 1830)); *ceterum* '*nonnullos' Turonenses Montefalconius* (*bibl. biblio-thecarum* 1739) *refert.* — 20—23) *Parisini* 5719. 6476. 7242. 7243. — 24) 1 *in bibl. Scorialensi* (*t. Haen.*). — 25) 1 *in bibl. Sancti Isidori in urbe Madrid* (*t. Haenel.*). — 26) 1 *Laurentianus* (*Band. II* 316), '*Vegetii de disciplina militari libri IV ad Valentinianum Augustum'.* — 27) *Vati-canus* 2193. — 28) *Vatic.* 4494 '*Eutropii Flauii Vegetii re-noti uiri illustris comitis Constantinopolitani Valentino Au-gusto Consuli epithoma institutorum rei militaris de com. tr. etc.*' (*cf. Harl.* 2551). — 29) *Vaticanus* 4497 (*binis columnis conscriptus*). '*Flauii Vegeti Renati uiri illustris comitis sacr̂. epithoma rei militaris libri IIII^{or}*' (*cf. II no-strum*). — 30) *V. Regin.* 1512 *cf. p. IV not.* (*diserte quin-que libros agnoscit*). — 31) *Palatinus* 945 (*a.* 1348 *script.*) *incipit per Eutropianam subscriptionem.* — 32) *Urbinas* 1362. — 33) *Montecassinensis* 362. — 34) *Ambrosianus R* 6 *sup.* — 35) *Librianus* 1029 (*catal. p.* 230; *ubi nunc est?*)

XIV. s. exeuntis.

36) *Ambrosianus G* 83. '*Incipit liber Flauii Vegetii Renati uiri illustris epithomatum institutorum rei militaris*

c*

ad Theodosium imperatorem feliciter'. — 37) *Ambrosianus I* 108 *sup.   A Porta Neapolitano ineunte septimo decimo saeculo bibl. Ambr. dono datus.* — 38 *Ambrosianus B* 91 *sup.* 'Flagi Vegetii etc.' — 39) 1 *Laurentianus (Band. IV* 151). — 40) 1 *Laur. (Band. II* 608) *a.* 1396 *scriptus.* — 41) *Amplonianus (Erford.)* 1399 *exaratus. cf. Haase p.* 16.

XIV.—XV. saec.

42) *Vat. Reg.* 1564; *perierunt I c.* 2—10. — 43) 1 *Patauinus in archiuo eccl. capit. B* 47 *(teste Du Rieu).*

XV. saec.

44) *Vaticanus* 4492 *chart.* (a. 1408 *script.).* — 45) *Vatic.* 5352 *chart.* — 46) *Vat. Regin.* 1880 (*uide p. XXIII).* — 47) *Vat. Reg.* 1983 *chart.* — 48) *Urbinas* 1221. — 49) *Ottobon.* 1964 *chart.* — 50) *Venetus cl.* 14 *Nr.* 130 *chart.* — 51) *Venetus cl.* 8 *Nr.* 11. — 52) *Venetus cl.* 14 *Nr.* 128. — 53) *Venetus cl.* 13 *Nr.* 400. — 54) 1 *Laurentianus (Band. II* 357; 'Fl. Veg. Ren. V. Ill. de re militari ad Theodosium felicem imperatorem libri IIII').* — 55) 1 *Laurentianus (Band. II* 358). — 56) 1 *Laurentianus (Band. III* 392). — 57) *Ambrosianus D* 4 'P. (sic!) Vegetii rei militaris diligentissimi atque disertissimi scriptoris Romani peregrineque antiquitatis inc. fel.'* — 58) 1 *in urbe Seuilla (teste Haen.).* — 59. 60) 2 *in urbe Toledo (t. Haen.).* — 61. 62) 2 *in urbe Madrid (t. Haen.).* — 63—73) *Parisini* 2454. 3609 *b.* 5691. 5697. 6106 *a.* 7234. 7235. 7384. 7385. 7386. 7387. — 74) *Argentinensis A IV* 19 *cf. Haase p.* 17. — 75—79) 5 *Vindobonenses: Nr.* 63. 310. 313. (*Tabulae cod. m. ed. acad. Caesarea Vindobon. vol. I* (a. 1864)). 3154 *chart.* 3212 *chart.* (*tab. etc. vol. II* (a. 1868)). — 80) 1 *Pragensis chart.* 'Vegecii Flaui Renati uiri illustris liber de disciplina militari deque arte pugnandi etc.' cf. Haase p.* 17. — 81) *Monacensis* 522 (*scr. ann.* 1467/68) *cf. Haase p.* 18. — 82) 1 *Treuirensis (cf. supra p. XXII).* — 83) 1 *Lissensis.* — 84) *Rehdigeranus sect. I,* 2 *(Vratislau.) scr. a.* 1468. — 85) *Leidensis bibl. publ. Lat.* 192. — 86) *Leidensis Vossianus Lat. Q* 115 *chart.* — 87) *Bodleianus (bibl. canon.)* 268 *chart.* — 88) *Bodleianus (b. c.)* 274

manu Jacobi Curli mandante Alfonso V. rege Aragoniae et
utriusque Siciliae bene exaratus. In fronte cod. est imago
regis armati equitantis picta cum insignibus regiis subiectis.
'Flauii Vegetii Renati comitis Etolii epythoma institutionum
rei militaris'. In calce 'Flauii Vegetii uiri illustris comi-
tis Atilii epythoma de institutis rei militaris libri quinque
expliciunt feliciter de commentariis Augusti Traiani Adriani
Catonis Cornelii Celsi Frontiniani Paterni et aliorum ab-
stracti'. cf. Haase p. 16.

    XV. saec. exeuntis.

    89) *Leidensis bibl. publ. Latin.* 128.

    Accedunt multi alii libri, quorum aetatem non cognoui.
Ex quibus plerosque antiquiores catalogi impressi earum
bibliothecarum suggesserunt, quarum recentiores catalogi
aut non extant aut a me ut inspicerentur fieri non poterat.
Ceterum nescio an unus alterue horum librorum manuscri-
ptorum iam supra a nobis sit relatus. Sunt autem hi 23
ex Montefalconii bibliotheca bibliothecarum manuscripto-
rum [9 *Petauiani* (*cf. supra p. XXXII*), 1 *in archiuo basi-*
licae S. Petri, 1 *Sueco-Vatic.* 519 (*Regin. nunc Nr.?*),
1 *fragm. in cod. Ioa. Salisber. Sueco-Vatic.* 1868 (*Regin.*
nunc Nr. ?), 1 '*de arte militari' Sueco-Vatic.* 1950 (*Re-*
gin nunc Nr. ?), *praeter eum, quem supra laudauimus,*
2 *Montecassinenses,* 1 *Oliuetanus* (*adseruatus Neapoli?*)
mutilus, 1 *in bibl. monasterii Benedictinorum beatae Ma-*
riae Florentinae (*membr.*), 1 '*de disciplina militari' in*
bibliotheca patrum Minorum Caesenae, quae olim fuit Mala-
testarum, 2 (?) *Patauini 'de disciplina militari' et 'de re*
militari' (*cf. supra Nr. 45*), 1 *Germanensis* 1104 (*Montef.*
p. 1114 *b.*), *quem desiderari catalogus, qui in Parisina bibl.*
adseruatur, manuscriptus testatur, praeter eum, quem supra
attulimus, 2 *Londin. Reg.* (*recentes teste Dr. Wright*)]; *prae-*
terea Haenel l. l. 1 *Glasgowiensis mentionem facit;* '*Catalogi*
Librorum Manuscriptorum Angliae et Hiberniae in unum
collecti cum indice alphabetico (*Oxoniae e Theatro Sheldo-*
niano an. dom. MDCXCVII)' *in primo tomo, qui Oxonienses*
(*Bodleian., Colleg.*) *et Cantabrigienses continet, Vegetii codi-*
ces 6 *Bodleianos* (1382 (*olim Laudens.*). 1834 (*olim Digbae-*

ens.). 1926. 2166. 2579. 4059.) [cf. quos nos ex hac biblio-
theca supra attulimus: Nr. 8, quem antiquissimum Bodleianae
testatur M. Muller, 16. 86. 87), 1 ex coll. collegii Baliol.(418),
1 ex coll. collegii Lincoln. (1219), 2 Cantabrigienses (1686.
1886.), in tomo secundo, cuius pars prior 'libros manuscri-
ptos ecclesiarum cathedralium et al. celebr. bibl. in Anglia'
complectitur, diuersarum bibliothecarum 9 Vegetii codices
referunt: e bibl. collegii Etonii sub arce Windesoria 1834.
2348 cum uariis lectionibus in margine; ex Isaaci Vossii ca-
nonici Windesoriensis bibliotheca 2475 et 2530; Theyeri in
comitatu Glocestriensi 6620; ex bibl. Henrici Langleyi in
comitatu Salopiensi 7001: ex bibl. Eduardi Bernardi
7437; in aedibus Jacobaeis 8545 et 8546 (ad hos 8629
referri uidetur). Secuntur manuscripti ei libri, quibus
Stewechius et Scriuerius editores usi sunt. Ille hos adhi-
buit: 1) H(ittorp.) 'liber manuscriptus quem a D. Melchiore
Hittorpio etc. accepi'; pertinet ad λ deterrimam familiam.
— 2) N(amurcensis) 'fragmentum manuscriptum in quo duo
libri priores Vegetii et magna pars tertii, donum adolescen-
tis et optimi Gulielmi Masnuy Namurcensis'; quantumuis
congruat cum G, in compluribus tamen locis δP familiae
lectiones sunt intrusae. — 3—6) 'Susiani quattuor libri
manuscripti, qui apud nobilissimum ac doctissimum uirum
Iacobum Susium'; nullius fere pretii; tres eorum ex ε
fluxisse uidentur. — 7) 'B liber Bonnensis' (hodie ibi desi-
derari uidetur; cf. Klettii catalog. (progr. uniu.) (1859))
'manuscriptus, cuius lectiones petite ex Notis Franc. Modii;'
pertinet ad δP. Scriuerius octo manuscriptis se usum esse in
praefatione ed. suae a. 1632 profitetur; inter quos quattuor
Palatinos (nos tres tantum (Pal. 909. 945. Lauresham. cf.
p. XXXIII) cognouimus) refert; ceteros Leidenses fuisse
probabile est. Editionem, quam Valartus curauit Paris.
a. 1762, 'V. institutorum rei militaris l. IIII', qui secun-
dum 25 codices textum Vegetii se recensuisse gloriatur,
quod nullo pacto inspiciendi mihi data est copia, maximopere
doleo. Duo codices iam restant, quos fama tantum noui:
Peirescianus et Chorierius, quos Fabric. in bibl. lat. (sub
Vegetio) commemorat.

Quasi appendicem ad codicum recensum eos libros manuscriptos adicio, in quibus aut uersiones Vegetii aut partes quaedam ex eius opere extractae continentur. Prioris generis in catalogis hos repperi manuscriptos:

1) *Boni Giambonii italica Vegetii interpretatio (cod. Riccardianus (Florent.)) saec. XIII. cf. supra p. XXII. XXIII. — 2) Durlacensis (nunc Carlsruhensis) 242 XIV. s.: Vegetius germanice translatus et Comiti Ioanni in Lupffen Landgrauio Stielingae Domino in Heider dedicatus a Lud. Hohenwanga Valle Elchingae, cum iconibus; (Nr. 241 eiusdem bibliothecae est Vegetius iconographus sine textu, qui auulsus esse uidetur, cum notis hic illic latine adscriptis). — 3) 'Vegetius translated (by John Lydgate?)' in bibl. Bodleiana (teste illo catalogo (1697), quem supra laudauimus, sub Nr. 1479). — 4) 'Vegetius de re militari anglice uersus et Thomae Baroni de Berkeley nuncupatus' cat. a. 1697 I, 2 (Oxon. Coll. St. Mariae Magdal.) Nr. 2171. — 5) 'Translation of Veg. de re militari' (XV. saec. 'by Clifton') Nr. 285, 74 in catalogo bibl. Landsowniae (1819)). — 6) 'an imperfect copy of a translation of Vegetius de Re militari containing three books out of the five' Harleianus 67612, 2. — 7) 'Végèce de la Chose de Chevalerie in old french with figures (ex bibl. Samuelis Pepysii, Nr. 6796 catal. supra laudati (a. 1697) II, 1). — 8) Livre de Végèce de Chevalerie translated de Latin en François, in pergamena. fol.' (ibid. Nr. 9376 ex bibl. Joannis Mori Episcopi Noruicensis). — 9) Vat. Regin. Montefalc. C. b. 30b: uersio franco-gallica Joannis de Meun. — 10 et 11) Eiusdem uersio franco-gall. in cod. bibl. Mazarin. (Paris.) Nr. 227 et 228 (cf. Haenel l. l. p. 345). — 12) fragm. uersionis ital. Laurent. (Band. V 408).*

Excerpta ex Vegetio praeter E nostrum et Cusanum, quod supra laudauimus, haec mihi occurrerunt:

1) *'Extracta de Vegecio' Harleian. 957. — 2) Oxoniensis (cat. laudat. (1697) I 2 Nr. 1881 e coll. collegii Joh. Baptistae). — 3) ibid. II 1 Nr. 8547 'Veg. abbreuiatus' (in aed. Jacobaeis). — 4) (Pseudo-)Cato de re militari i. e. excerpta ex Vegetio, quae in cod. Riccard. (Florent.) 710*

XV. saec. chart. continentur (cf. H. Keil Philol. 1850
p. 175). — 5) *Basileensis FV,* 6.

    *Collationes nonnullas uirorum doctorum manuscriptas
in bibl. Leidensi adseruari me certiorem fecit Du Rieu:
huc pertinent etiam Nr. 2769 (Isaaci Vossii) et 7540 (Eduardi
Bernardi) in catal. laudato* (1697) *II* 1.

    *De editionibus aliisque libris impressis, qui ad nostrum
spectant, praeter Fabric. bibl. lat. III p.* 174 *sq. confer
Schweigeri 'Handbuch der classischen Bibliographie' (a.*
1830) *p.* 1121 *sq. et* 1302 *et Gruessei 'Trésor de livres
rares et précieux (a.* 1867)' *VI* 2 *p.* 270 *sq.; recentiores
franco-gallicae Vegetii interpretationes hae mihi sunt notae:* 1) *editio Didotiana (Paris. 'bibliothèque latine avec la
traduction française sous la direction etc. de M. Désiré
Nisard, uolumen extremum cum textu latino Schwebelii):*
2) *Editio Dubochetiana (Puris. apud Dubochet et Lechevalier
a.* 1849 *cum textu latino);* 3) *ea uersio, quam a.* 1859 *curauit
Victor Develay (Parisiis apud Corréardum XVIII et* 239. 8.*).*

    · *Restat, ut eis uiris, qui in edendo Vegetio alius al·o
modo me adiuuerunt, gratias agam quam plurimas. Praeter
omnes illos uiros dd., quos suo quemque loco in codicum
recensu honoris causa nominaui, summa cum ueneratione
laudo illustrissimum Magno Duci Badd. Ministerium rerum
exter., per quod peroportune mihi cecidit, ut Q codex
Parisinus Heidelbergam transmissus duos menses ibi per-
maneret; laudo Feruccium V. Cl., bibl. Florentinae praefectum, qui beniuolentissime schedam illam graecam, cuius
initium ad III* 26 *subieci, in meum usum describendam
curauit; laudo denique summa cum obseruantia atque studio Baehrium nostrum V. Cl., qui, qua est eximia humanitate, cum summam suam mihi nauauit operam, singulari me
benificio obstrinxit.*

    Scripsi Heidelbergae idibus Ianuariis 1869.

Addenda et corrigenda*).

p. 7, 20 *V. L.* [cursu] e camp. ex. **suspicor** *del.*
 ibid. V. L. ex nandaſ *eras. Q, non* ex nandus *er. Q.*
 8, 11 *V. L. adde:* ferre (*non* per) laborem usu militiae disce-
  bat *Sallustium scripsisse censet Lud. de Sybel* (*thes.*
  ad commentationem de repetitionibus uerborum in fa-
  bulis Euripideis (*Bonn.* 8. 1868) *adiecta*).
 9, 6 *V. S.* ad incommoda Oud. *adde:* III. C. (*i. e.* trium cubi-
  torum) *Chorierii cod. cf. Fabric. bibl. lat. III p.* 175.
  ⁱ in 2
 10, 22 *adde:* incerta et uaria genera *P.*
 11, 17 **praetemptandus** *non* **pertemptandus** (*V. L.* pert. π').
 12, *V. L. init.* 3 *non* 4.
 18, 23 obpugnatione *non* opp.
 19, 13 **scutati** *non* **scutari.**
 20, 18 *V. L.* A'Π *non* A'π'.
 21, 4 *V. L. praemitte* Halanorum *V.*
 22, 22 **armatura** *non* **armaturae** (*V. L.* armaturae *O*).
 23, *V. L. adde:* 9 potest δP.
 24, *Numeri, qui lineas indicant, non satis recti sunt.*
 26, 10 [et caute] **castra possit** *non* [et caute] **possint**
  (*V. L.* possint ε).
 29, *V. L. in subscriptione* Secundus (II *DG*) *non* Sec. (II *G*).
 30, 4 duxerunt *non* duxerint.
 34, 10 *V. L.* ut censerentur *Eε non* ut — c. *E.*
 34, 19 **alius** *non* **alios.**
 34, 21 *pone comma ante* antequam.
 37, 17 *et* 18 Deum *non* deum.
 38, 18 *pone comma post* DLV.
 39, *V. L. praemitte* 9 *numero* XXX.
 41, *V. L.* 17 [hom. reg. etc.] *non* 13 [h. r. etc.].
 43, 10 *pone comma post* aquae ductus.

---

 *) *In apparatu primi libri falso interdum ad unum eundemque*
locum spectantes uariae lectiones nimis amplo spatio sunt disiunctae.

p. 44, 22   *S. L.* incẹdit *non* incaedit.
45,   9   *V. L.* possint *εΠ sine puncto.*
45, 10   nimium bellicosos *non* [nimium bellicosos].   (*V. L.* '[n. b.] *Lang' del.; locus est sanus*).
46,   5   ; *non* :
46, 20   *pone comma post* omnia.
46, 21   **suas** *non* **suos.**
46, 22   *adde:* tergere [curare]?
51,   1   *V. L. adde:* quia nocuit?
52, 19   *V. L. adde:* posset *P.*
54, 16   quotiens *non* quoties.
58,   8   *S. L. adde:* nobellus *Π.*
59,   9   *V. L.* monoxylis *ΠMQP non* m. *ΠMQ.*
63,   9   **tacticos** *non* **tecticos.**
64, 14   *V. L. sit non* sit.
65,   2   *V. L.* xerxiſ *ΠD non* xerxiſ *π'.*
ibid.   *V. L.* xerſiſ *VλP non* xerſiſ *λP.*
66, 12   *V. L.* auxiliariumue *non* auxiliarumue.
70,   9   *pone comma post* declinarant.
70, 19 *et* 20   *dele commata post* uectes *et* feriendo.
72,   1   *pone comma post* instituit.
72, 15   referuntur *non* referuntur.
73,   8   **multa** *non* **muta** (*V. L.* muta *δP*).
75,   1   *praecipere non* praecipere.
77,   7   [prae] *non* [prae.
78.   *numeri, qui lineas indicant, non satis recti sunt.*
79,   2   **torrentes et impedito** *non* **torrentes impedito.**
79,   7   ; *non* ,.
79, 10   *S. L.* imped., *non* inped.
80,   2   **inponunt** *non* **inponuntur.**
80,   3   *V. L.* aequitibus, *non* aequitibus.
80,   4   *V. L.* sociis *αⱭD non* s. *εΠD.*
80,   9   *dele comma post* pons.
81,   8   , postremo *non* . Postr.
84,   5   *dele comma post* uigilias.
84, 13   **subuectio** *non* **subiectio.**
89.   *V. L.* 17 *non* 16.
90,   2   *V. L.* probatis *A₁ non* probatis *A.*
93, 12   *V. L. dele* Π *post* redderentur.
94, *S. L. adde:* 3 imperitiam *Π; item uerbis* non cauissent *praemitte:* 3.
94, 10   pugna; *non* pugna.
94, 11   et *non* Et.
94, 12   **Monitis tamen et adhortatione ducis** *non* **M. tamen adhortatione et ducis.**
95, 17   **peditibus** *non* **pedibus.**
95, 19   eligere, *non* eligere;.
96,   3   imperiti *non* inperiti (*S. L. dele* imperiti *A'Π*),

p. 99, 12. Sine aliqua dubitatione difficultatis *non* sine aliqua difficultate (*V. L.* s. aliqua diff. π').
   100, 12 globos, hostium *non* globos hostium,.
   104, 4 **cornumque** *non* **cornuque.**
   112, 19 **subsessas** *non* **subsesses.**
   113, 15 *S. L. transpone in V. L.*
   ibid. Quarti (III Q)μ *non* Quarti μ.
   129, 5 **locorum** *non* **lococum.**
   131, 18 **sed** *non* **sed et** (*V. L.* sed et εP).
   132, 6 exurenda, uini *non* exurenda. Vini.
   132, 13 **Inbellis** *non* **In bellis.**
   142, 2 **turre** *non* **turri.**
   154, 9 *V. L. adde: cf. Sillig ad Plin.* 3, 46.
   157, 9 gentium *non* urbium (*V. L.* urbium ΕΠ).
   163, 17 *V. L.* GμΠP *non* GμΠ.

Codicum sigla.

$A =$ Par. 7230 cf. p. XIX.

$M =$ Monacensis 6368 cf. p. XX.

$G =$ Guelpherbytanus Gudianus 84 cf. p. XX.

$Q =$ Parisinus 7383 cf. p. XXI.

$L =$ Laudunensis 428 cf. p. XXI.

$\varepsilon = AMGQL$

$\alpha = AMG$

$\alpha' = AM$

$A' = AG$

$\mu = MQL$

$\lambda = QL$

$E =$ excerpt. Vatican. 2077 cf. p. IV. X. XVI — XVIII.

$\Pi =$ Palatinus 909 cf. p. XXIV —XXVI.

$V =$ Vaticanus 4493. cf. p. XXVI.

$D =$ Parisinus 7231 cf. p. XXVII.

$P =$ Perizonianus F 17 cf. p. XXVII. XXVIII.

$\pi = \Pi VDP$ (inde a IV 31 $= \Pi VP$)

$\pi' = \Pi VD$

$\delta = VD$

$O =$ omnes cod.

Alterae manus, quas rarissime respeximus, addito numero sunt significatae; i, a, m etc. sunt litterae erasae. $V. L. =$ uaria lectio; $S. L. =$ supplementum lectionis, quo errores manifesti et mere orthographica continentur.

FLAVII VEGETI RENATI VIRI INLUSTRIS
COMITIS EPITOMA REI MILITARIS LIBRI IIII.

[Primus liber electionem edocet iuniorum, ex quibus
locis uel quales milites probandi sint aut quibus armorum exercitiis imbuendi. Secundus liber ueteris militiae
continet morem, ad quem pedestris institui possit exercitus. Tertius liber omnia artium genera, quae terrestri 5
proelio necessaria uidentur, exponit. Quartus liber uniuersas machinas, quibus uel obpugnentur ciuitates uel
defendantur, enumerat; naualis quoque belli praecepta
subnectit.]

De inscriptione operis uide praefationem.   1 primi libri
Π lectionem δ 2 militif *A*   funt Π 4 ad quem] εP
et quem ammodum Π aut quemadmodum δ infcitui]
inftrui *uulgo*   5 terreftri] in terreftri π' 6 praelio Π
7 obpugnantur Π oppugnantur $\varepsilon\delta P$ 8 naualef A_1.   quo-
que] que *V   Comma* naualif — fubnectit *abest a D   elenchum
librorum primum comma lib.* I, c. 1 In omni — uictoriam *in omnibus codicibus sequitur suoque loco deest.*

[Incipiunt capitula libri primi:

_____

1 Incip. etc.] Item tituli libri primi Π Incip͞ tituli libri
primi δ [I. c. 1. p.] M   2 exercitatione ⊟ A   4 tyronef
et sic constanter A$\mu\pi$ 4 funt $\mu\pi$ 5 funt Q   6 tironef pro-
bandi] t. legendi δ funt π'   8 legendo π'   9 poffunt π'
tironef cognofcuntur PQ   10 eligendi [fint] uel refp. εP
elig. funt u. r. Π legendi funt u. r. δ 11 s͠t Π 12 gratū M
      16 exercebant M   18 Armatura PQ   19 miffilia πQ
iacenda μ iacienda *ex* iacenda *corr.* P   20 imbuendof Π

---

1 De exercitatione *Π*   2 exercendi funt *δ* [exercendi
fint] *αP₁* exerc̄ *Q*   4 ponduf] opuf *D*   5 (uifi *Π*) genera *Q*   funt *μπ*   7 qualibet *Π* quibuf *δ*   8 Qua *δ*
del. f. c. *A'* delinianda *α'* delinienda *GQπ'* deliminanda *P*
9 g. caftra m. f. *D* genara *Q* immineat *Aπ*   10 XXV. *om. δ*
12 [ut — cuftodiant] *εP*   14 quantu *M*   quotief *PQ*
15 ad ambulatum *PQ* ambulandum *D* ad ambulandum *ex cor-
rectione V*   17 De ordinatione *Π* de adortatione *G* *Sequenti prologo Π praemittit:* Incipit prologuf libri eiufdem. *V:*
praefatio nunc loquitur. *D:* praefatio nunc 1. ad diuum theodofium et auguftum caefarem imperatorem.

LIBER I.

Antiquis temporibus mos fuit bonarum artium studia
mandare litteris atque in libros redacta offerre principi-
bus, quia neque recte aliquid inchoatur, nisi post Deum
fauerit imperator, neque quemquam magis decet uel me-
5 liora scire uel plura quam principem, cuius doctrina omnibus potest prodesse subiectis. Quod Octauianum Augustum ac bonos dehinc principes libenter habuisse frequentibus declaratur exemplis. Sic regnantium testimoniis
creuit eloquentia, dum non culpatur audacia. Hac ego
10 imitatione conpulsus dum considero clementiam uestram
ausibus litterarum magis ignoscere posse quam ceteros,
tanto inferiorem me antiquis scriptoribus esse uix sensi,
licet in hoc opusculo nec uerborum concinnitas sit necessaria nec acumen ingenii, sed labor diligens ac fidelis,
15 ut, quae apud diuersos historicos uel armorum disciplinam docentes dispersa et inuoluta celantur, pro utilitate
Romana proferantur in medium. De dilectu igitur atque
exercitatione tironum per quosdam gradus et titulos anti-

V. L.   2 in librif *QδP*   3 nifi poft deum fauerit (fabe-
rit *α'*) imperator *αΠ*   nifi poft deum fuerit i. *Q*   nifi praenotum fuerit imperatori *VP*   n. praenotum fuerit principi *D*
n. praeuotum fuerit imperatori *Scriu. Mod. Barth.* nifi priuf
dominuf nofter fauerit [i.] *Oud.*   7 dehinc] deincepf *δ*
9 crebuit] creuit *π*   ego] ergo *Q*   11 nfibuf *GQP* litterato-
rum *Scriuerius*   12 tanto] quamuif *QP* [t.] *δ*   uix fenfi licet] *αΠ*
uidiffem. Scilicet *V* [u.] fenfi tamen *DP* [u.] fenfi licet tamen
Q   15 ut quae] atq; *α* et quae *QδP*   17 dilectu] electione *P*

S. L.   1 bonarum] ucnarum *Π*   2 redacta] redacenta (*posterius a a 2 add.*) *A*   5 doctrina] doctrin^(to)ā *Π*   13 opufcolo *A₁*
31 (concinnitaf *corr. ex* concignitaf *Q*)   17 dilectu] dilecto *ε*
18 gradof *α'*

quam consuetudinem conamur ostendere; non quo tibi,
imperator inuicte, ista uideantur incognita, sed ut, quae
sponte pro reipublicae salute disponis, agnoscas olim cu-
stodisse Romani imperii conditores et in hoc paruo libello,
quicquid de maximis rebus semperque necessariis requi- 5
rendum credis, inuenias.

I. In omni autem proelio non tam multitudo et uirtus indocta quam ars et exercitium solent praestare uictoriam. Nulla enim alia re uidemus populum Romanum
orbem subegisse terrarum nisi armorum exercitio, disci- 10
plina castrorum usuque militiae. Quid enim aduersus
Gallorum multitudinem paucitas Romana ualuisset? Quid
aduersus Germanorum proceritatem breuitas potuisset
audere? Hispanos quidem non tantum numero sed et
uiribus corporum nostris praestitisse manifestum est. 15
Afrorum dolis atque diuitiis semper impares fuimus.
Graecorum artibus prudentiaque nos uinci nemo dubitauit. Sed aduersus omnia profuit tironem sollerter eligere, ius, ut ita dixerim, armorum docere, cotidiano
exercitio roborare, quaecumque euenire in acie atque 20
proeliis possunt, omnia in campestri meditatione praenoscere, seuere in desides uindicare. Scientia enim rei

V. L.　1 quod *GV*　2 i. inuicte princeſ i. o Theodoſi di-
uorum auguſtorum praecellentiſſime *D*　ut] uti *D*　4 paruo
ſ*ð*　parco *Π*　paruulo *P₁*　*Π subiungit praefationi:* Explicit
prologuſ. Incipit liber primuſ. *V*: Explicit praefatio.
　Cap. I.　*De transposito primo huius capitis commate uide
praefationem et supra p. 1.*　7 uirtuſ indocta] uireſ inerudite *Π*
　13 aduerſuſ] aduerſum *ð*　14 audere] adire *Π*　Hi-
ſpanoſ] Spanoſ *Π*　17 dubitabit *α'* (*in M fortasse correctum
ex* dubitauit) dubitabit *corr. ex* dubitauit *Q*　18 follertem
(folert. *A'*P) ſP　19 cotid.] diſciplinam cotidie *ð*　21 in
proeliiſ *π'* poſſint *A'*　22 feuire (faeu. *M*) i. d. uindicando ſ

S. L.　2 imperator] imperatur *A'*　5 quicquid] quodquid *A'*
　Cap. I.　7 prelio *Π*　10 orbem] urbem *A₁*　11 uſuque]
uſq; *A₁*　quid] quòd *A*　15 praeſtetiſſe *A'*　17 prudentia]
prudentiã *α'*　19 cottidiano *M*

bellicae dimicandi nutrit audaciam. Nemo facere me-
tuit quod se bene didicisse confidit. Etenim in certamine bellorum exercitata paucitas ad uictoriam promp-
tior est, rudis et indocta multitudo exposita semper ad
5 caedem.

II. Rerum ordo deposcit, ut, ex quibus prouinciis
uel nationibus tirones legendi sint, prima parte tractetur.
Constat quidem in omnibus locis et ignauos et strenuos
nasci. Sed tamen et gens gentem praecedit in bello et
10 plaga caeli ad robur non tantum corporum sed etiam ani-
morum plurimum ualet; quo loco ea, quae a doctissimis
hominibus conprobata sunt, non omittam. Omnes nationes, quae uicinae sunt soli, nimio calore siccatas, amplius
quidem sapere, sed minus habere sanguinis dicunt ac
15 propterea constantiam ac fiduciam comminus non habere
pugnandi, quia metuunt uulnera qui exiguum sanguinem
se habere nouerunt. Contra septentrionales populi, re-
moti a solis ardoribus, inconsultiores quidem, sed tamen
largo sanguine redundantes, sunt ad bella promptissimi.
20 Tirones igitur de temperatioribus legendi sunt plagis,
quibus et copia sanguinis suppetat ad uulnerum mor-
tisque contemptum et non possit deesse prudentia, quae
et modestiam seruat in castris et non parum prodest in
dimicatione consiliis.

V. L.   4 rudif *αΠ*   quam rudif *QP*   rudif autem *δ*
    Cap. II.   6 Uerum ordo *Schwebelius* [ut] *δ*   7 eligendi
Π   8 [in] *δ*   10 plagaf *AµP*   11 plurimum fcire u. *QP*
quo loco *αP*   in quo l. *δ*   quae loca *QP₂*   [ea quae] *QP*
12 omittam] omittamuf *A*   obmittamuf *G*   13 ficcataf]
ficcitatif *δ*   14 dicuntur *V*   15 ac] et *Π*   16 qui] quia *Qδ*
17 Contrario *Π*   19 ad bella] in b. *Π*   21 fuppetit *Q₁*
24 confiliif] confilii *δ*; *fortasse tollendum.*

S. L.   1 demicande *A*   audatiam *M*   2 dediciffe *A*;
    3 ad uictoria² *A*   4 indoctam multitudo *A*
    Cap. II.   6 prouintiif *M*   11 ad doctiffimif *α'*   13 calore]
colore *Π*   13 ficcataf] ficcatof *µG*   ficcatuf *A₁*   14 ac] hac *A*
    15 fidutiam *A*   15 conminuf *Π*   19 prumptiffimi *M*
20 temperatioribuf] temperationibuf *A* (*δ*)   24 demicatione *α'*

III.   Sequitur, ut, utrum de agris an de urbibus utilior tiro sit, requiramus.   De qua parte numquam credo
potuisse dubitari aptiorem armis rusticam plebem, quae
sub diuo et in labore nutritur, solis patiens, umbrae ne-
glegens, balnearum nescia, deliciarum ignara, simplicis 5
animi, paruo contenta, duratis ad omnem laborum tolerantiam membris, cui gestare ferrum, fossam ducere,
onus ferre consuetudo de rure est.   Interdum tamen necessitas exigit etiam urbanos ad arma conpelli, qui ubi
nomen dedere militiae, primum laborare, decurrere, por- 10
tare pondus et solem pulueremque ferre condiscant,
parco uictu utantur et rustico, interdum sub diuo interdum sub papilionibus commorentur.   Tunc demum ad
usum erudiantur armorum, et, si longior expeditio emergit, in agrariis plurimum detinendi sunt proculque ha- 15
bendi a ciuitatis inlecebris, ut eo modo et corporibus
eorum robur accedat et animis.   Nec infitiandum est post
urbem conditam Romanos ex ciuitate profectos semper
ad bellum; sed tunc nullis deliciis frangebantur, sudorem
cursu et campestri exercitio collectum iuuentus natans 20
abluebat in Tiberi, idem bellator, idem agricola, genera
tantum mutabat armorum; quod usque adeo uerum est,
ut aranti Quinctio Cincinnato dictaturam constet oblatam.
Ex agris ergo subplendum robur praecipue uidetur exer-

V. L.   Cap. III.   1 ut utr. Schwebelius ut utr. V [ut] utrum
εΠPD   2 requiram Π   4 patienſ] p. aeſtum QP
4 umbrae] imbrem Ed. Romana imbrium Modius Oudendor-
ptuſ   5 [balnearum — ignara] Π   ſimplicitaſ Π
6 paruo contenta cibo Q   laborĕm M   laborem Π   tole-
rantia Π   11 et ſolem δ et ſ. P   12 paruo δP   13 tum Qδ
15 in angariiſ εP   19 ſed] hi Π   nulliſ uoluptatibuſ nulliſ deliciiſ π'   20 curſu et campeſtri exercitio δQ   curſum e
campeſtri exercitio α   curſu et c. exercitatione Π c. et c. exercitatione P   [curſu] e camp. ex. suspicor   natanſ] nando
ex nanduſ eras. Q   21 in Tiberi Π   23 oblatam] Perſiuſ et
trepida ante boueſ dictatorem induit uxor et tua aratra domum
lictor tulit inserit Π

S. L.   Cap. III.   6 contenta] contempta Π   17 inficiĕndum A
inficiandum ΠμG   21 Tyberi AΠ   24 ſupplendum Π

citus; nescio quomodo enim minus mortem timet qui
minus deliciarum nouit in uita.

IIII. Nunc, qua aetate milites legi conueniat, exploremus. Et quidem, si antiqua consuetudo séruanda est,
5 incipientem pubertatem ad dilectum cogendam nullus
ignorat; non enim tantum celerius sed etiam perfectius
inbuuntur quae discuntur a pueris. Deinde militaris ala-
critas, saltus et cursus ante temptandus est, quam corpus aetate pigrescat. Uelocitas enim est quae percepto
10 exercitio strenuum efficit bellatorem. Adulescentes legendi sunt, sicut ait Sallustius 'Iam simul ac iuuentus
belli patiens erat, in castris per laborem usu militiam
discebant.' Melius enim est, ut exercitatus iuuenis cau-
setur aetatem nondum aduenisse pugnandi, quam doleat
15 praeterisse. Habeat etiam spatium uniuersa discendi.
Neque enim parua aut leuis ars uidetur armorum, siue
equitem siue peditem sagittarium uelis inbuere siue scu-
tatum, armaturae numeros omnes ꝟmnesque gestus docere, ne locum deserat, ne ordines turbet, ut missile et
20 destinato ictu et magnis viribus iaciat, ut fossam ducere,

---

V. L.   1 neſcio enim quomodo *P*
     CAP. IIII.   4 Et quidem] Equidem *δ Oudendorpius*   5 inci-
piente pubertate *QP*   cogendum tyronem *Q*   7 inbuuntur] im-
bibuntur *δ uulgo* induuntur *Oudendorpius*   11 ſaluſtiuſ *Π*   Nam
ſimulac iuuentuſ belli patienſ erat in caſtriſ p laborem uſu mi-
litia (ā *A₂*) diſcebant *A* n. ſimul aduentuſ belli pacienſ e. i. c. p
laborem uſu militiam (*corr. ex* mal.) diſcebant *M* n. ſimul aduentuſ b. pacienſ e. i. c. p laborem uſu militiae diſcebant *Q* n. ſimulac iuuentuſ b. p. e. i. c. p laborem uſu militie diſcebant *Π*
n. ſ. i. b. p. e. i. c. p. laboriſ uſu militiā diſcebant *δP* n. ſimulata
iuuentuſ b. p. e. i. c. p laborum uſu militiā diſcebant *G*   Iam
iuuentuſ ſimulac b. p. e. i. c. p. laboriſ uſum miliciam·diſcebant
Giss. Iam primum iuuentuſ ſimulac b. p. e., i. c. per laborem
uſu militiam diſcebat *Sallustius Cat.* 7, 4 (*ed. Iordan*).   16 uideatur *Π*   17 ſagittarium ueliſ] *AΠ* ſ. uelliſ *M* ſ. belliſ *QP₁V*
ſagittariumue ueliſ *D* ·   imbuere, ſiue ſcutatum a. *uulgo.*
18 numeroſ [omneſ] *ε*   20 deſtinatum ictum [et] *Q*

S. L.   2 diliciarum *A₁*   CAP. IIII.   6 perfectiuſ] pfectiuſ
A   7 imbuuntur *Π*   19 turbet] turbit *A₁*   20 diſtinato *A¹*
iaciat] iaceat *A₁*

sudes scienter figere nouerit, tractare scutum et obliquis
ictibus uenientia tela deflectere, plagam prudenter uitare,
audacter inferre. Huic taliter instituto tironi pugnare
aduersum quoslibet hostes in acie formido non erit sed
uoluptas. 5

V. Proceritatem tironum ad incommam scio semper exactam, ita ut senos pedes uel certe quinos et denas
uncias inter alares equites uel in primis legionum cohortibus probarentur. Sed tunc erat amplior multitudo, et
plures militiam sequebantur armatam; necdum enim ci-.10
uilis pars florentiorem abduxerat iuuentutem. Si ergo
necessitas exigit, non tam staturae rationem conuenit habere quam uirium. [Et ipso Homero teste non fallitur,
qui Tydeum minorem quidem corpore sed fortiorem armis
fuisse significat.] VI. Sed qui dilectum acturus est ue- 15
hementer intendat, ut ex uultu, ex oculis, ex omni conformatione membrorum eos eligat, qui implere ualeant
bellatores. Namque non tantum in hominibus sed etiam
in equis et canibus uirtus multis declaratur indiciis, sicut
doctissimorum hominum disciplina conprehendit; quod 20
etiam in apibus Mantuanus auctor dicit esse seruandum

V. L.   2 uenientibuſ ad δ   4 aduerſus π'   erit] eſt μP
CAP. V.   6 ad incomam Aμ   ad incoma Π   ad incommoda GP   a c̄ſule mario δ   ad incommata Oud.   7 VI pedeſ
u. c. V et X unciae Oud. VI pedum u. c. V et X unciarum Stewechius   8 unciaſ] u. habenteſ uulgo   10 militiem A [arma-
tam] Π   11 abduxerat Korttianus 2, Oudendorpius, Schwebelius abducebat Π adduxerat εδP   ſi ergo n. exigit (exegerit δ)
non t. ſt. rationem conuenit habere π' [ſi] ergo n. exigit non t.
ſt. r. [conuenit] habere εP   13 et ipſo] hoc quiſquiſ effece-
rit et ipſo Π   fallitur εΠ fallimur δP Comma et ipſo — ſign.
spurium uidetur et ex margine inrepsisse (fallitur scil. Vegetius).
CAP. VI.   17 ual. Bellatorum PQ u. officium bellatoriſ V
u. o. bellatoriſ. Bellatorum D   21 eſſe ſeruandum] itaque QP

S. L.   2 deflectere] defectere M   3 tironi] tirone (tyrone α') α
4 in aciae M   CAP. V.   8 in primiſ] inprimiſ Π   13 Omero
Π   14 qui Tydeum qui ti deum A quiſ deum M qui tideum Π
CAP. VI.   18 in hominibuſ] in omnibuſ] M   20 diſciplinam M conp̄hindit corr. in conp̄hendit A compr. Π

'Nam duo sunt genera, hic melior, insignis et ore
Et rutilis clarus squamis, ille horridus alter
Desidia latamque trahens inglorius aluum.'

Sit ergo adulescens Martio operi deputandus uigilantibus
5 oculis, erecta ceruice, lato pectore, umeris musculosis, ua-
lentibus brachiis, digitis longioribus, uentre modicus, exi-
lior cruribus, suris et pedibus non superflua carne disten-
tis sed neruorum duritia collectis.   Cum haec in tirone
signa deprehenderis, proceritatem non magno opere desi-
10 deres. Utilius est enim fortes milites esse quam grandes.
      VII.   Sequitur, ut, cuius artis uel eligendi uel penitus
repudiandi sint milites, indagemus. Piscatores aucupes
dulciarios linteones omnesque, qui aliquid tractasse uide-
buntur ad gynaecea pertinens, longe arbitror pellendos a
15 castris; fabros ferrarios carpentarios macellarios et cer-
uorum aprorumque uenatores conuenit sociari militiae.
Et hoc est in quo totius reipublicae salus uertitur, ut tirones non tantum corporibus sed etiam animis praestantis-
simi deligantur; uires regni et Romani nominis funda-
20 mentum in prima dilectus examinatione consistunt.   Nec
leue hoc putetur officium aut passim quibuscumque man-
dandum; quod apud ueteres inter tam uaria genera uir-

V. L.   2 [et] G_1 rotulif G 5 ualentibuf digitif longioribuf
brachiif ε 7 cruribuf QGP crunibuf α' clunibuf $\pi' A_2$ 9 magnopere $QG\pi$ 10 utiliuf enim eft δPG_2 utiliuf enim [e.] G_1
     CAP. VII.   12 refpuendi P 14 gynecea μ gy nec ea A
ginecea G gineciam corr. in gineceam Π genitia δP 15 car-
pentariof] et carpent. Π 16 fociari μ fociare $A' \delta P$ fectare Π
militiam Π 17 hoc eft in quo] in hoc δP 18 preftantiffimif
Π praeftantiffimei G (e in i corr. G_2)   19 diligantur α' ut
uiref — confiftant Π 20 [in] prima Π 22 inter tam uaria
genera Π in tam uario genere δ incerta uaria genera ε

S. L.   2 rutulif $A(Q)$ 3 traenf Π aluum] album α' 4 adu-
lifcenf corr. in adulefcenf A adolefcenf Π 4 depudanduf M
5 umerif M humerif $A' Q\pi$ mufcolofif ε 6 langioribuf M
     CAP. VII.   13 dulciariof] dulcariof $\mu(P)$ linteonef] len-
tionef π tractaffe] tractaffet A 15 carpentariof] carpe-
ctariof M 20 dilectuf] dilectof (delectof G) α 22 genere]
genera M .

tutum in Sertorio praecipue constat esse laudatum. Iuuentus enim, cui defensio prouinciarum, cui bellorum
est committenda fortuna, et genere, si copia suppetat, et
moribus debet excellere. Honestas enim idoneum militem reddit, uerecundia, dum prohibet fugere, facit esse 5
uictorem. Quid enim prodest, si exerceatur ignauus, si
pluribus stipendiis moretur in castris? Numquam exercitus proficit tempore, cuius in probandis tironibus clau-
dicarit electio. Et quantum usu experimentisque cognouimus, hinc tot ubique ab hostibus inlatae sunt clades, 10
dum longa pax militem incuriosius legit, dum honestiores
quique ciuilia sectantur officia, dum indicti possessoribus
tirones per gratiam aut dissimulationem probantium tales
sociantur armis, quales domini habere fastidiunt. A magnis ergo uiris magnaque diligentia idoneos eligi conuenit 15
iuniores. VIII. Sed non statim punctis signorum scri-
bendus est tiro dilectus, uerum ante exercitio pertemptandus, ut, utrum uere tanto operi aptus sit, possit
agnosci. Et uelocitas in illo requirenda uidetur et robur,
et utrum armorum disciplinam ediscere ualeat, utrum 20
habeat confidentiam militarem. Plerique enim, quamuis
non inprobabiles uideantur in specie, tamen experimentis conprobantur indigni. Repudiandi ergo minus
utiles et in locum eorum strenuissimi subrogandi sunt.
In omni enim conflictu non tam prodest multitudo quam 25
uirtus.

V. L.   2 defenfa *Π*   7 moritur *Π* meretur *Q* mereat *Mod.*
Sch. (ex cod. *Guelph.* c)   8 proficit *π'Q* profecit α proficit
corr. in profecit *P*   tempore] tempore belli *QP*   13 aut
diff.] ac diff. *δ* probantur *Π*   Cap. VIII.   16 infcribenduf *Π*
uulgo   17 dilectuf] delectuf *π'*   praetemptanduf *εP*
18 tanto] tantum *Q*   uideatur *δG (sed in hoc c.* at⁹ *in l. er.)*
     20 [et] utrum *A'*   22 [in] fpecie *δ* in fp. *P* in fpeciem
Mod.   24 [in] *Π*

S. L.   5 fugere] fugire *α'*   8 in prob.] improbandif *Π₁*
9 ignauuf] ignauof *A₁*   13 tironef] atironef *(Schlie) Π* talef]
talif *α'*   Cap. VIII.   18 ut] et *Π*   19 robor *μ*   22 repu-
diandi] repuandi *M* repudiando *Π*   23 locum] locu *A₁*
24 prodeft] prude eft *A₁*

Signatis itaque tironibus per cotidiana exercitia armorum est demonstranda doctrina. Sed huius rei usum
dissimulatio longae securitatis aboleuit. Quem inuenias,
qui docere possit quod ipse non didicit? De historiis ergo
5 uel libris nobis antiqua consuetudo repetenda est. Sed
illi res gestas et euentus tantum scripsere bellorum, ista,
quae nunc quaerimus, tamquam nota linquentes. Lacedaemonii quidem et Athenienses aliique Graecorum in
libros rettulere conplura; sed nos disciplinam militarem
10 populi Romani debemus inquirere, qui ex paruissimis fini-
bus imperium suum paene solis regionibus et mundi ipsius
fine distendit. Haec necessitas conpulit euolutis auctoribus ea me in hoc opusculo fidelissime dicere, quae Cato
ille Censorius de disciplina militari scripsit, quae Corne-
15 lius Celsus, quae Frontinus perstringenda duxerunt, quae
Paternus diligentissimus iuris militaris adsertor in libros
redegit, quae Augusti et Traiani Hadrianique constitutio-
nibus cauta sunt. Nihil enim mihi auctoritatis adsumo
sed horum, quos supra rettuli, quae dispersa sunt, uelut
20 in ordinem epitomata conscribo.

    IX. Primis ergo meditationum auspiciis tirones mi-
litarem edocendi sunt gradum. Nihil enim magis in itinere uel in acie custodiendum est, quam ut omnes milites
incedendi ordinem seruent. Quod aliter non potest fieri,

V. L.   4 longa Π 3 inueniæf P inuenief δ 6 [tan-
tum] Π 7 linquentef] relinquentef Π 8 in librif $A'\pi'$
9 rettulere M retullere A_1 retulere $A_2GQ\pi$ 9 conplura]
complura quae tactica uocant π' 13 [de] difc. A 15 celfuf [q.] frontinuf Q c. q. frontinuf quae hyginuf *coniecit Lange*
(*Hygin. Grom. lib. de mun. c. p.* 63).   15 praeftringenda αV
16 in libro δ 17 adriani O 19 retuli πQG 19 ueluti δ 20 epitomatae Π
    CAP. IX.   23 in acie] in ęde (ede Q) ε *fragm. Einsied.*

S. L.   1 cottidiana μ 3 aboleuit] abolebit Π 6 illi]
ille A_1 8 athenihenfef M 11 paene] poene ε 12 compu-
lit Π 13 opufculo A_1 15 celfuf quae] celfufq. M
17 redegit] redigit A' 18 adfumo A affumo Π
    CAP. IX.   21 aufpitiif A 21 militarem edocendi] mili-
tare me docendi A_1

nisi ut exercitio ambulare celeriter *et aequaliter discant.*
Periculum enim ab hostibus semper *grauissimum sustinet*
diuisus et inordinatus exercitus. *Militari ergo gradu* XX
milia passuum horis quinque *dumtaxat aestiuis* confi-
cienda sunt. Pleno autem gradu, qui citatior est, totidem 5
horis XXIIII milia peragenda sunt. Quicquid addideris,
iam cursus est, cuius spatium non potest definiri. Sed et
cursu praecipue adsuefaciendi sunt iuniores, ut maiore
impetu in hostem procurrant, ut loca oportuna celeriter,
cum usus aduenerit, occupent uel aduersariis idem facere 10
uolentibus praeoccupent, ut ad explorandum alacriter
pergant, alacrius redeant, ut fugientium facilius terga
conprehendant. Ad saltum etiam, quo uel fossae transi-
liuntur uel inpediens aliqua altitudo superatur, exercen-
dus est miles, ut, cum eiusmodi difficultates euenerint, 15
possint sine labore transire. Praeterea in ipso conflictu
ac dimicatione telorum bellator cum cursu saltuque ue-
niens aduersarii perstringit oculos mentemque deterret
priusque plagam infligit, quam ille ad cauendum uel ad
resistendum certe se praeparet. De exercitio Gnei Pom- 20
pei Magni Sallustius memorat 'cum alacribus saltu, cum
uelocibus cursu, cum ualidis uecte certabat.' Neque
enim ille aliter potuisset par esse Sertorio, nisi seque et

V. L.   1 niſi ut exercitio α'*QP*   niſi ut aſſiduo exercitio δ
niſi aſſiduo ex. *Π* niſi exercitio *G* niſi iugi ex. *Oudend.*
2 ſemper] ſaepe δ *In sequentibus litteris numeros* XX *et* XXIIII
exprimunt praeter AG *omnes cod.*   7 definiri α*ΠP* definire *VQ*
diffinire *D* et curſu] ad curſum *fr. Eins.*   10 uſuſ] uſu *Π*
11 alacriter] celeriter *Π*   12 utque *fragm. Eins.*   [terga c.] *P₁*
terga incurrant *P₂* (*in margine*)   16 poſſint *O* poſſit *uulgo.*
18 praeſtringit *ΠV*   18 mentem[que] d. *Π*   20 de exercitatione *Π*   [Gnei] ε   21 ſaluſtiuſ *μπ' fr. Eins.*   23 ſeque et
militeſ] ſe et ſuoſ militeſ *QP* ſe et m. *A₂D* ſeque m. *V*

S. L.   4 gradum α'   4 milia ≡ paſſuum *A*   4 dumtaxat
aeſtiuiſ] dumtaxata ē iuiſ (eſtiuiſ) α'   5 pleno] ·'ena *M*
6 horiſ] oriſ *M*   7 curſuſ eſt] c. -ē ≡ *A*   8 adſuaefaciendi μ
   8 maiore impetu] maiorem (-ē *A*) impetum *Aμ*   9 in ho-
ſtem] in hoſte *Π*   12 pergant] pergere et *Π*   13 conphen-
dant (-prae- *M*) α'   comprehendant *Π* quo] quae *M*   17 de-
micationem *A*   21 magni ſ.] magniſ ſ. *A*

milites frequentibus exercitiis praeparasset ad proelia.
X. Natandi usum aestiuis mensibus omnis aequaliter
debet tiro condiscere. Non enim semper pontibus flumina transeuntur, sed et cedens et insequens natare co-
5 gitur frequenter exercitus; saepe repentinis imbribus uel
niuibus solent exundare torrentes. Et ignorantia non
solum ab hoste, sed etiam ab ipsis aquis discrimen incurrit; ideoque Romani ueteres, quos tot bella et continuata
pericula ad omnem rei militaris erudiuerant artem, cam-
10 pum Martium uicinum Tiberi delegerunt, in quo iuuentus post exercitium armorum sudorem pulueremque dilueret ac lassitudinem cursus natandi labore deponeret.
Non solum autem pedites sed et equites ipsosque equos
uel lixas, quos galiarios uocant, ad natandum exercere
15 percommodum est, ne quid imperitis, cum necessitas incumbit, eueniat.

XI. Antiqui, sicut inuenitur in libris, hoc genere
exercuere tirones. Scuta de uimine in modum cratium
conrotundata texebant, ita ut duplum pondus cratis ha-
20 beret, quam scutum publicum habere consueuit. Idem-
que clauas ligneas duplicis aeque ponderis pro gladiis
tironibus dabant. Eoque modo non tantum mane sed

V. L.   CAP. X. *Inscriptio abest a fr. Eins.*   4 et ⹀ ⹀ ce-
denſ et fubfequenſ *V*   et inc. et fubſ. *D*   8 continua *δ*
9 erudierunt *δ*   10 tiberiſ *Π*   tyberiſ *Q*   elegerunt *Π*
  11 delueret *fr. Eins.* del. *ex* dil. *corr. G*   13 [et] equiteſ *π'*   14 galiarioſ *scripsi* galearioſ *Isidor. Gloss.* (312 caloneſ
galearii militum 313 Calonica); galloarioſ *fragm. Eins.* galiarioſ *π'* galliariaſ (gal. *MP') εP cf. infra* III, 6. '*Adscripsit
Scriuerius* e *Glossis MStis* Kaloneſ, Galliae militum *emendatque*
galearii *uel* Caculae militum *nec male: Sed cur non* Galiariae?'
Oudendorpius
  CAP. XI.   17 Antiquiſ inuenitur — exerceri *δ*   18 Scuta
ſic *uocem*   ſcuta *post* lexebant *inserentes QP*   19 crateſ *Π*
20 confueuerat *Π* itemque *π'*   21 clauaſ ligneaſ *εD* clau≡aſ
lineaſ *V* clauuſ ligneuſ *Π* claueſ ligneaſ *P* duplicif aeque]
dupliciqueΠ

S. L.   1 prelia *Π*   CAP. X.   2 omniſ] omſ *A₁*   7 ab
hofteſ fed *α'*   10 Tyberi *Π*   12 labore] -em *α*
  CAP. XI.   19 conrotundata] conrutundata *α'*   20 puplicum *Π*

etiam post meridiem exercebantur ad palos. Palorum
enim usus non solum militibus sed etiam gladiatoribus
plurimum prodest. Nec umquam aut harena aut campus
inuictum armis uirum probauit, nisi qui diligenter exercitatus docebatur ad palum. A singulis autem tironibus 5
singuli pali defigebantur in terram, ita ut nutare non possent et sex pedibus eminerent. Contra illum palum tamquam contra aduersarium tiro cum crate illa et claua
uelut cum gladio se exercebat et scuto, ut nunc quasi
caput aut faciem peteret, nunc a lateribus minaretur, 10
interdum contenderet poplites et crura succidere, rece-
deret adsultaret insiliret, quasi praesentem aduersarium,
sic palum omni impetu, omni bellandi arte temptaret. In
qua meditatione seruabatur illa cautela, ut ita tiro ad in-
ferendum uulnus insurgeret, ne qua parte ipse pateret ad 15
plagam. XII. Praeterea non caesim sed punctim ferire
discebant. Nam caesim pugnantes non solum facile uicere
sed etiam derisere Romani. Caesa enim, quouis impetu
ueniat, non frequenter interficit, cum et armis uitalia defendantur et ossibus; at contra puncta duas uncias ad- 20
acta mortalis est; necesse est enim, ut uitalia penetret
quicquid inmergitur. Deinde, dum caesa infertur, brachium dextrum latusque nudatur; puncta autem tecto
corpore infertur et aduersarium sauciat ante quam uideat.
Ideoque ad dimicandum hoc praecipue genere usos con- 25
stat esse Romanos; dupli autem ponderis illa cratis et
claua ideo dabantur, ut, cum uera et leuiora tiro arma

V. L. 5 Ad fingulif *Π* 6 in terram] in terra *corr. ex* in terrā
Π in terra *δ* 9 ueluti *δ* 10 [a] lateribuf *δ* Oudendorpius
11 fuccideret *π'* 12 adfultaret] infultaret *δ* infiliret et
uulgo Cap. XII. 18 [enim] *Π* 23 latuf[que] *Π*
tecta *Q* 26 duplicif *δ* duplici *QP* cratef *Π*

S. L. 1 poftmeridie *Π* 3 harena] arena *A'* 6 defigi-
bantur *M* nutare] notare *α'* poffent] poffint *εP*
9 ut] et *μ(P₁)* 12 infiliret] infileret *ε* 14 cautella *A*
Cap. XII. 16 caefim pugnantef] caefim fed pugnantef *α*
17 uicere] uincere *εP* 19 interficit] interfecit *A* 20 at]
ad *α'* untiaf *M* 25 demicandum *M* 27 leuiora]
leniora *μ*

sumpsisset, uelut grauiore pondere liberatus securior ala-
criorque pugnaret. XIII. Praeterea illo exercitii genere,
quod armaturam uocant et campidoctoribus traditur, in-
buendus est tiro; qui usus uel ex parte seruatur. Con-
5 stat enim etiam nunc in omnibus proeliis armaturas
melius pugnare quam ceteros. Ex quo intellegi debet,
quantum exercitatus miles inexercitato sit melior, cum
armaturae utcumque eruditi reliquos contubernales suos
bellandi arte praecedant. Ita autem seuere apud maiores
10 exercitii disciplina seruata est, ut et doctores armorum
duplicibus remunerarentur annonis et milites, qui parum
in illa prolusione profecerant, pro frumento hordeum
cogerentur accipere, nec ante eis in tritico redderetur
annona, quam sub praesentia praefecti legionis, tribuno-
15 rum uel principiorum experimentis datis ostendissent se
omnia, quae erant in militari arte, conplere. Nihil enim
neque firmius neque felicius neque laudabilius est republica, in qua abundant milites eruditi. Non enim uestium
nitor uel auri, argenti gemmarumque copiae hostes aut
20 ad reuerentiam nostram aut ad gratiam inclinant, sed solo

V. L.   Cap. XIII.   3 campidoctoribuſ $\alpha\delta$ a campid. Π
a primiſ doctoribuſ QP 4 [uel] QP 5 armatura (ar-
maturã P_1) meliuſ pugnare quam ceteroſ εP_1 armaturoſ meliuſ pugnare quam ceteroſ Π armaturiſ meliuſ pugnare
quam ceteriſ δ armaturaſ meliuſ pugnari quam ceteriſ P_2 armatura meliuſ pugnare Romanoſ quam ceteroſ Korttianus 3 pro-
bante Korttio   10 feruanda eſt $G\tilde{Q}P$ 11 duplicibuſ] dupliſ π'
remunerarentur] ſe munirentur (remunirentur Schlie) Π
12 proficerent G 14 legionib; εP 15 principum ΠP Giss.
16 complecti V 17 neque laudabiliuſ neque feliciuſ π'
[aut] Q [ad] M 20 noſtram] n̄ra corr. in u̅ra Π ſolo ter-
rore] huc pertinet dignum quod commemoretur codicis Cusani (C 14)
XII saec. (cf. „Ueber eine Handschrift des Nicolaus von Cues
nebst ungedruckten Fragm. Cicer. Reden von Joseph Klein 1866“
p. 39 et 40) excerptum: Solo terrore armorum et non potiuſ for-
titudine nobiſ formidinem incutiſ.

S. L.   Cap. XIII.   3 campidoct.] capidoct. M 4 imbuen-
duſ Π 5 preliiſ Π 11 anoniſ A_1 12 proſecerant] pro-
ficerant $A_u P$ 16 complere Π 17 laudabiliuſ] laudabilib; A_1
18 habundant A'   19 nitor] nicor A_1

terrore subiguntur armorum. Deinde in aliis rebus,
sicut ait Cato, si quid erratum est, potest postmodum cor-
rigi; proeliorum delicta emendationem non recipiunt,
cum poena statim sequatur errorem. Nam aut confestim
pereunt qui ignaue imperiteque pugnauerint, aut in 5
fugam versi victoribus ultra pares esse non audent.
XIIII. Sed ad inceptum reuertor. *Tiro, qui cum claua
exercetur ad palum, hastilia quoque ponderis grauioris,
quam uera futura sunt iacula, aduersum illum palum
tamquam aduersum hominem iactare* conpellitur. In 10
qua re armorum doctor adtendit, ut magnis viribus hastile contorqueat, ut destinato ictu uel in palum uel iuxta
dirigat missile. Eo enim exercitio et lacertis robur adcrescit et iaculandi peritia atque usus adquiritur. XV. Sed
prope tertia uel quarta pars iuniorum, quae aptior potue- 15
rit reperiri, arcubus ligneis sagittisque lusoriis illos ipsos
exercenda est semper ad palos. At doctores ad hanc rem
artifices eligendi, et maior adhibenda sollertia, ut arcum
scienter teneant, ut fortiter inpleant, ut sinistra fixa sit,
ut dextra cum ratione ducatur, ut ad illud, quod feriun- 20
dum est, oculus pariter animusque consentiat, ut, siue in
equo siue in terra, rectum sagittare doceat. Quam artem
et disci *opus est diligenter* et cotidiano usu exercitioque
seruari. *Quantum* autem utilitatis boni sagittarii in

V. L.   1 fubiciuntur δ   4 Nam [a.] confeftim Q
Cᴀᴘ. XIIII.   7 inceptum] incoeptum δ ceptum Π   12 iactu
V   13 eo] et A'   14 inquiritur MQ   Cᴀᴘ. XV.   16 illof
ipfof] [illof] ipfof Π [illof ipfof] Q   17 At doctoref GP ad
doctoref α' et doctoref δ et doctof Π et ad doctoref Q ac doctoref uulgo   19 fcientef ε   19 teneat Π   19 et fortiter δ
19 impleat Π   20 et dextra P   20 feriendum μπ   21 con-
fentiant Q   22 erectum δ   doceat απ doceatur Q   24 feruare (-e corr. in i V) δ   fagittarii in ufuf proeliif Q

S. L.   Cᴀᴘ. XIIII.   10 compellitur Π   11 quam] que Π
11 attendit Π   aftile (ex aftele corr. Q) μ   13 accre-
fcit Π   14 acquiritur Π   Cᴀᴘ. XV.   16 repperiri εΠ
16 luforibif M   18 elegendi A   folertia μ   19 oculuf]
oculof A₁   19 in equo] in equof α'   23 cottidiano μ

Vᴇɢᴇᴛɪᴜs.   2

proeliis habeant, et Cato in libris de disciplina militari
euidenter ostendit, et Claudius pluribus iaculatoribus
institutis atque perdoctis hostem, cui prius inpar fuerat,
superauit. Africanus quidem Scipio, cum aduersum Nu-
5 mantinos, qui exercitus populi Romani sub iugum mise-
rant, esset acie certaturus, aliter se superiorem futurum
esse non credidit, nisi in omnibus centuriis lectos sagittarios miscuisset. XVI. Ad lapides uero uel manibus uel
fundis iaciendos exerceri diligenter conuenit iuniores.
10 Fundarum usum primi Balearium insularum habitatores
et inuenisse et ita perite exercuisse dicuntur, ut matres
paruos filios nullum cibum contingere sinerent, nisi quem
ex funda destinato lapide percussissent. Saepe enim aduersum bellatores cassidibus catafractis loricisque munitos
15 teretes lapides de funda uel fustibalo destinati sagittis
sunt omnibus grauiores, cum membris integris letale
tamen uulnus important et sine inuidia sanguinis hostis
lapidis ictu intereat. In omnibus autem ueterum proeliis
funditores militasse nullus ignorat. Quae res ideo ab
20 uniuersis tironibus frequenti exercitio discenda est, quia
fundam portare nullus est labor. Et interdum euenit, ut
in lapidosis locis conflictus habeatur, ut mons sit aliquis
defendendus aut collis, ut ab oppugnatione castellorum

V. L.   1 in librif] in libro *Giss. (sane librum, non libros de re
militari Cato scripsit).*   3 cui priuf] cum p. Π 4 aduerfuf π
    5 exercituf] -um *uulgo*   7 centuriif π' tenturiif A ten-
toriif GQP tento toriif M 8 mifcuiffet] m. fundif *(petitum
ex sequenti inscriptione)* δP Cap. XVI.   8 [uero] Π ue Q_1
9 exercere δ 10 fundarum enim ufum δP primum P
11 uti Π 12 cibum carnif Π 14 aduerfuf Π 17 im-
portent δP important Π inportant ε 17 fine inuidia fanguinif $\alpha\delta P_1$ fine uia fanguinif QP_2 *Oud.* fine fanguine Π
18 lapide ictuf (ñict. V) δP 21 uenit Q ut] ut aut (per *addit
V)* δP ut non Π 22 fit monf Π aliquif] aliter quif Π 23 ut
ab A' et ab $M\pi'$ aut ab QP

S. L.   1 praeliif Π 3 impar Π 4 affricanuf M afri-
ganuf A_1 4 nummantinof A 5 exercituf] -of α' certaturuf]
aertaturuf A_1 5 fub iugo Π Cap. XVI.   14 munitof] mouitof α'
    15 deftinati fagittif] deftinatif fagittif α' 18 preliif Π
    21 euenit] euenet A_1 23 obpugnatione] oppugn. $\mu\Pi$

siue ciuitatum lapidibus barbari fundisque pellendi sint.
XVII. Plumbatarum quoque exercitatio, quos mattiobarbulos uocant, est tradenda iunioribus.   Nam in Illyrico
dudum duae legiones fuerunt, quae sena milia militum
habuerunt, quae, quod his telis scienter utebantur et for- 5
titer, Mattiobarbuli uocabantur.   Per hos longo tempore
strenuissime constat omnia bella confecta, usque eo, ut
Diocletianus et Maximianus, cum ad imperium peruenissent, pro merito uirtutis hos Mattiobarbulos Iouianos atque Herculianos censuerint appellandos eosque cunctis 10
legionibus praetulisse doceantur.   Quinos autem mattiobarbulos insertos scutis portare consuerunt, quos si
oportune milites iactent, prope sagittariorum scutati imi- t
tari uidentur officium.   Nam hostes equosque consauciant,
priusquam non modo ad manum sed ad ictum missibilium 15
potuerit perueniri.   XVIII. Non tantum autem a tironibus,
sed etiam ab stipendiosis militibus salitio equorum districte
est semper exacta.   Quem usum usque ad hanc aetatem,
licet iam cum dissimulatione, peruenisse manifestum est.
Equi lignei hieme sub tecto, aestate ponebantur in campo; 20

V. L.   Cap. XVII.   2 exercitio QP 2 quaſ δ 2 mattiobarbuloſ $A\mu G_2\Pi$ Böcking N. d. p. 192 matiobabuluſ G_1 mar-
tiobarbuloſ δP mattibaloſ uult Carolus de Aquino ματζοβ. Ri-
galt. gloss. sub uoce σαλίβα, contra μαρτζοβ. Meurs. gloss. cf.
etiam Turnebus A. 24, 12.   3 in Illyria Q 5 ſcienteſ AQ
   6 mattiobarbuli $\alpha\Pi$ mattiobarboli Q mattiobarbuli corr.
in martiob. P martiobarb. δ 9 mattiobarbuloſ $A\mu\Pi$
mathiobarbuloſ G martiob. δP iouianoſ] iouian^{os2} G io-
uinianoſ P dioclitianoſ Π 11 docerentur A_2 in l. er.   mattiobarbuloſ $\varepsilon\Pi$ martiob. δ barbuloſ P 12 in ſcutiſ δ
confuerunt] confueuerunt GQ confueuerant δP 13 iactent μπ' iacent A iaciunt GP 15 miſſilium P 16 potuerint
QP Cap. XVIII.   17 a ſtip. δ diſtricta Π 18 exacta]
exercenda δP 20 equi] Tunc equi Q

S. L.   Cap. XVII.   5 hiſ teliſ] hiſteliſ (hiſtelliſ G) A' in
ſteliſ M 7 iſtrenuiſſimę A_1 8 dioclicianuſ M dioclitia-
nuſ Π 9 iobianoſ α'   13 immitari M inmitari Q
Cap. XVIII.   17 ab ſtip.] abiſtip. A ad ſtip. Π 18 aeta-
tem] aetate Π

supra hos iuniores primo inermes, dum consuetudo pro-
ficeret, deinde armati cogebantur ascendere. Tantaque
cura erat, ut non solum a dextris sed etiam a sinistris
partibus et insilire et desilire condiscerent, euaginatos
5 etiam gladios uel contos tenentes. Hoc idem adsidua meditatione faciebant, scilicet ut in tumultu proelii sine
mora ascenderent qui tam studiose exercebantur in pace.
XVIIII. Pondus quoque baiulare usque ad LX libras et
iter facere gradu militari frequentissime cogendi sunt
10 iuniores, quibus in arduis expeditionibus necessitas inminet annonam pariter et arma portandi. Nec hoc credatur
esse difficile, si usus accesserit; nihil enim est, quod
non adsidua meditatio facillimum reddat. [Quam rem
antiquos milites factitauisse Vergilio ipso teste †cogno-
15 sci, qui ait

'Non secus ac patriis acer Romanus in armis
Iniusto sub fasce uiam cum carpit, et hosti
Ante expectatum positis stat in agmine castris.']

V. L.   1 confuetu prof. *G*   2 cog.] agebantur *MQ*
4 [infil. et] *P*   defilire] defidere *G*$_1$ 5 hoc idem π' hoc
enim εP hoc item *suspicor*   6 fcilicet et in α
Cap. XVIIII.   8 fexaginta $\mu\pi$ 14 uergilio *A* uirgi-
lio *MGQ*π cognofci α'   cognofce *G* cognofcitur *Q* cogno-
fcimuf ΠA_2 *Giss.*   cognouimuf δP poteft cognofci *Ed. Col.*
Totum comma, quam — *caftrif, quin spurium sit, uix dubium est cf.*
I 5.   16 Non fecuf etc.] *Verg. Georg.* III 346 — 48 quom
Verg. (Ribbeck) secundum cod. F   17 hofte μ hoftem δP *cod.*
Verg. M$_1$ *c*$_1$ 18 expectatum δP *Vergilius* expectatuf *A*' π'
expectatif μ 18 [in] *V*   18 agmine $\varepsilon\Pi V P$ *Vergil. cod. FM*
Rybc et Arusiani agmina *Vergil. secundum cod. P* acie *D*

S. L.   inhermef *A*'   4 infilire] infilere *A*'   defilere *A*μ
5 affidua Π 6 tumulto α'   proelii fine mora] proeliif *lacuna unius litterae* ne mora *M*   praelii f. m. Π 7 afcen-
derant *corr. in* afcenderent (a 1?) *A*   qui] quam *M*   ftu-
tiofe *M*   Cap. XVIIII.   8 Pondof *M*   9 frequentantiffi-
me Π 10 imminet Π 14 affidua Π 16 patriif acer]
patriif facer *A*   romanuf] -of *A*$_1$

XX. Locus exigit, ut, quo armorum genere uel in-
struendi uel muniendi sint tirones, referre temptemus.
Sed in hac parte antiqua penitus consuetudo deleta est;
nam licet exemplo Gothorum et Alanorum Hunnorumque
equitum arma profecerint, pedites constat esse nudatos. 5
Ab urbe enim condita usque ad tempus diui Gratiani et
catafractis et galeis muniebatur pedestris exercitus. Sed
cum campestris exercitatio interueniente neglegentia de-
sidiaque cessaret, grauia uideri arma coeperunt, quae
raro milites induebant; itaque ab imperatore postulant 10
primo catafractas, deinde cassides †sedere refundere. Sic
detectis pectoribus et capitibus congressi contra Gothos
milites nostri multitudine sagittariorum saepe deleti sunt;
nec post tot clades, quae usque ad tantarum urbium excidia peruenerunt, cuiquam curae fuit, uel catafractas uel 15
galeas pedestribus reddere. Ita fit, ut non de pugna sed
de fuga cogitent qui in acie nudi exponuntur ad uulnera.
Quid enim pedes sagittarius sine catafracta, sine galea,
qui cum arcu scutum tenere non potest, faciat? Quid ipsi
draconarii atque signiferi, qui sinistra manu hastas guber- 20
nant, in proelio faciant, quorum et capita nuda constant
et pectora? Sed grauis pediti lorica uidetur et galea

V. L. Cap. XX. 4 honnorum *M* chunorum *A*' hunorum *QDP*
humnnorum *V* 10 raro] raro utique *P* prob. *Oud.* poftulant] *O;*
Scriuerius memorat uarias lectiones poftulabant *et* poftulatum
11 federe refundere *A* federe fundere *MG* fe deponere *QP₂*
(in l. er. latiore) fe debere fundere *π*' et fortasse *P₁* refundere (antecedente poftulatum) *Schwebelius* fede reponere *Oud.*
(cf. Obs. Miscell. VII uol. 1, p. 141) fe debere refundere *Otto.*
Fortasse federe illud ex uocis refundere glossemate reddere natum est. 16 pedeftrif fag. *δP* 21 facient *GµP* conftat
α'Q conftant nuda et pecora. Sed gra] ita desinit *V* fol. 6;
sequens fol. excidit.

S. L. Cap. XX. 3 hac] ac *Π* penituf] poenituf *A*
deleta] delecta *M* 4 ghothorum *A*' 5 profecerint] pro-
ficerint *Aµ* 7 catafractif] artafr. *M* 8 negligentia *A*'
9 caeperunt *Π* 10 ab] ad *A* 14 excidia] et excidia *A₁*
15 cuiquam] et cuiquam *α* 17 cogitent] cogitant *A₁*
19 arcu] arcū *Π* fcutum] fcutu *M* 21 praelio *Π*

fortasse raro meditanti, [fortasse arma raro tractanti];
ceterum cotidianus usus non laborat, etiam si onerosa
gestauerit.   Sed illi, qui laborem in portandis ueteribus
munimentis armorum ferre non possunt, detectis corpo-
⁵ ribus et uulnera sustinere coguntur et mortes: et, quod
est grauius, aut capi aut certe fuga rempublicam prodere.
Sic dum exercitia laboremque declinant, cum maximo
dedecore trucidantur ut pecudes.   Vnde enim apud antiquos murus dicebatur pedestris exercitus, nisi quod pila-
¹⁰ tae legiones praeter scuta etiam catafractis galeisque ful-
gebant? usque eo, ut sagittarii sinistra brachia manicis
munirentur; pedites autem scutati praeter catafractas et
galeas etiam ferreas ocreas in dextris cruribus cogerentur
accipere. Sic erant muniti illi, qui in prima acie pugnan-
¹⁵ tes principes, in secunda hastati, in tertia triarii vocabantur.   Sed triarii genibus positis solebant intra scuta
subsidere, ne stantes uulnerarentur uenientibus telis et,
cum necessitas postulasset, tamquam requieti uehementius inuaderent hostes, a quibus constat saepe factam esse
²⁰ uictoriam, cum hastati illi et qui priores steterant inter-
issent. Erant tamen apud ueteres inter pedites, qui dice-
bantur leuis armaturae, funditores et ferentarii, qui praecipue in cornibus locabantur et a quibus pugnandi sume-
batur exordium; sed hi et uelocissimi et exercitatissimi
²⁵ legebantur.   Nec erant admodum multi, qui cedentes, si
proelii necessitas conpulisset, inter principia legionum

V. L.   ·1 fortaſſe raro meditanti fortaſſe arma raro tractanti
AGP   f. r. m. f. raro arma tractanti (i *in l. er.* Q) μ f. raro
a. tractanti   f. raro meditanti *D*   f. raro a. tractanti *Π*   *immo*
f. raro a. tr. *est glossema,*   f. raro meditanti *genuinum.*
3 geſtauerint *P*   6 fuga remp. π fugere (fugire *M*) rempb. α
fugere et r. *QP₁*   7 exercitium ε*P*   13 ferreaſ et ereaſ
ocreaſ *Π*   16 inter ſcuta *DPG*   19 [a] quibuſ ε   24 hi et]
·hi [et] *QD*   et hi *P*   26 et inter *Q*

S. L.   2 cottidianuſ *M*   honeroſa ε*P*   4 munimentiſ]
monimentiſ *Π*   5 fuſtenere *A'*   morteſ] arteſ *M*   8 aput *A*
     9 muruſ] muroſ *A'*   13 ferreaſ focreaſ *A*   15 aſtati *Π*
     21 aput *A'* (ap̄ *M*)   pedeteſ *M*   24 hii *A*   26 com-
puliſſet *Π*

recipi solebant, ita ut acies inmota consisteret. Vsque
ad praesentem prope aetatem consuetudo permansit, ut
omnes milites pilleis, quos Pannonicos uocabant, ex pellibus uterentur; quod propterea seruabatur, ne grauis
galea uideretur in proelio homini, qui gestabat aliquid [5]
semper in capite. Missilibus autem quibus utebatur pedestris exercitus, pila vocabantur, ferro subtili trigono
praefixa, unciarum nouem siue pedali, quod in scuto
fixum non possit abscidi et loricam scienter ac fortiter
directum facile perrumpit, cuius generis apud nos iam [10]
rara sunt tela. Barbari autem scutati pedites his praecipue utuntur, quas bebras uocant et binas etiam ac ternas
in proeliis portant. Sciendum praeterea, cum missilibus
agitur, sinistros pedes in ante milites habere debere; ita
enim vibrandis spiculis uehementior ictus est. Sed cum [15]
ad pila, ut appellant, uenitur et manu ad manum gladiis
pugnatur, tunc dextros pedes in ante milites habere debent, ut et latera eorum subducantur ab hostibus, ne
possint uulnus accipere, et proximior dextra sit, quae
plagam possit inferre. Instruendos igitur ac protegendos [20]
omni antiquo armorum genere constat esse tirones. Necesse est enim, ut dimicandi acriorem sumat audaciam,
qui munito capite uel pectore non timet uulnus.

V. L.   2 prope] quoque *P*   3 uocant *π'*   6 miffilib. *εP* miffilia *Π Giss.* miffilef *D*   [autem] *P*   8 [fiue pedali] *Q* femif et v pedum *Oudendorpius*   quod in fcuto fixum *Mπ*   quod
in fcutū fixo *A'*   quod in fcutum fixum *Q*   12 [et] binaf *Q*
      13 Sciendum eft p. *P*   16 a pila *Q* ad pilā *απ*   manu
ad manū *QΠ* manū ad manū *α'PD fortasse non spernendum*
19 proximior] *ob hanc formam Priscianus hunc locum laudat (uid.
praefat.)*   21 omni antiquo armorum genere *Π* omni antiquorum genere *ε* omni arte pugnandi quocumque armorum genere
D omni arte p. quocumque genere armorum antiquorum *P*

S. L.   3 pilleif] pelleif *μ (P)*   4 ne grauif] nec grauif *α*
ne grabif *Π*   5 gallea *A*   homini qui] hominiq. *M*
8 untiarum *MG*   9 luricam *M*   15 bibrandif *Π*   16 ap-
pellant] adpellant *μ'*   19 poffit] poffet *μ*   praeliif *Π*
22 audatiam *Aμ*   13 uulnŏf *A*

XXI.   Castrorum quoque munitionem debet tiro condiscere; nihil enim neque tam salutare neque tam neces-
sarium inuenitur in bello; quippe, si recte constituta sunt
castra, ita intra uallum securi milites dies noctesque per-
agunt, etiam si hostis obsideat, quasi muratam ciuitatem
5 uideantur secum ubique portare.   Sed huius rei scientia
prorsus intercidit; nemo enim iam diu ductis fossis prae-
fixisque sudibus castra constituit. Sic diurno uel nocturno
superuentu equitum barbarorum multos exercitus scimus
frequenter adflictos.   Non solum autem considentes sine
10 castris ista patiuntur, sed cum in acie casu aliquo coeperint cedere, munimenta castrorum, quo se recipiant, non
habent et more animalium multi cadunt, nec prius moriundi
finis fit, quam hostibus uoluntas defuerit persequendi.
XXII.   Castra autem, praesertim hoste uicino, tuto sem-
15 per facienda sunt loco, ut et lignorum et pabuli et aquae
suppetat copia, et, si diutius conmorandum sit, loci salubritas eligatur.   Cauendum etiam, ne mons sit uicinus aut
altior, qui ab aduersariis captus possit officere.   Conside-
randum, ne torrentibus inundari consueuerit campus et
20 hoc casu uim patiatur exercitus.   Pro numero autem
militum uel inpedimentorum munienda sunt castra,
ne maior multitudo constipetur in paruis neue paucitas in latioribus ultra quam oportet cogatur extendi.

V. L.   Cap. XXI.   9 confidentef QP 12 multi $\varepsilon\pi$' multi
corr. in inulti P 12 moriendi μDP 13 hoftibuf] hoftilif Π
    Cap. XXII.   15 loco (loca Π) ut $\Pi D,G$ in l. er.   [loco]
ut cum α' loco ubi QP l. ubi et uulgo   17 uicinuf aut
altior $\alpha\Pi$ uiciniuf aut altior M uicinior aut altior Q uicinior
aut latior P uicinuf altior uulgo   18 quia ab adu. Q
confiderandum ε confiderandum etiam (?) Π c. eft DP 21 mu-
nienda] eligenda uel munienda D 22 neue] neque D

S. L.   Cap. XXI.   1 munitionem] -e Π 4 uallum] ballum A
bellum μ 5 fcientia] fcientiā Π 8 exercituf] exercitof α'
    9 afflictof Π 10 coeperint] ceperit Π 11 munimenta]
monimenta α Cap. XXII.   16 commorandum Π 18 ob-
ficere G paciatur α'   21 impedimentorum Π

XXIII. Interdum autem quadrata, interdum trigona, interdum semirotunda, prout loci qualitas aut necessitas postulauerit, castra facienda sunt. Porta autem, quae appellatur praetoria, aut orientem spectare debet, aut illum locum qui ad hostes respicit; aut si iter agitur, 5 illam partem debet adtendere, ad quam est profecturus exercitus, intra quam primae centuriae, hoc est cohortes, papiliones tendunt et dracones et signa constituunt. Decumana autem porta, quae appellatur, post praetorium est, per quam delinquentes milites educuntur ad poenam. 10 **XXIIII.** Castrorum autem diuersa triplexque munitio est. Nam si nimia necessitas non premit, caespites circumciduntur e terra et ex his uelut murus instruitur, altus tribus pedibus supra terram, ita ut in ante sit fossa, de qua leuati sunt caespites; deinde tumultuaria fossa fit 15 lata pedes nouem et alta pedes VII. Sed ubi uis acrior inminet hostium, tunc legitima fossa ambitum conuenit munire castrorum, ita ut XII pedes lata sit et alta sub linea, sicut appellant, pedes nouem. Supra autem saepibus hinc inde factis, quae de fossa leuata fuerit, 20 terra congeritur et crescit in altum IIII pedes. Sic fit, ut sit XIII alta et XII lata; supra quam sudes de lignis fortissimis, quas milites portare consueuerunt, praefiguntur. Ad quod opus ligones rastra qualos aliaque utensilium genera haberi conuenit semper in promptu. 25

V. L.   Cap. XXIII.   3 porta [autem] Π   5 ad penaſ Π
8 papilioneſ tendunt] *per haec uerba fol. 7 cod. V incipit*
Cap. XXIIII.   *hoc caput inscriptione caret praecedentique continuo adnectitur in* QP   11 [diu.] triplex[que] Q   16 [et] alta μΠ   17 hoſtiſ Q   *omnes numeros huius capitis litt. expr.* M
18 duodecim pedibuſ [lata ſit] Π   20 leuata] egeſta Π
22 ut [ſit] G   XIII (tred. μ) [p.] alta ε; tredecim pedeſ alta Π tredecim pedibuſ alta δP   23 conſueuerant εδP
24 raſtra] ruſtra Π rutra *Stewechius*   palaſ rutra *Oud.* qualoſ] paloſ π'   25 habere A'δP

S. L.   Cap. XXIII.   2 ſemirotonda A₁   4 praeturia A
5 reſpicit] -cet A₁   6 illam] illa Π   attendere Π   7 centuriae] tenturiae A   tentoriae μ   8 papiloneſ α'   9 praeturium A   Cap. XXIIII.   16 agrior α'   17 imminet Π   20 ſaepibuſ] ſepiuſ Π   fuerit] fuerint α'

XXV. Sed facile est absentibus aduersariis castra munire,
uerum, si hostis incumbat, tunc omnes equites et media
pars peditum ad propulsandum impetum ordinantur in
acie, reliqui post ipsos ductis fossis muniunt castra, et
5 per praeconem indicatur, quae centuria prima, quae secunda, quae tertia opus omne conpleuerit. Post hoc a
centurionibus fossa inspicitur ac mensuratur et uindica-
tur in eos, qui neglegentius fuerint operati. Ad hunc ergo
usum instituendus est tiro, ut, cum necessitas postulauerit,
10 sine perturbatione et celeriter [et caute] possint munire.

XXVI. Nihil magis prodesse constat in pugna, quam
ut adsiduo exercitio milites in acie dispositos ordines
seruent necubi contra quam expedit aut conglobent
agmen aut laxent.   Nam et constipati perdunt spatia pu-
15 gnandi et sibi inuicem inpedimento sunt, et rariores atque
interlucentes aditum perrumpendi hostibus praestant.
Necesse est autem statim metu uniuersa confundi, si inter-
cisa acie ad dimicantium terga hostis accesserit. Produ-
cendi ergo tirones sunt semper ad campum et secundum
20 matriculae ordinem in aciem dirigendi, ita ut primo sim-
plex extensa sit acies, ne quos sinus, ne quas habeat cur-
uaturas, ut aequali legitimoque spatio miles distet a milite.
Tunc praecipiendum, ut subito duplicent aciem, ita ut in
ipso impetu is, ad quem respondere solent, ordo seruetur.

V. L.   Cap. XXV.   5 tentoria εP 6 compleuerint Q
compleant *cum cod. Vossiano Oud.*   9 inftituenduf] inftruen-
duf Π 10 celeriter et caute π poffit π
Cap. XXVI. *Inscriptio abest a P_1 sed et in hoc codice et in ε
caput per haec uerba ad inscriptionem pertinentia incipit:* Vt
(Aut α) in acie ordinef et interualla cuftodiant.   14 laffent Π
et conftip. — et rarioref ε et conftip. — ita rar. δ ut conftip. — ita rar. *P uulg.* Π(?) perdent G_1 16 praeftant] dabunt
δP 18 in acie δP 20 fimplex et extenta Π 24 if ad π
effe ad α [if] ad Q

L. S.   Cap. XXV.   7 ac] hac M 6 compleuerit Π
8 neglegentiuf] -cntiaf $A\mu$ 9 poftolauerit M
Cap. XXVI.   12 affiduo Π 14 fpatia] fpacia α
20 fimpex M 22 a militae M

Tertio praecipiendum, ut quadratam aciem repente con-
stituant, quo facto in trigonum, quem cuneum uocant,
acies ipsa mutanda est.   Quae ordinatio plurimum prod-
· esse consueuit in bello.   Iubetur etiam, ut instruant or-
bes, quo genere, cum uis hostium interruperit aciem, 5
resisti ab exercitatis militibus consueuit, ne omnis multitudo fundatur in fugam et graue discrimen immineat.
Haec si iuniores adsidua meditatione perceperint, facilius
in ipsa dimicatione seruabunt.   XXVII. Praeterea et uetus
consuetudo permansit et diui Augusti atque Hadriani con- 10
stitutionibus praecauetur, ut ter in mense tam equites
quam pedites educantur ambulatum; hoc enim uerbo hoc
exercitii genus nominant.   Decem milia passuum armati
instructique omnibus telis pedites militari gradu ire ac
redire iubebantur in castra, ita ut aliquam itineris partem 15
cursu alacriore conficerent.   Equites quoque diuisi per
turmas armatique similiter tantum itineris peragebant,
ita ut ad equestrem meditationem interdum sequantur,
interdum cedant, et recursu quodam impetus reparent.
Non solum autem in campis, sed etiam in cliuosis et ar- 20
duis locis et descendere et ascendere utraque acies coge-
batur, ut nulla res, uel casu prorsus, pugnantibus posset

accidere, quam non ante boni milites adsidua exercitatione didicissent.

XXVIII. Haec fidei ac deuotionis intuitu, imperator
inuicte, de uniuersis auctoribus, qui rei militaris discipli-
5 nam litteris mandauerunt, in hunc libellum enucleata congessi, ut in dilectu atque exercitatione tironum, si quis
diligens uelit existere, ad antiquae uirtutis imitationem
facile conroborare possit exercitum. Neque enim dege-
nerauit in hominibus Martius calor nec effetae sunt terrae,
10 quae Lacedaemonios, quae Athenienses, quae Marsos, quae
Samnites, quae Pelignos, quae ipsos progenuere Romanos.
Nonne Epiri armis plurimum aliquando ualuerunt? Nonne
Macedones ac Thessali superatis Persis usque ad Indiam
bellando penetrarunt? Dacos autem et Moesos et Thracas
15 in tantum bellicosos semper fuisse manifestum est, ut
ipsum Martem fabulae apud eos natum esse confirment.
Longum est, si uniuersarum prouinciarum uires enumerare contendam, cum omnes in Romani imperii dicione
consistant. Sed longae securitas pacis homines partim
20 ad delectationem otii, partim ad ciuilia transduxit officia.
Ita cura exercitii militaris primo neglegentius agi, postea

V. L.   1 accedere εδ   quem Π
    CAP. XXVIII.   6 delectu (corr. in dil. P) δP   8 degene-
rauit] degenerabit Π denegatur δ   9 hominibuſ] omnibuſ μ
effetę P effete ΠV effecte α' defecte Q ĩfectae G infectae uel
defectae D   12 epiri επ' epiri corr. in epirote P De terrae nomine (cf. IV. 31) hic non cogitandum censeo. Num fuit epirii (cf.
Schuchardt Voc. de Vulg. II p. 505), quamquam haec forma alibi
non occurrit. An fuit epir̄ = epirotae?   13 theſſali QD theſſalii
Π theſali V teſſali αP   14 moeſoſ] meſoſ V myſoſ Π   ac] et π
thracaſ Π tracaſ V tracoſ D thraceſ QP thrĕceſ Bernensis
threaceſ A' threceſ M   17 longae Aμ longa Π longę G lon-
geua δP   21 [primo] Π

S. L.   CAP. XXVIII.   3 Haec] Nec M   6 dilectu] -o Π
    7 uelit] nellit A   inmitationem] μ   8 corroborare Π
    9 marciuſ A   11 proienuere (proienure Schlie) Π
17 prouintiarum α'   20 delectationem α' delectatione Π

dissimulari, ad postremum olim in obliuionem perducta cognoscitur, nec aliquis hoc superiore aetate accidisse miretur, cum post primum Punicum bellum uiginti et quod excurrit annorum pax ita Romanos illos ubique ui- ctores otio et armorum desuetudine eneruauerit, ut se- 5 cundo Punico bello Hannibali pares esse non possent. Tot itaque consulibus, tot ducibus, tot exercitibus amissis, tunc demum ad uictoriam peruenerunt, cum usum exer- citiumque militare condiscere potuerunt. Semper ergo legendi et exercendi sunt iuniores. Vilius enim constat 10 erudire armis suos quam alienos mercede conducere.

V. L.   1 ad poftremum] ac poftremum *P* ac poftremo *δ* 3 uiginti et quod] quod biginti et tref *Π*   4 [illof] *δ*   6 an- nibali *α*'   7 [tot ducibuf] *Π*   8 tum *δ*   10 uiliuf] utili- tuf *Q*   utiliuf *P*

    Fl. (Flauii *G*) Vegati (Vegeti *μ*) Renati Vir (Viri *Gμ*) Inluff (IVL *Q*) epitoma (-th- *Q*) De Dilectu ([d. d.] *μ*) Atque (Antiqua *Q*) Exercitatione (Exercitione *Q*) Tyronum (Tir. *G*) Digefta p Titulof Lib. I (primuf *μ*) Expl. Incipit Liber Se- cunduf (II *G*) *ε et* (flauii Vegetii; Ill.; [tyronum]) *D* Flauii Vigetii Renati Viri Illuftrif Epithoma Antiqua Exercitatione Atque De Delectif Tyronum Digefta Per Titulof. Liber Pri- muf explicit. Incipiunt Capitula Libri Secundi P — Flauii

                                         a
Vegetii Renati Viri Illuftrif Epitoma Primi Libri Explicit. In-
                                           a
cipit Liber Secunduf Feliciter. Incipiunt Capituli Libri Secundi V. Explicit Liber Primuf. Incipit Liber Secunduf. Item Capitula Libri Secundi *Π*

S. L.   1 oblibionem *Π*   ·2 accediffe *A*   3 bello] -i *Π* 6 poffent] -int *ε*   8 ufum] suum *Π*   10 conftat] conftant *Π*

LIBER II.

Flauii Vegati (Vegeti *Gμ* Veg. *D*) Renati Vir (Viri *Q*)
Inluſt. (Iul. *Q*) Comitiſ Epitoma (Epithoma *Q*) Inſtitutorum
(Inſtiturum *G*) Rei Militariſ De Commentariiſ (Comentariiſ *μ*)
Traiani Et Adriani Nec non Etiam Frontini aūg (Auguſtini *G₁*
Auguſti VII *G₂* Auguſtorum *D*) Aūg Traiani Et Adriani n. n. e.
Frontini *μ*) Incipit Capitulatio. Liber Secunduſ (Incipit Cpīato

Līb̃ Sd̃i *G*; Incip̃ Capitl̃ Līb̃ Secd̃i *Q*; [I. c. L. S.] *MD*) *εD*
Absunt haec omnia a ΠVP; ceterum uide quae ad finem praece-
dentis libri adnotauimus.

    1 quod *α* in quo genere *Pδ*   3 Qui *M* exauriri *εδ*
4 Quotaſ *Π* quotenaſ *Q ita, ut* en in *l. er. a. m. 2. script.*
sit. P   4 duxerunt *εδP*   6 chohorteſ *Q*   quod *α*
[item — coh.] *om. ε* et quot militeſ in una cohorte ſint *partim
in contextu partim in margine suo, ut uidetur, arbitrio adscripsit P*
    9 dixerunt *Π* duxerunt *δP* 11 prefatio *corr. in* prefectio *M*

---

1 peditum *hoc loco omittunt* ε   3 XIIII *om.* ε   7 auerſif *A*π
aduerſiſ μ   aduerſuſ *G*   9 Pret *corr. ex* propter *Q*   robor *Q*
computandi] compotandi *Q* commutandi *M*   10 elegendam ε
11 aput *A*   12 feruandum α feruandum ipſiſ *PG*₂ feruandam
ipſis *Π*   13 chohortef *Q*   17 adortationum μ   adhort. et
exercitii (*uel* exercitu) *P*   19 enumeratif *Π* perferramen-
torum *A'* machinorum α. *Denuo titulos* a XXII—XXV *addunt AG, ille hoc loco* ferramentorum *et* machinarum, *hic* ferram.
et machinorum *praebentes. Item M, sed compluribus uerbis de-
prauatis* 19 *addunt* Expt capitula *AD* explicit capitula *G* Expliciunt capitula *V*

Sequenti prologo Π D praemittunt 'Jncipit praefatio libri fe-
cundi' *subiungitque D* 'ad Theodoſium Caeſarem Auguſtum Imperatorem' *In ceteris nil id genus apparet.*

Instituta maiorum partis armatae plenissime clementiam uestram peritissimeque retinere continuis declaratur uictoriis ac triumphis, siquidem indubitata adpro-
batio artis sit rerum semper effectus. Verum tranquillitas
5 tua, imperator inuicte, altiori consilio, quam mens poterat
terrena concipere, ex libris antiqua desiderat, cum ipsam
antiquitatem factis recentibus antecedat. Igitur cum haec
litteris breuiter conprehendere máiestati uestrae non tam
discenda quam recognoscenda praeciperer, certauit sae-
10 pius deuotio cum pudore. Quid enim audacius, quam
domino ac principi generis humani, domitori omnium gentium barbararum, aliquid de usu ac disciplina insinuare
bellorum? nisi forte iussisset fieri quod ipse gessisset; et
rursum tanti imperatoris non oboedire mandatis plenum
15 sacrilegii uidebatur atque periculi. Miro itaque more in
parendo audax factus sum, dum metuo uideri audacior, si
negassem. Ad quam temeritatem praecedens me indul-

V. L.   1 [maiorum partif] *P*   5 altiore *P*   poteft *Π*
6 [terrena] *P*   7 antiquorum *λ*   8 [re]cognofcenda *Π*
11 domitori *Π* domitorio *A'*   dominatori *μδP*   12 barbarorum *ε*   13 nifi forte (fore *A'*) iuffiffet fieri quod ipfe geffiffet *αD* nifi forte quod ipfe iuffiffet fieri quod ipfe geffiffet *ΠV*
quod non (in *Q*) iuffiffet fieri nifi forte quod ipfe geffiffet *λP*
13 et rurfũ *A*   et rurfuf *GμD*   rurfuf *ΠVP*   14 mandatif]
preceptif *ΠV*   15 more *εΠ*   modo *δP*   timore *Modius*
16 fi negaffem *απ'* fi neglexiffem (necl. *L*) *λP*   17 indulgentia ueftre perhennitatif *Π*

L. S.   8 triumfif *A'*   8 compreh. *Π*   10 deuocio *A*
audatiuf *M* audatior *M*   11 ac] hac *Π*   15 miro] miror *Π*
in parendo] imparendo *Π*

gentiae uestrae perennitas animauit. Nam libellum de
dilectu atque exercitatione tironum dudum tamquam famulus obtuli; non tamen culpatus abscessi. Nec formido
iussus adgredi opus, quod spontaneum cessit inpune.

    I. Res igitur militaris, sicut Latinorum egregius au- 5
ctor carminis sui testatur exordio, armis constat et uiris.
Haec in tres diuiditur partes, equites, pedites, classem.
Equitum ala*res* dicuntur ab eo, quod ad similitudinem
alarum ab utraque parte protegunt acies; quae nunc
uexillationes uocantur a uelo, quia uelis, hoc est, flammu- 10
lis utuntur. Est et aliud genus equitum, qui legionarii
uocantur, propterea quod conexi sunt legioni; ad quorum
exemplum ocreati sunt equites instituti. Classis item duo
genera sunt, unum liburnarum, aliud lusoriarum. Equitibus campi, classibus maria uel flumina, peditibus colles 15
urbes plana et abrupta seruantur. Ex quo intellegitur
magis reipublicae necessarios pedites, qui possunt ubique
prodesse; et maior numerus militum [sumptu] expensa minore nutritur. Exercitus ex re ipsa atque opere exercitii

---

V. L.   2 exercitatione] exercitio ΠV exercitione Q
3 formido iuffnf α formidulufful L_1 formidolufful L, formidu-
lofuf *corr.* in formidolofuf Q formidolofuf P formido iuffu Π
formido iuffü δ 4 quod] cü π ceffit Π geffit $A\mu\delta$ geffit P
geffi G
    Cap. I.   6 uirif ΠV uiribuf $\varepsilon D P$ 7 claffem π' claffef
(claffef⋅ A) $A'P$ claffif μ 8 alaref dicuntur *conteci ex* alaf
dicuntur $A\mu$ alã dicuntur G_1 alae (ale Π) dicuntur π alii alaref diċ. *Modius*   9 protegunt Π protegant $\varepsilon\delta P$ 10 abelo
corr. in auelo L ab eo GP 12 connexi G 13 fint λ claffif
ΠD claffef α' claffium (claffü Q_1) λ claffim V claufif G_1
14 alium α 16 urbef] rupef *Korttianus* 2   plana] plena Π
    18 maiorum ε [militum] *St.* peditum *uulg.*   fumptu
expenfa (experfa M) α' fumptuü expenfa G fumptuf expenfa δ
fumptu expreffo λ fumptu et Π *uulgo* fumptu *ut interpretamen-
tum uncis inclusi*   19 ex re ipfa] ex re in ipfa Π

S. L.   3 obtuli] optuli $M\Pi$ 4 impune Π
    Cap. I.   10 uexillationef] exillationef Π 11 aliut A_1
    16 abrubta A_1

nomen accepit, ut ei numquam liceret obliuisci quod uocabatur. Verum ipsi pedites in duas diuisi sunt partes, hoc
est in auxilia et legiones. Sed auxilia a sociis uel foede-
ratis gentibus mittebantur; Romana autem uirtus prae-
5 cipue in legionum ordinatione praepollet. Legio autem
ab eligendo appellata est, quod uocabulum eorum desiderat fidem atque diligentiam, qui milites probant. In auxiliis minor, in legionibus longe amplior consueuit militum numerus adscribi. II. Denique Macedones Graeci
10 Dardani phalangas habuerunt, ut in una phalange armatorum VIII milia censerentur. Galli atque Celtiberi pluresque barbarae nationes cateruis utebantur in proelio, in
quibus erant sena milia armatorum. Romani legiones
habent, in quibus singulis sena milia, interdum amplius,
15 militare consuerunt. Quid autem inter legiones et auxilia
interesse uideatur, expediam. Auxiliares cum ducuntur
ad proelium, [ex diuersis locis] ex diuersis numeris uenientes, nec disciplina inter se nec notitia nec affectione
consentiunt. Alia instituta, alios inter eos est usus armo-
20 rum. Necesse est autem tardius ad uictoriam peruenire
qui discrepant antequam dimicent. Denique cum in expeditionibus plurimum prosit omnes milites unius prae-

---

V. L.   1 liceat *Gδ*   3 [in auxilia et legionef. Sed] *ε*
uel] et *δ*   4 [uirtuf] *Π*
      Cap. II.   9 macedonef *EπG₂* macetionef *G₁* actionef *Aμ*
   · 10 phalangaf *E* phalangef *Π* falangef *αδP* fallangef *μ*
      ut — cenferentur *E* [ut] — cenfebantur *Π* et — cenfue-
runt *δP*   phalange *Π* falange *εDP* phalanga *E* falanga *V*
   12 barbarae *Eπ* barbaricae *ε*   proelio] proelia *A* · [ex
diu. l.] ex diuerfif numerif *μ* ex diuerfif locif ex diu. numerif
A' ex diu. locif et diu. num. *π*   18 difcipline — notitiae —
affectioni *λ*   inter [fe] *Π*   19 confentiunt] confiftunt *VP*
      alia] talia *α* inter talia *λ*

S. L.   federatif *Π*   6 elegendo *ε*   appellata] appellanda *ε*
      Cap. II.   11 galli] gallii *α*   11 pluref] plurif *A₁*   12 ca-
terbif *A₁*   praelio *E*   16 expediam] expediat *M*   17 prelium *Π*   18 difciplina] difciplinam *α*   (notitiam — affe-
ctionem *G*)   21 demicent *A₁*   22 praecepti f.] praeceptif
f. *Π*

cepti significatione conuerti, non possunt aequaliter iussa
conplere qui ante pariter non fuerunt.   Tamen haec ipsa
si sollemnibus diuersisque exercitiis prope cotidie robo-
rentur, non mediocriter iuuant.   Nam legionibus semper
auxilia tamquam leuis armatura in acie iungebantur, ut 5
in his proeliandi magis adminiculum esset quam principale subsidium.   Legio autem propriis cohortibus plena
cum grauem armaturam, hoc est principes hastatos triarios antesignanos, item leuem armaturam, hoc est ferentarios sagittarios funditores ballistarios, cum proprios et 10
sibi insitos equites legionarios isdem matriculis teneat,
cum uno animo parique consensu castra muniat, aciem
instruat, proelium gerat; ex omni parte perfecta, nullo
extrinsecus indigens adiumento, quantamlibet hostium
multitudinem superare consueuit.   Documentum est ma- 15
gnitudo Romana, quae semper cum legionibus dimicans
tantum hostium uicit, quantum uel ipsa uoluit uel rerum
natura permisit.   III. Legionum nomen in exercitu per-
manet hodieque, sed per neglegentiam superiorum temporum robur infractum est, cum uirtutis praemia occu- 20
paret ambitio et per gratiam promouerentur milites, qui
promoueri consueuerant per laborem.   Deinde contubernalibus conpletis stipendiis per testimoniales ex more
dimissis non sunt alii substituti.   Praeterea necesse est
morbo aliquantos debilitari atque dimitti, aliquantos 25

V. L.   2 fuerunt] fuerint Π fecerunt Lange   3 follemni-
buf Π folemnibuf MGP folempnibuf Aλ follempnibuf D fo-
lam omnibuf V   8 [principef — hoc eft] εP   9 ferentariof]
anteferentariof π'   10 baliſtariof μπ   12 acief Π   14 adium.]
amminiculo (cum glossa superscripta folacio) Π
14 quantamlibet] quantumlibet A'V correxit ita Q   15 docu-
mentum] documento Π documenti P   CAP. III.   20 cum] P
nam cum επ'   occupaffet rasura corr. in occuparet A
22 deinde] denique μ   25 aliquantof morbo π

S. L.   1 iuffa] in fua Π   2 complere Π   3 cottidie α'   4 iu-
bant Π   6 proeleandi A,   6 amminiculum Π   8 grauem]
graue Π   10 fundatoref ε   11 ifdem] hifdem A'P (idem V')
     teneat] teneant GΠ   16 demicanf A,   CAP. III.   19 ne-
gligentiam A   23 completif Π   24 fubfiftituti α   25 di-
mitti] dimittit (dem. A) α' (demitti corr. in dimitti G)

deserere uel diuersis casibus interire; ut, nisi annis singulis,
immo singulis paene mensibus, in recedentium locum iuniorum turba succedat, quamuis copiosus exhauritur exercitus. Est et alia causa, cur adtenuatae sint legiones,
5 magnus in illis labor est militandi, grauiora arma, plura
munera, seuerior disciplina. Quod uitantes plerique in
auxiliis festinant militiae sacramenta percipere, ubi et
minor sudor et maturiora sunt praemia. Cato ille maior,
cum et armis inuictus esset et consul exercitus saepe du-
10 xisset, plus se reipublicae credidit profuturum, si disciplinam militarem conferret in litteras. Nam unius aetatis
sunt, quae fortiter fiunt; quae uero pro utilitate reipublicae scribuntur aeterna sunt. Idem fecerunt alii conplures, sed praecipue Frontinus, diuo Traiano ab eiusmodi
15 comprobatus industria. Horum instituta, horum praecepta in quantum ualeo strictim fideliterque signabo. Nam
cum easdem expensas faciat, et diligenter et neglegenter
exercitus ordinatus, non solum praesentibus, sed etiam
futuris saeculis proficit, si prouisione maiestatis tuae, im-
20 perator Auguste, et fortissima disponantur armorum … parer … et emendetur, dissimulatio praecedentium …
promoueri consueuerant per laborem. Deinde contubernales … singulos con-
sules aduersum hostes copiosissimos non amplius quam
binas duxisse legiones, additis auxiliis seniorum. Tanta

-[V. L.]ol 1 defuere, ... GP ... [ut] ... sec.] ... oe-
dentium Π ... conip … text
… R … 6 … TR
… 9 … A …
effet [et] c. (… duxisset duxisset) …
… litterif … 14 … industria …
… Π industria … industria]
δP Λ 16 … profisiet δP uulges … 20 …
tiffime Π … praecedentius … praecedsor
tum μΠ praecedentium GδP
—… … Π 3 cottidie …
… A' … Π rece-
dentium] … iunioret Π …
… III … Π
-ib 15 comprob. Π … strictim … 1X expensa[fi]
expensa f … neglegentes … 18 ordinatus] ordinatu Π

in illis erat exercitatio, tanta fiducia, ut cuiuis bello duae
legiones crederentur posse sufficere. Quapropter ordi-
nationem legionis antiquae secundum normam militaris
iuris exponam. Quae descriptio si obscurior aut inpolitior uidebitur, non mihi sed difficultati ipsius rei conuenit 5
inputari. Adtento itaque animo saepius relegenda sunt,
ut memoria intellegentiaque ualeant conprehendi. Necesse
est enim inuictam esse rempublicam, cuius imperator militari arte percepta, quantos uoluerit, faciat exercitus
bellicosos. 10

V. Diligenter igitur lectis iunioribus animis corpori-
busque praestantibus, additis etiam exercitiis cotidianis,
quattuor uel eo amplius mensuum iussu auspiciisque in-
uictissimi principis legio formatur. Nam uicturis in cute
punctis milites scripti, cum matriculis inseruntur, iurare 15
solent; et ideo militiae sacramenta dicuntur. Iurant autem per deum et Christum et sanctum Spiritum et per
maiestatem imperatoris, quae secundum deum generi humano diligenda est et colenda. Nam imperator cum Augusti nomen accepit, tamquam praesenti et corporali Deo 20
fidelis est praestanda deuotio, inpendendus peruigil famulatus. Deo enim uel priuatus uel militans seruit, cum fideliter eum diligit qui Deo regnat auctore. Iurant autem milites

---

V. L.   Cap. IIII.   1 cuiuif] cui $G_1\lambda$ cuicui *St.*   2 legionef
fierent (*ex* fierint *corr. Q*) cred. λ 9 facit δ
    Cap. V.   13 uel eo] u. et *A*   menfuum (menfuum *L*
menfuv̆ *P*) $\varepsilon\varPi P$ menfum *V* menfium *D*   14 [Nam] $\varPi$ uicturif]
picturif π 15 milite fcripto cū (militeᶠ fcriptorū *L* (*sed* ᴏʀ *in l.
correcto*) matriculif (matruculif *Q*) inferti i. f. λ 17 deum]
dnm̃ *V*   Chriftum etc.] per Xp̄m et per fc̄m fp̄m *P* p. xp̄m et p.
fp̄m fc̄m δ 18 imperator *O* imperatori *uulgo*   20 accipit λP
    21 eft praeftanda (-di *G*) α' et praeftanda $\varPi$ eft et (et *V*)
pr. δP eft ei pr. *Oudendorpius*   et inpend. (imp. δ) δP

S. L.   Cap. IIII.   1 fidutia *Aλ*   3 legionif] legionef *M*
    4 difcriptio ε obfcurior aut] obfcuriora. Ut A(Q_1)
inpolicior α' impolitior $\varPi$ 6 imputari $\varPi$ attento $\varPi$
8 compreh. $\varPi$
    Cap. V.   12 cottidianif α'   19 augufti$\equiv$ *A*   21 im-
pendenduf $\varPi$ peruigili famulatuf *Aμ*

omnia se strenue facturos, quae praeceperit imperator,
numquam deserturos militiam nec mortem recusaturos
pro Romana republica.

VI. Sciendum autem est in una legione decem co-
5 hortes esse debere. Sed prima cohors reliquas et numero
militum et dignitate praecedit. Nam genere atque institutione litterarum uiros electissimos quaerit. Haec enim
suscipit aquilam, quod praecipuum signum in Romano est
semper exercitu et totius legionis insigne; haec imagines
10 imperatorum, hoc est diuina et praesentia signa, uenera-
tur; habet pedites mille centum quinque, equites loricatos
CXXXII, et appellatur cohors miliaria; haec caput est
legionis, ab hac, cum pugnandum est, prima acies incipit
ordinari. Secunda cohors habet pedites DLV, equites LXVI,
15 et appellatur cohors quingentaria. Tertia cohors similiter
habet pedites DLV, equites LXVI; sed in hac cohorte tertia ualidiores probari moris est, quia in media acie consistit. Cohors quarta habet pedites DLV equites LXVI.
Cohors quinta habet pedites DLV, equites LXVI; sed et
20 quinta cohors strenuos desiderat milites, quia, sicut prima
in dextro, ita quinta in sinistro ponitur cornu. Hae quinque cohortes in prima acie ordinantur. Sexta cohors
habet pedites DLV, equites LXVI; in ipsa quoque enucleati
adscribendi sunt iuniores, quia in secunda acie post aqui-

V. L.   1 [se] *Π*   2 nec] uel *μ*
CAP. VI.   1 *In εP caput per hoc comma, quod ad inscri-*
ptionem pertinet, incipit 'Item quot milites in una cohorte sint'.
est autem *P*   *sequentes numeros litteris exprimunt* μ*ΠVP*
12 CXXXII] CXXXVI *D* centum triginta sex *V*   haec prima est apud (aput *P*) legiones λ*P*   miliaria ε miliari *Π* millenaria *E* militaria *DP* militaria *V*   14 dlvii *D*   15 [et]
appell. *Π*   16 [tertia] *Π*   21 hae quinque] haec q. *Π* Nam
q. λ   23 enucleatim π'   24 quia in] quiā λ qui in *Π*

S. L.   1 strenue] strue *A₁*   3 pro Romana republica] porro
manere publicā (-a *M*) α
CAP. VI.   4 decim *A₁*   8 suscipit] suscepit α   aqui-
lam] aquila *Π*   17 consistit] consistet α'   21 cornu. hae]
cornuę *A₁*   24 ascribendi *Π*

lam et imagines cohors sexta consistit. Cohors VII. habet
pedites DLV, equites LXVI. Cohors VIII. habet pedites
DLV, equites LXVI; sed et ipsa animosos desiderat uiros,
quia in secunda acie consistit in medio. Cohors nona
habet pedites DLV, equites LXVI. Cohors X. habet pe- 5
dites DLV, equites LXVI; et ipsa bonos consueuit accipere
bellatores, quia in secunda acie sinistrum possidet cornum. His decem cohortibus legio plena fundatur, quae
habet pedites sex milia centum, equites DCCXXX. Minor
itaque numerus armatorum in una legione esse non debet; 10
maior autem interdum esse consueuit, si non tantum
unam cohortem sed etiam alias miliarias fuerit iussa
suscipere.

VII. Antiqua ordinatione legionis exposita, princi-
palium militum et, ut proprio uerbo utar, principiorum 15
nomina ac dignitates secundum praesentes matriculas in-
dicabo. Tribunus maior per epistolam sacram imperatoris iudicio destinatur. Minor tribunus peruenit ex labore.
Tribunus autem vocatur ex tribu, quia praeest militibus,
quos ex tribu primus Romulus legit. Ordinarii dicuntur 20
qui in proelio, quia primi sunt, ordines ducunt. Augustales appellantur qui ab Augusto ordinariis iuncti sunt.
Flauiales item, tamquam secundi Augustales, a diuo Ve-
spasiano sunt legionibus additi. Aquiliferi qui aquilam

V. L.   3 [et] ipfa *PΠ*   5 et equitef *A*   *iterant post no-*
nam cohortem uerba fed et ipfa an. — medio *ε (erasit G)*   6 ac-
cipere] habere *G*   7 cornu *λπ*   XXX *EAQδ* triginta *MLP*
XXXX *G* triginta fex *Π* uiginti fex *uulgo. Vegetius ipse uidetur*
errasse   12 miliariaf] militaria *V*
          CAP. VII.   18 ex labore] ut ex labore *α fortasse recipien-*
dum   21] quia primi funt] *αV* primi quia primi funt *Π* primof *λD uulg.* primi funt et *Giss. Korttianus* 2 qua primi funt
Oud. [quia primi funt] *Lang*   22 quia *Π*

S. L.   2 octaba *Π*   8 decim *A₁*   12 unam cohortem]
unam hortem *α'* (unum hoftem *λ*)
          CAP. VII.   17 epiftolam] epťam *A*   18 iuditio *A'*
diftinatur *A'*   21 praelio *Π*   23 uefpafiono *A₁*   24 aqui-
liferi] aquilifero *α'*

portant. Imaginarii qui imperatoris imagines ferunt.
Optiones ab adoptando appellati, quod antecedentibus ae-
gritudine praepeditis hi tamquam adoptati eorum atque
uicarii solent uniuersa curare. Signiferi qui signa por-
5 tant, quos nunc draconarios uocant. Tesserarii qui tesse-
ram per contubernia militum nuntiant; tessera autem
dicitur praeceptum ducis, quo uel ad aliquod opus uel ad
bellum mouetur exercitus. Campigeni, hoc est antesignani, ideo sic nominati, quia eorum opera atque uirtute
10 exercitii genus crescit in campo. Metatores qui praecedentes locum eligunt castris. Beneficiarii ab eo appellati,
quod promouentur beneficio tribunorum. Librarii ab eo,
quod in libros referunt rationes ad milites pertinentes.
Tubicines cornicines et bucinatores qui tuba uel aere
15 curuo uel bucina committere proelium solent. Armaturae duplares qui binas consecuntur annonas, simplares
qui singulas. Mensores qui in castris ad podismum demetiuntur loca, in quibus tentoria milites figant, uel hospi-
tia in ciuitatibus praestant. Torquati duplares, torquati
20 sesquiplares; torques aureus solidus uirtutis praemium

V. L.   1 imaginarii *ε* imaginiferi *Π* imaginarii uel imaginiferi *δP Oud.*   2 ab optando *δP*   quod] qui *G₁*   [antec.
— praeped.] *λ*   3 adoptati cum eorum uicario *λ* ad. ceu
eor. uicarii *Scriu.*   4 procurare *δλ*   5 tesseram] tessera *α'*
tesseras *Korttianus* 2 *Otto* tessaras *Giss.*   8 campigenii *π'*
9 antesignani *Π* ante signã *α'* ante signum *G₁P₁* ante signa
λG₂ antesignarii *δ*   uirtute exercitii genus *AΠD* u. ex. ge-
nius *V* uirtutes exercitui genui *M* uirtute exercitui Igens uis
G Oud. uirtutes exercitus genus *λP* uirtute exercitui uigens uis
Sch.   10 in campo met. *α* [l.] c. m. *λ*   mercatores *Π*
11 [castris] *Π*   appellantur *Π* .   13 libris *δP*   referunt
Lang referant *O*   14 aere curuo *π* aere cornuo *Aμ* aereo
cornu *G Oud.*   16 qui binas — qui singulas *Π* quia b. — quia
sing. (singulis *δ*) *εδP*   mensuris *δ* (puncto post sing. sublato)
18 metuntur *Π*   figunt *Π*   20 sesquiplares *Scriuerius* simplares *O*   torq.] quibus torques *P*   solidus] solidae *λ* solius *Π*

S. L.   3 praepeditis] praeperitis *α'*   4 hii *A₁*   6 contubernia]
contuberniam *Π*   tessera] tesser *μ*   15 committere] com-
mitterere *M* .   17 mensores] messores *μ*   18 hospicia *M*
20 torquis *Π* (*V*)

fuit, quem qui meruisset praeter laudem interdum duplas
consequebatur annonas; duplares duas, sesquiplares unam
semis consequebantur annonam. Candidati duplares, candidati simplares. Hi sunt milites principales, qui priuilegiis muniuntur. Reliqui munifices appellantur, quia 5
munera facere coguntur.

VIII. Vetus tamen consuetudo tenuit, ut ex primo
principe legionis promoueretur centurio primi pili, qui
non solum aquilae praeerat, uerum etiam quattuor centurias, hoc est cccc milites, in prima acie gubernabat. Hic 10
tamquam caput totius legionis merita consequebatur et
commoda. Item primus hastatus duas centurias, id est
cc homines, ducebat in acie secunda, quem nunc ducenarium uocant. Princeps autem secundus primae cohortis
centuriam semis, hoc est cL homines, gubernabat. Ad quem 15
in legione prope omnia, quae ordinanda sunt, pertinent.
Item secundus hastatus centuriam semis, id est cL homines,
regebat. Triarius prior centum homines gubernabat.
Sic decem centuriae cohortis primae a quinque ordinariis
regebantur. Quibus magnae utilitates et magnus honor 20
est a ueteribus constitutus, ut ceteri milites ex tota legione
omni labore ac deuotione contenderent ad tanta praemia

V. L.   1 propter laudem λ ppet l. P   duplaf] duplaref λ
2 duplaref finquiplaref (fiquipl. G) duplaref duaf fenqui-
plaref ε duplaref fex (ex P) qui pluref duaf fefqui δP duplaref
duaf fefquiplaref Oudendorpius   5 quia propter munera (numera Q) facere miliciam (milit. P) c. λP
CAP. VIII.   7 tamen] autem λ   14 princepf autem fe-
cundufΠ principef autem V princepf autem εDP   15 centuriam
et femif Π   primum hastatum et principem locos mutasse censet
Lange (hist. mut. rei mil. p. 88)   17 centuriam et femif Π
18 [hom. regebat triariuf prior cent.] ε prob. Salmas. d. r. m. c. 6
18 prior] pofterior Lange   19 centuriif ε   [primae coh. a
quinque ord.] ε   20 utilitatif εδ utilitatif corr. in utilitatef
P   21 [eft] Π   ceteri] centum δ

S. L.   1 duplaf] duplax Π   2 unam] unum α   3 confequeban-
tur] confequebatur Aμ   candedati A' candedati A'   4 hii A
CAP. VIII.   10 gubernauat Π   12 haftatuf] haftutus α'
aftatuf corr. in aftatuf G   centoriaf M   19 decim A₁
22 contenderent] contenderet A

peruenire. Erant etiam centuriones, qui singulas centurias curabant; qui nunc centenarii nominantur. Erant
decani, denis militibus praepositi, qui nunc caput contubernii uocantur. Secunda cohors habebat centuriones
5 quinque; similiter tertia quarta usque ad decimam cohortem. In tota autem legione erant centuriones quinquaginta quinque. VIIII. Sed legati imperatoris ex consulibus
ad exercitus mittebantur, quibus legiones et auxilia uniuersa obtemperabant in ordinatione pacis uel necessitate
10 bellorum, in quorum locum nunc inlustres uiros constat
magistros militum substitutos, a quibus non tantum binae
legiones sed etiam plures numeri gubernantur. Proprius
autem iudex erat praefectus legionis, habens comitiuae
primi ordinis dignitatem, qui absente legato tamquam ui-
15 carius ipsius potestatem maximam retinebat. Tribuni uel
centuriones ceterique milites eius praecepta seruabant.
Vigiliarum siue profectionis tessera ab eodem petebatur.
Si miles crimen aliquod admisisset, auctoritate praefecti
legionis a tribuno deputabatur ad poenam. Arma omnium
20 militum, item equi vestes annona ad curam ipsius pertinebat. Disciplinae seueritas, exercitatio non solum peditum sed etiam equitum legionariorum praecepto eius
cotidie curabatur. Ipse autem iustus diligens sobrius
legionem sibi creditam adsiduis operibus ad omnem de-
25 uotionem, ad omnem formabat industriam, sciens ad prae-

V. L.   2 nunc et centenarii Π 6 in totam a. legionem A
Cap. VIIII.   10 [nunc] μ illuftrif V 19 arma autem
omn. P 20 ueftif Π pertinebant $\lambda\delta P$ 21 difciplinae]
d. iuf (uif D) et feueritaf δP *uulgo*   feueritatif λ exercitatio
$\Pi V P$ exercitio $\alpha' Q D$ exercitio *corr. in* exercitia L exercitia
G 23 curabantur ΠL iuftuf Π cuftuf $M Q_1$ cuftof $A' L$ iuftum
δP 24 ad omnem deuotionem adformabat induftriam ε

S. L.   Cap. VIIII.   8 exercitof α 10 illuftref Π 11 fub-
titutof M 12 numeri] muneri Π 14 legato] legatio A
   16 centurionef] centurinef M militef eiuf] militeref A_1
(militaref A_2)   18 admififfet] ammififfet Π auctoritate]
auctoritatem $A\mu$ 22 praecepto] praeceptof α' 23 cottidie $A\mu$ 24 affiduif Π

fecti laudem subiectorum redundare uirtutem. X. Erat
etiam castrorum praefectus, licet inferior dignitate, occupatus tamen non mediocribus causis, ad quem castrorum
positio, ualli et fossae aestimatio pertinebat. Tabernacula
uel casae militum cum inpedimentis omnibus nutu ipsius [5]
curabantur. Praeterea aegri contubernales et medici, a
quibus curabantur, expensae etiam, ad eius industriam
pertinebant. Vehicula sagmarii necnon etiam ferramenta,
quibus materies secatur uel caeditur, quibusque aperiun-
tur fossae, contexitur uallum †aquaeductus; item ligna [10]
uel stramina arietes onagri ballistae ceteraque genera
tormentorum ne deessent aliquando, procurabat. Is post
longam probatamque militiam peritissimus omnium lege-
batur, ut recte doceret alios quod ipse cum laude fecisset.
XI. Habet praeterea legio fabros tignarios, structores [15]
carpentarios ferrarios, pictores reliquosque artifices ad
hibernorum aediflcia fabricanda, ad machinas turres ligneas ceteraque, quibus uel expugnantur aduersariorum
ciuitates uel defenduntur propriae, praeparatos, qui arma
uehicula ceteraque genera tormentorum uel noua face- [20]

V. L. 1 red.] fecundare G_1 Cap. X. 6 [Praeterea —
curabantur] Π 8 fagmarum λ 9 fecatur] fecatur Π fer-
ratur *Stewechius* ceduntur Π sed un *in l. er.; subest* i
10 conteffitur uallum aquae doctuf *A* conteffitur u. aeque doctuf *M* conteffitur (*corr. in* contexitur) u. aequae ductuf *G* con-
teffituf (contef. fituf *L*) u. aquae ductuf λ contexitur uall.
aquae ductuf π c. u. et aquaeductuf *Korttianus* 2 aquaeductuf,
contexitur u. *Oud.* confepitur uallum aqua educitur *Ianus Gui-*
lielmus contexitur uallum atque aquae ductuf *fortasse legendum.*
Cap. XI. 15 lignariof π 16 piftoref Π picatoref *Korttius*
17 aedificia fab.] edificationem fabricandam Π machinaf
et turref Π 20 ueh.] qui uehicula δP

S. L. 1 redundare] retundare *A* Cap. X. 4 ualli] belli μ
5 cafae] cefae α' (*Q*) imped. Π nutu] notu *A* 8 ue-
hicula fagmarii| uehiculaf agmarii *M* uehiculaf agmari *A*
11 ftramina] iftramina *A* 12 if] hif α Cap. XI. 15 ftru-
ctoref] iftructoref *A* 16 pictoref] pictorif *M* arteficef A_1
17 aedificia] aedifia A_1 19 praeparatof] preparatuf Π
20 faceret *A*

rent uel quassata repararent. Habebant etiam fabricas
scutarias loricarias arcuarias, in quibus sagittae missibilia
cassides omniaque armorum genera formabantur. Haec
enim erat cura praecipua, ut quicquid exercitui necessa-
5 rium uidebatur numquam deesset in castris, usque eo, ut
etiam cunicularios haberent, qui ad morem Bessorum
ducto sub terris cuniculo murisque intra fundamenta perfossis inprouisi emergerent ad urbes hostium capiendas.
Horum iudex proprius erat praefectus fabrum. XII. Decem
10 cohortes habere diximus legionem. Sed prima erat miliaria, in qua censu genere litteris forma uirtute pollentes
milites mittebantur. Huic tribunus praeerat armorum
scientia, uirtute corporis, morum honestate praecipuus.
Reliquae cohortes, prout principi placuisset, a tribunis
15 uel a praepositis regebantur. Tanta autem seruabatur
exercendi milites cura, ut non solum tribuni uel praepositi contubernales sibi creditos sub oculis suis iuberent
cotidie meditari, sed etiam ipsi armorum arte perfecti
ceteros ad imitationem proprio cohortarentur exemplo.
20 Tribuni autem sollicitudo, tribuni laudatur industria, cum
miles ueste nitidus, armis bene munitus ac fulgens, exercitii usu et disciplina eruditus incedit.
    XIII. Primum signum totius legionis est aquila, quam

V. L.   1 quaffa Π 4 neceffariñ *ita, ut iũ in l. er. appareat*
M   9 praef. fabrum α [praef. fabrum] Π praef. fabrorum
$G_2\lambda\delta P$ Cap. XII.   10 diximuf habere legionem Π 11 pol-
lentef] pollicentef μ 12 armorum] armatorum A' 15 ferua-
bantur A' 16 exercendi militef c. $A\Pi$ e. militif c. M exercen-
dif militibuf c. δP militif c. exercendi G ppofiti Π 19 horta-
rentur π 20 tribuni a. foll. tribuni laudatur induftria α tr. a
foll. tribuni laudabatur i. δ tr. a. foll. [tr.] laudatur induftria Π
tr. a. foll. per hanc laudatur induftriä λP (*sed* per hanc *i. er. a*
P_2)   22 iuffu ε incedat V incedenf D

S. L.   2 loricariaf] lucariaf α 7 ducto] ductu Π
murif] murof A' 8 inprouifi] inprobi (inprobif G) fi α im-
prou. Π Cap. XII.   18 cottidie $A\mu$ 19 cohorterentur A_1
    22 incedit] incaedit A incidit M
    Cap. XIII.   23 legionif eft] legionarem A_1 aquila]
aquilam α'

aquilifer portat. Dracones etiam per singulas cohortes a
draconariis feruntur ad proelium. Sed antiqui, quia scie-
bant in acie commisso bello celeriter ordines aciesque
turbari atque confundi, ne hoc posset accidere, cohortes
in centurias diuiserunt et singulis centuriis singula uexilla 5
constituerunt, ita ut, ex qua cohorte uel quota esset centuria, in illo uexillo litteris esset adscriptum, quod intuen-
tes uel legentes milites in quantouis tumultu a contubernalibus suis aberrare non possent. Centuriones insuper,
qui nunc centenarii uocantúr, [nimium bellicosos] lorica- 10
tos transuersis cassidum cristis, ut facilius noscerentur,
singulas iusserunt gubernare centurias, quatenus nullus
error existeret, cum centeni milites sequerentur non solum uexillum suum sed etiam centurionem, qui signum
habebat in galea. Rursus ipsae centuriae in contu- 15
bernia diuisae sunt, ut decem mililibus sub uno papilione degentibus unus quasi praeesset decanus, qui
caput contubernii nominatur. Contubernium autem manipulus uocabatur ab eo, quod coniunctis manibus pariter dimicabant.   20

V. L.   Cap. XIII.   2 [quia] Π 6 uel] ut M et ut λ
7 in ipfo uexillo Π [in] illo (illi V) u. δ ^{in}illo u. P 9 poffint.
$\varepsilon\Pi$ poffunt δP .   10 nimium bellicofof (-uf A) luricatof α n.
bellicofof loricatof $L\pi$ n. bellicofof luricato Q tumultu belli
cohor literator Oud. [n. bellic.] loricatof Lang, alia proposue-
runt Scriuerius et Otto   11 caffidi Π criftif] criftif litterat
habebant ut (sed criftif λQ_2 in l. er.) λ cr. literaf habebanf
que cr. criftif (criftuf P uuno δ 11 nofcerentur] n. haben-
tef Oud   12. fingula] quof fingulaf quafin P supra lineam additis λ O 12 quatenuf nullof error quatinuf error non δ quatenuf   qpm   14 centeni fequenti A centum G 17 unuf
quis dec. [qui caput] λ quafi que   Stegerchius
18 manipulef uocabatur M manipulef uocabant   ffe liunctif λP

---

8 L in A aquili   3 aemiffo A IIII λ poffet] poffit ε
uexilla de syllaba a λ in l.   effet uenfe] effe
7 adfcriptum adfcriptuf   adfcriptum Π 13 exhor-
tat A 15 contubernia contubernia literatim   16 papilione
    19 demicabant A 23 import. Π Π liuiloq

XIIII. Quemadmodum inter pedites centuria uel manipulus appellatur, ita inter equites turma dicitur; et habet
una turma equites XXXII. Huic qui praeest decurio nominatur. Centum enim decem pedites ab uno centurione
5 sub uno uexillo gubernantur: similiter XXXII equites ab
uno decurione sub uno uexillo reguntur. Praeterea sicut
centurio eligendus est magnis uiribus, procera statura,
qui hastas uel missibilia perite iaculetur et fortiter, qui
dimicare gladio et scutum rotare doctissime nouerit, qui
10 omnem artem didicerit armaturae, uigilans sobrius agilis,
magis ad facienda quae ei imperantur quam ad loquen-
dum paratus, contubernales suos ad disciplinam retineat,
ad armorum exercitium cogat, ut bene uestiti et calciati
sint, ut arma omnium defricentur ac splendeant; similiter
15 eligendus est decurio, qui turmae equitum praeponatur,
inprimis habili corpore, ut loricatus et armis circumdatus
omnibus cum summa admiratione equum possit ascendere, equitare fortissime, conto scienter uti, sagittas doctissime mittere, turmales suos, id est sub cura sua equi-
20 tes positos, erudire ad omnia quae equestris pugna deposcit, eosdem cogere loricas suos uel catafractas contos
et cassides frequenter tergere et curare. Plurimum enim
terroris hostibus armorum splendor inportat. Quis credat

V. L.　Cap. XIIII. *Inscriptionem uerborum contextui inserunt
ideoque numero huius capitis omisso numeros sequentium semper
uno iusto inferiores praebent* ε　　4 centum en. et decem δ c.
etenim et d. *P*　　5 [gubern. — uexillo] δ　　7 centurio] in2
centuria *Π*　　magnuſ *A*　　8 miſſilia *ΠP*　　9 rotare] portare *Π*　　12 retinebat *P₁*　　13 cogit *Π₁*　　ueſtiant *Π*
[et] α　　14 ſ *G*　　16 habili π'*G* nabili α' ſtabili *Q* ſtabili *L*
ſtabili *corr. in* habili *P*　　[ut] *G*　　loricatuſ] lorica *Π*
22 tergere (tegere *Π*) et curare π tergere curare α ut tergere
curare *Paris.* 6503 tergere curare ſameare (ſameareſ *Q*) λ

S. L.　Cap. XIIII.　1 quemammodum *Π*　　2 ita ut *A* (*non
Par.* 6503)　　7 elegenduſ (-um *A₁*) ε　　9 doctiſſime] doctiſ-
ſimo α'　　10 uigilanſ] uigilianſ *A₁*　　agiliiſ *A*　　15 elegenduſ ε　　17 ammiratione *Π*　　20 poſſitoſ *A*'　　depoſcit] depoſitiſ *Π*　　23 import. *Π*

militem bellicosum, cuius dissimulatione situ ac robigine arma foedantur? Non solum autem equites sed etiam ipsos equos adsiduo labore conuenit edomari. Itaque ad decurionem et sanitatis et exercitationis tam hominum quam equorum pertinet cura. 5

XV. Nunc, qualiter instruenda sit acies, si pugna immineat, declaretur unius legionis exemplo; quod, si usus exegerit, transferri possit ad plures. Equites locantur in cornibus. Acies peditum a prima coborte incipit ordinari in cornu dextro. Huic cohors secunda coniungitur. 10 Tertia cohors in media acie conlocatur. Huic adnectitur quarta. Quinta uero cohors sinistrum suscipit cornum. Sed ante signa et circa signa nec non etiam in prima acie dimicantes principes uocabantur, hoc est ordinarii ceterique principales. Haec erat grauis armatura, quia 15 habebant cassides catafractas ocreas scuta gladios maiores, quos spathas uocant, et alios minores, quos semispathia nominant, plumbatas quinas positas in scutis, quas primo impetu iaciunt, item bina missibilia, unum maius ferro triangulo unciarum nouem, hastili pedum quinque 20 semis, quod pilum uocabant, nunc spiculum dicitur, ad

---

V. L.   3 adfidue G_1 4 et fanitatif et exercit. *Gπ* (*in P* ion *in l. er.*) et fameatif et ex. *M* et fanitatif exercitationif *A* [et f. et] *λ*

    Cᴀᴘ. XV.   8 tranfferri] ut tranfferri *λD*(*V?*)   11 annectatur *Π*   12 cornu *λπ*   13 ante fignū *G*   circa] citra *uulg.* 15 quia] qui *λP uulgo* que *Π*   16 habebat *Π*   17 quaf *Aμ* femifpathia *μP* femifpatia *A'* femifpathiaf *Π* [et aliaf min. — nominant] *V* femifpatiū *D*   19 miffilia *ΠP*   20 haftile *PSt.*   nouem] nouem fiue pedali *Π*   21 et femif *δP*   pilum tunc uocabant *Π*

S. L.   1 bellicofum] bellicofo *Π*   diffimulatione] defimulatione *ε*   robigine] robiginem *α'*   2 foedantur] foederantur *α'* fobea≡tur *Π*   3 affiduo *Π*   labore] laborare *A'*
    Cᴀᴘ. XV.   6 qualiter] pariter *Π*   immineat *αΠ* inm. *λ* 9 a] ac *Π*   10 cornu] corno *α'*   11 collocatur *A'Π* 12 fufcipit] fufcepit *A*   14 ordinarii] ordinari *A₁*   17 fpataf *O*   quof femifp.] quo femifp. *α'*   18 nominant] nominantur *A*   20 untiarum *μG*

cuius ictum exercebantur praecipue milites, quod arte et
uirtute directum et scutatos pedites loricatos equites saepe
transuerberat; aliud minus, ferro unciarum quinque, hastili pedum trium semis, quod tunc uerriculum, nunc
5 uerutum dicitur. Prima acies principum, secunda hasta-
torum armis talibus docetur instructa. Post hos erant
ferentarii et leuis armatura, quos nunc exculcatores et
armaturas dicimus; scutati qui plumbatis gladiis et missibilibus accincti, sicut nunc prope omnes milites uidentur
10 armati. Erant item sagittarii cum cassidibus catafractis
et gladiis, sagittis et arcubus. Erant funditores, qui ad
fundas uel fustibalos lapides iaciebant. Erant tragularii,
qui ad manuballistas uel arcuballistas dirigebant sagittas.
Secunda acies similiter armabatur, in qua consistentes
15 milites hastati uocabantur. Sed in secunda acie dextro
cornu cohors sexta ponebatur, cui iungebatur septima.
Octaua cohors mediam aciem tenebat noua comitante.
Decima cohors in secunda acie sinistrum semper obtinet
cornum. XVI. Post omnes autem acies triarii cum scutis
20 catafractis et galeis ocreati cum gladiis semispathiis
plumbatis binis missibilibus locabantur, qui genu posito
subsidebant, ut, si primae acies uincerentur, ab his quasi

V. L.   3 tranfuerberabat P 3 haftile λPG_2 $St.$ femif
trium A 5 uerutum δ uerrutum $A\mu\Pi PG_2$ uel rutum G_1
    7 ferrentarii G armaturae λ exc.] excalcutoref V
proculcatoref $Amm.$ $Marc.$ 21, 10, 10. fculcatoref uel fcultat.
$Schuchardt$ (l. l. II 374)   8 miffilibuf D meffilibuf P
10 erant. Item $\varepsilon\Pi$ Erant igitur P 11 ad] et Π 13 manuba-
liftaf (manūbalift. V manu bal. D) uel arcubaliftaf (arcu[b.] D)
O 18 obtiuebat $uulgo$ 19 cornu $\lambda\pi$ CAP. XVI.   20 femi-
fpathiif Π femifpatiif QDP femifpatif V femifpaciif G femi fpa-
ciif L femi hifpatiif A femi hifpaciif M 21 miffilibuf P
22 prima acief uinceretur εP

S. L.   1 ictum] ictu Π 3 aliut α' untiarum μG 5 aftato-
rum Π 6 inftructa] infricta M 12 tragularii] tragulari Π
    15 haftati] adftati A' afftati M aftati Π acie] acief A_1
-19 cornum] corum M CAP. XVI.   21 locabantur] locabuntur α
-imqeind, geno M pofito fubfidentef] pofitof (poffitof A) ob-
fidentef ε

de integro reparata pugna posset reparari uictoria. Omnes
antesignani uel signiferi, quamuis pedites, loricas minores
accipiebant et galeas ad terrorem hostium ursinis pellibus tectas. Centuriones uero habebant catafractas et
scuta et galeas ferreas, sed transuersis et argentatis cri- 5
stis, ut celerius agnoscerentur a suis. XVII. Illud autem
sciendum est et modis omnibus retinendum, commisso
bello prima ac secunda acies stabat inmota; triarii quoque residebant. Ferentarii autem armaturae exculcatores sagittarii funditores, hoc est leuis armatura, aduersa- 10
rios prouocabant ante aciem praecedentes. Si hostes
fugare potuerant, sequebantur; si eorum uirtute aut multitudine premebantur, reuertebantur ad suos et post eos
stabant. Excipiebant autem proelium grauis armatura,
et tamquam murus, ut ita dicam, ferreus stabat et non 15
solum missibilibus sed etiam gladiis comminus dimicabant.
Et si hostes fugassent, non sequebatur grauis armatura,
ne aciem suam ordinationemque turbaret et ad dispersos
recurrentes hostes incompositos obprimerent, sed leuis
armatura cum funditoribus sagittariis et equitibus fugien- 20
tes sequebatur inimicos. Hac dispositione atque cautela

V. L.   1 reparari (in Q ari in fine lineae repa posito a 2 add.)
ε fperari uictoria Π fperare uictoriam δP refpirare uictoria St.
reperiri uict. Schwebelius cum codice recentiore, quem Guelpherby-
tanum C dicit.   2 antefignani MδA₂G₂ ante fignā A₁ ante
fignam P₁ ante figna Π ante fignum λ ante fignati G₁ autem
fignarii uulgo; sed cf. II, 2   3 urfinif] hirfutif cum uno Susiano
Stewechius   5 [fed] δ   6 cognofcerentur Π
Cap. XVII. 9 exculcatoref G₂ et exculcatoref Π et fcutatoref δ
                                                      p2
et fcultatoref P fcnlcatoref α' fcultatoref LG fcultatoref Q
cf. II, 15   11 [ante] aciem Π   fi] cum Π   12 potuerant α'Π
potuerint G poterant λ potuiffent δP   aut] ac δP Paris. 6503
14 excipiebat λP   grauef armaturae δ   15 et] quae δP
ftabant δ   16 miffilibuf P   dimicabat λP   17 fugaffet λP
fugiffent cum Vossiano Oud.   20 [et] δ   21 fequebantur Π

S. L.   3 galleaf A₁   5 galleaf A₁   criftif] chriftif α'
6 agnofcerentur] agnofcentur A₁   Cap. XVII. 8 immota Π
11 praecedentef] praecedentef α'   12 fogare α'   14 prae-
lium Π   19 obprimerent Gλ obpremerent A₁ opprimerent Mπ
21 hac] ac π

sine periculo legio uincebat aut superata seruabatur in-
columis, quia legionis ius est facile nec fugere nec sequi.
XVIII. Sed ne milites aliquando in tumultu proelii a suis
| contubernalibus aberrarent, diuersis cohortibus diuersa
5 in scutis signa pingebant, ut ipsi nominant, digmata, sicut
etiam nunc moris est fieri. Praeterea in auerso scuto
uniuscuiusque militis litteris erat nomen adscriptum, ad-
| dito et ex qua esset cohorte quaue centuria.
    Ex his igitur apparet legionem bene institutam quasi
10 munitissimam esse ciuitatem, quae omnia proelio necessaria secum ubique portaret nec metueret repentinum
hostium superuentum, quae etiam in mediis campis subito
fossa se ualloque muniret, quae omne genus contineret
armorum. Si quis igitur pugna publica superari barbaros
15 cupit, ut diuinitatis nutu, dispositione imperatoris inuicti
reparentur ex tironibus legiones, uotis omnibus petat.
Intra breue autem spatium temporis iuniores diligenter
. electi et exercitati cotidie non solum mane sed etiam post
meridiem omni armorum disciplina uel arte bellandi ue-
20 teres illos milites, qui orbem terrarum integrum subege-
runt, facile coaequabunt. Nec moueat, quod olim est

V. L.   Cap. XVIII.   3 *In inscriptione* auerfif α'πQ aduerfif *G* aduerfif *sed* ad *in l. er. L*   5 pingebantur [ut] *Π*
digmata μ*ΠP* dignata *A'* idkmata *V* idiomata *D*   6 aduerfo λ
    7 erat n.] nomen erat π   addito et *A'P Giss.* addito eo *D* ad-
dito *ΠVμ*   10 ciuitatem effe δ*P*   11 metuere δ*P*   12 [fuper-
uentum] *Π*   13 omne genuf contineret armorum *Π* o. g.
militum contineret armorum ε o. g. militum omne genuf contineret armorum δ o. g. militum o. g. cont. armaturarum *P Oud.*
o. g. militum contineret et armorum *Giss. Editio Coloniensis* 1524
    14 q̄ *A* qui *corr. in* quif *GQ*   pugna ualida publica *P*
fuperaret λ fuperare *G uulg.*   15 nutu et d. λ   16 petat]
conpetentibuf λ

S. L.   1 incolomif ε (*DP*)
    Cap. XVIII.   3 proeli *M* praelii *AΠ*   3 aberrarent]
oberrarent *Π*   8 afcriptum *Π*   9 inftitutam] inftituta *Π*
    10 proelio] praelia *A* proelia *G*   12 quae] quem *M*
18 cottidie α*L*   19 meridiem] meridię *A₁* meridiae *M*
bellandi] uellandi α'   ueterof α   21 coaequabunt] quoae-
quabunt *A₁* coaequabant *Π*   mobeat *Π*

consuetudo mutata, *quod* nocuit; sed huius felicitatis ac prouisionis est perennitas tua, ut pro salute reipublicae et noua excogitet et antiqua restituat. Omne opus diffi- cile uidetur, antequam temptes; ceterum si exercitati et prudentes uiri dilectui praeponantur, celeriter manus 5 bellis apta poterit adgregari et diligenter institui. Quid- uis enim efficit sollertia, si conpetentes non denegentur expensae.

XVIIII. Sed quoniam in legionibus plures scholae sunt, quae litteratos milites quaerunt, ab his, qui tirones 10 probant, in omnibus quidem staturae magnitudinem, corporis robur, alacritatem animi conuenit explorari; sed in quibusdam notarum peritia, calculandi computandique usus eligitur. Totius enim legionis ratio, siue obsequio- rum siue militarium munerum siue pecuniae, cotidie ad- 15 scribitur actis maiore prope diligentia, quam res annona- ria uel ciuilis polyptychis adnotatur. cotidianas etiam in pace uigilias, item excubitum siue agrarias de omnibus centuriis et contuberniis uicissim milites faciunt; ut ne quis contra iustitiam praegrauetur aut alicui praestetur 20

V. L.   1 mutua α'   quod nocuit *Korttius* quae (q. Π q Q q: L) nocuit (uiguit nocuit D) πλ ſed nocuit α   3 omne] o. itaque λ   4 uitetur Π   anteq. t.] antequam temptet Π ante temptamentum G   5 proponantur μP   delectui δ dil. *corr. in* del. P   6 belli apta (*in* Π *a* 2) πλ belli lapta α' belli lapſa G

Cap. XVIIII.   9 [plureſ] Π   10 [ſunt] Π   11 quidem] fidem Π   12 ſtatutae *corr. in* ſtaturae M ſtatura λ   magni- tudinem δ magnitudiniſ AμΠ magnitudineſ G magnitudiniſ *corr. in* magnitudinem P   r. et alacrit. λ   15 munerum A' numerum μΠP numeruſ δ numerorum *uulgo*   16 actiſ μΠ hactiſ A' chartiſ Π artiſ δ   17 polyptychiſ *Scriuerius* poli- pticiſ αLDP polyptihiſ Π polypticiſ V pulipticiſ Q

S. L.   3 reſtituat] reſtituet A'   4 exercitati] exercitatio Π   6 aggregari Π   7 compet. Π   denegentur] degen- tur Π denegetur M
   Cap. XVIIII.   9 ſcolae O   10 quae] qui A   13 peri- cia M   14 uſuſ eligitur] uſuſ relegitur A₁ (u. elegitur G₁) 15 cottidie αL   aſcribitur Π   17 annotatur Π

immunitas, nomina eorum, qui uices suas fecerunt, breuibus inseruntur. Quando quis commeatum acceperit uel
quot dierum, adnotatur in breuibus. Tunc enim difficile
commeatus dabatur, nisi causis iustissimis adprobatis; nec
5 aliquibus milites instituti deputabantur obsequiis, nec pri-
uata eisdem negotia mandabantur; siquidem incongruum
uideretur imperatoris militem, qui ueste et annona publica
pascebatur, utilitatibus uacare priuatis. Ad obsequia
tamen iudicum uel tribunorum nec non etiam principa-
10 lium deputabantur milites, qui uocabantur accensi, hoc
est postea additi, quam fuisset legio completa, quos nunc
supernumerarios uocant; fascicularia tamen, id est lignum
foenum aquam stramen, etiam legitimi milites in castra
portabant. Munifices enim ab eo appellantur, quod haec
15 munera faciunt. XX. Illud uero ab antiquis diuinitus in-
stitutum est, ut ex donatiuo, quod milites consecuntur,
dimidia pars sequestraretur apud signa et ibidem ipsis
militibus seruaretur, ne per luxum aut inanium rerum
conparationem ab contubernalibus possit absumi. Pleri-
20 que enim homines et praecipue pauperes tantum erogant, quantum habere potuerint. Sepositio autem ista

---

V. L.   2 inferentur *Π*   4 adprobatif] approbatif *ΠD* ac proba-
tif *Schwebelius*   7 uidetur *δ*   8 pafcitur *V*   9 iuditium *A* iudicium *P*   10 accenfi *Αλδ* acceffi *Π* accenfif *M* accenfiti *GP*
11 leg.] elatio *δP*   completatʊ *A*   12 fafcicularia *ΠP uulgo*
fafciculariam *εδ*   13 aquam caftra ftramen *δP*   14 portant *Π*   appellabantur *Π*   15 faciant *DP*   Cᴀᴘ. XX.
16 confequuntur *λπ*   19 ab contubernalibuf *Lang* ab ipfif
militibuf feruaretur contub. *α'* ab ipfif militibuf contub. *λGP*
ab ipfif contubern. *π'*   21 Sepofitio *VA₂ uulgo* fed pofitio *Π*
fepotio *A₁* fed potio *M* femotio *G* fed potiuf *λDP* depofitio
Schwebelius

S. L.   1 immunitaf *α'π* inmunitaf *Gλ*   2 accipierit *M*
3 annotatur *Π*   quot] quod *A₁*   6 mandabatur *Π*
7 uefte] ueftem *α'*   11 conpleta *M*   13 faenum *Π*
   15 munera] numera *A*   Cᴀᴘ. XX.   17 dimidia] dimidiam *Π*   ibidem] bidem *A₁*   18 feruaretur] feruaren-
tur *Π*   19 comparationem *Π*   poffit abfumi] poffit p ab-
fumi *M*

pecuniae primum ipsis contubernalibus docetur adcom-
moda; nam cum publica sustententur annona, ex omnibus
donatiuis augetur eorum pro medietate castrense pecu-
lium. Miles deinde, qui sumptus suos scit apud signa
depositos, de deserendo nihil cogitat, magis diligit signa, 5
pro illis in acie fortius dimicat, more humani ingenii, ut
pro illis habeat maximam curam, in quibus suam uidet
positam esse substantiam. Denique decem folles, hoc
est decem sacci, per cohortes singulas ponebantur, in quibus haec ratio condebatur. Addebatur etiam saccus 10
undecimus, in quem tota legio particulam aliquam conferebat, sepulturae scilicet causa, ut, si quis ex contubernalibus defecisset, de illo undecimo sacco ad sepulturam
ipsius promeretur expensa. Haec ratio apud signiferos,
ut nunc dicunt, in cofino seruabatur. Et ideo signiferi 15
non solum fideles sed etiam litterati homines eligeban-
tur, qui et seruare deposita et scirent singulis reddere
rationem.

XXI. Non tantum humano consilio sed etiam diuinitatis instinctu legiones a Romanis arbitror constitutas. 20
In quibus decem cohortes ita sunt ordinatae, ut omnium
unum corpus, una uideatur esse coniunctio. Nam quasi
in orbem quendam per diuersas cohortes et diuersas scholas milites promouentur, ita ut ex prima cohorte ad gra-

---

V. L.   1 pecunia μP   doceretur Π   accommodata δP
3 augeritur Π   caſtrenſi λ   5 [de] α   nil Π   7 ſuam uidet δP
uident (uident uident A) ε   9 per ſingulaſ cohorteſ Π
pon.] tenebantur G   11 undecimuſ iſ in quem Π.   12 ſi q̄
corr. in ſi q̄ⁱˢ G   15 cofino εP cophinoſ Π cofinoſ D confiniſ V
    16 eligebantur D elegebantur εP legebantur Π deligeban-
tur V   17 ſeruarent μ   et ſc.] ſcirent et Π
    CAP. XXI.   24 promouentur militeſ δP   ita [ut] Π

S. L.   1 accomoda Π   2 ſuftententur] ſuftentetur α
4 mileſ] militeſ Π   ſumptuſ] ſumptoſ α'   aput A'   6 pro
illiſ] pro illiuſ M pręliiſ Π   6 demicat A₁   6 more] mure A₁
    13 deficiſſet M   14 aput A₁   15 dicunt] dicant A₁
    CAP. XXI.   23 orbem] -e Π   23 diuerſaſ coh.] diuerſoſ c.
Π   23 ſcolaſ O

dum quempiam promotus uadat ad decimam cohortem, et
rursus ab ea crescentibus stipendiis cum maiore gradu
per alias recurrit ad primam. Ideo primi pili centurio,
postquam in orbem omnes cohortes per diuersas admini-
5 strauerit scholas, in prima cohorte ad hanc peruenit palmam, in qua ex omni legione infinita commoda consequa-
tur; sicut primiscrinius in officio praefectorum praetorio
ad honestum quaestuosumque militiae peruenit finem.
Ita legionarii equites cohortes suas contubernii adfectione
10 uenerantur, cum naturaliter equites a peditibus soleant
discrepare. Per hanc ergo contextionem in legionibus et
omnium cohortium et equitum peditumque seruabatur
una concordia.

XXII. Habet praeterea legio tubicines cornicines bu-
15 cinatores. Tubicen ad bellum uocat milites et rursum
receptui canit. Cornicines quoties canunt, non milites
sed signa ad eorum obtemperant nutum. Ergo quotiens
ad aliquod opus exituri sunt soli milites, tubicines canunt,
quotiens mouenda sunt signa, cornicines canunt; quotiens
20 autem pugnatur, et tubicines et cornicines pariter canunt.
Classicum item appellatur quod bucinatores per cornu
dicunt. Hoc insigne uidetur imperii, quia classicum ca-
nitur imperatore praesente uel cum in militem capitaliter
animaduertitur, quia hoc ex imperatoris legibus fieri ne-

V. L.   1 uad.] ut uadat Π 3 recurrit α occurrit Π re-
currat $V\lambda P$ currat D 9 ita] item V (sed em er.) uulgo
10 uenerabantur δP 11 contextionem δ contextione Π con-
teftationem εP

Cap. XXII.   14 tubicinef c. b. $\Pi\mu G$ Par. 6503 tubicinef
et cornic. (cornicef V) buc. (sed illud et in A paullulum erasum
est) $A\delta P$ Oud.   15 tubicen δP tubicina ε tubicinef Π
rurfuf ΠP 16 quotief P 17 nutui (sed i in M non satis genuinum) ML 18 aliquid Π 19 [quotienf mon. — cornicinef ca-
nunt] Stewechius Schwebelius   20 c. clafficum. Item $A^{\prime}$
21 bucinatoref] cornicinef Lange (h. m. p. 57; Hyg. p. 172)   cornu π cornŭ $A\mu$ cornĕ G 23 [imperatore praef.] Π in milite Π

S. L.   4 amminiftrauerit Π 5 fcolaf O 9 adfectione]
aduectione μ affectione Π 10 a] ad M 11 contextionem]
contextione Π
Cap. XXII.   24 animaduertitur] anima aduertitur $A_{|}$

cesse est. Siue ergo ad uigilias uel agrarias faciendas
siue ad opus aliquod uel ad decursionem campi exeunt
milites, tubicine uocante operantur et rursus tubicine ad-
monente cessant. Cum autem mouentur signa aut iam
mota figenda sunt, cornicines canunt. Quod ideo in omni- 5
bus exerciliis et processionibus custoditur, ut in ipsa
pugna facilius obtemperent milites, siue eos pugnare siue
stare siue sequi uel redire praeceperint duces; siquidem
ratio manifesta sit semper in otio debere fieri quod necessario faciendum uidetur in proelio. 10

XXIII. Legionis ordinatione digesta ad exercitium
reuertimur, unde, sicut iam dictum est, exercitus nomen
accepit. Iuniores quidem et noui milites mane ac post
meridiem ad omne genus exercebantur armorum. Veteres
autem et eruditi sine intermissione semel in die exerce- 15
bantur armis. Neque enim longitudo aetatis aut annorum numerus artem bellicam tradit, sed, post quanta
uolueris stipendia, inexercitatus miles semper est tiro.
Armaturam, quae festis diebus exhibetur in circo, non
tantum armaturae, qui sub campidoctore sunt, sed omnes 20

V. L. 1 ad uigiliaſ uel agr. ε ad uigiliaſ ad agrariaſ Π ad uig.
uel ad agr. δ ad u. uel gratiaſ P   7 pugna] acie Π   9 [ſit] P
    Cap. XXIII.   12 reuertamur Π *uulgo*   14 exercitabantur
Π   15 in diem *AμP*   16 ſed poſt quanta uolueriſ ſtipendia
inexercitatuſ mileſ ſemper eſt tiro (tyro *V*) *V uulgo* ſed poſtquã
ita uolueriſ (noluerit Π₂) ſt. inexercitatuſ (-oſ *A* -iſ Π) m. ſ. e.
tyro (ty══ro *A*) *αΠP* ſed continua exercitationiſ meditatio
inex. m. ſ. e. tyro (tiro *D*) *LD* ſed continua inexercitationiſ meditatio eruditum militem reddit *(sed omnia inde ab* -ioniſ *in loco
eraso)* tyro *Q*   19 armatura *P*   19 arm. q. feſtiſ diebuſ ex-
hib.] *a P₂* (XV *saec.*) *suprascriptum est* gloſa ẽ nõ textuſ   feſtiſ]
cunctiſ λ   19 in circo] idcirco ε P   20 campi doctore *AμP*
campi doctoreſ *G* campiductoreſ Π campum ducturae δ

S. L. · 2 decurſionem] decuſſione *Aμ*   exeunt] eſſent Π
3 admonente] admonte *A₁*   4 aut] ut *A (P)*   5 figenda] facienda Π *(ex* fienda, *quod Par.* 7230 A *praebet, natum)*   7 ob-
temperent] obtemperet α'   9 ocio μ   neceſſario faciendum]
n. faciendo α   10 prẹlio Π
    Cap. XXIII.   14 meridiem] meridie α'   omne] -em Π

aequaliter contubernales cotidiana meditatione discebant.
Nam et uelocitas usu ipso adquiritur corporis et scientia
feriendi hostem seque protegendi, praesertim si gladiis
comminus dimicetur. Illud uero maius est, ut seruare
5 ordines discant et uexillum suum in tantis permixtionibus
in ipsa prolusione comitentur, nec inter doctos aliquis
error existat, cum multitudinis sit tanta confusio. Ad
palum quoque uel sudibus exerceri percommodum est,
cum latera uel pedes aut caput petere punctim caesimque
10 condiscant. Saltus quoque et ictus facere pariter ad-
suescant, | insurgere tripudiantes in clipeum rursusque
subsidere, nunc gestiendo prouolare cum saltu, nunc cedentes in terga resilire. Missibilibus etiam palos ipsos procul ferire meditentur, ut et ars dirigendi et dexterae uirtus
15 possit adcrescere. Sagittarii uero uel funditores scopas,
hoc est fruticum uel straminum fasces, pro signo pone-
bant, ita ut sexcentis pedibus remouerentur a signo, ut
sagittis uel certe lapidibus ex fustibalo destinatis signum
saepius tangerent. Propterea sine trepidatione in acie
20 faciebant quod ludentes in campo fecerant semper. Ad-
suescendum est etiam, ut semel tantum funda circa caput

V. L.   1 difcebant] fed et corporif uelocitatem *fubiungit* λ
4 ut] quod π   5 difcunt *A Par.* 6503 Π*VP*   6 comitantur
απ   6 nec] ne *G*   7 ductof δ   7 [error] Π   7 exiftit α'π
7 cum π quod *Aμ* c| u≡ *G*   8 uel fudibuf] [uel fudibuf] *P* uel
fudef *G*   8 percommodum] commodum δ   8 exerceri] iunio-
ref exerceri *uulgo*   10 adfuefcunt (adfuafc. *A*) α   11 tripu-
diantef] trepidantef ε   11 clypeum *A*   11 rurfuf[que] Π
13 miffilibuf *P*   14 meditantur απ   14 [et] Π   14 dextre
Par. 6503   17 fexcentof pedef δ   18 certif lapidibuf uel f. Π
20 quod l. *G*λπ conludentef *A* quo ludentef *M*

S. L.   1 cottidiana *A*   2 acquiritur Π   fcientia] fcien-
da *Aμ*   5 permixtionibuf] promiffionibuf Π   7 multitudi-
nif fit] multitudini fit μ*G*   10 faltof *A₁*   10 ictof *A₁*
10 affuefcant Π   12 prouolare] peru. Π   13 refilire] re-
filere ε   15 accrefcere Π   fcopaf] ifcopaf *A*   16 fru-
ticum] fructicum *A*   19 tangerent] tangerentur *A*   20 fa-
ciebant] facie faciebant *A* fugiebant Π   20 affuefc. Π
21 ut femel] uel f. μ

rotetur, cum ex ea emittitur saxum.   Sed et manu sola
omnes milites meditabantur libralia saxa iactare, qui usus
paratior creditur, quia non desiderat fundam.   Missibilia
quoque uel plumbatas iugi perpetuoque exercitio dirigere
cogebantur, usque adeo, ut tempore hiemis de tegulis uel 5
scindulis, quae si deessent, certe de cannis, ulua uel culmo
et porticus tegerentur ad equites et quaedam uelut basilicae ad pedites, in quibus tempestate uel uentis aëre tur-
bato sub tecto armis erudiebatur exercitus. Ceteris autem
etiam hibernis diebus, si niues tantum pluuiaeque cessa- 10
rent, exerceri cogebantur in campo, ne intermissa consuetudo et animos militum debilitaret et corpora. Siluam
caedere, portare onera, transilire fossas, natare in mari
siue fluminibus, gradu pleno ambulare uel currere etiam
armatos cum sarcinis suis frequentissime conuenit, ut co- 15
tidiani laboris usus in pace difficilis non uideatur in bello.
Siue ergo legio siue auxilia fuerint, exerceantur adsidue.
Nam quemadmodum bene exercitatus miles proelium
cupit, ita formidat indoctus. Postremo sciendum est in
pugna usum amplius prodesse quam uires; nam si 20
doctrina cesset armorum, nihil paganus distat a milite.
XXIIII. Athleta uenator auriga propter exiguam mer-
cedem uel certe plebis fauorem cotidiana meditatione

V. L.   1 [e]mittitur π   4 iugiter δ   5 adeo] ad hec A ad haec G
  6 fcindulif (fcin≡≡dulif Π fcindolif G) *Isidorus* απQ₂ fcan-
dulif L fcandalif Q₁ fcandalof M   8 uentif aëre turbato] uentif aere turbatuf A u. aere turbatof M uentif fepe turbatif Π
11 confuetudine δ   12 animof μΠ animuf Aδ animõf P animuf quidem G   12 debilitaretur δP   15 ut a cottid. α'
17 auxilio A'   Cᴀᴘ. XXIIII.   22 athleta Mπ adleta A'
adhleta L adtleta Q

S. L.   6 ulua] gulua Π   7 porticof M   bafelice A₁
9 tecto] tectu A₁   10 hiuernif Π   pluuiaeque] plumbieq.
M   13 honera A'   tranfilire] tranfilere A tranffilere M
15 armatof] armatuf Π   cottidiani α' (L)   17 adfidue] affidue (-ae G) A'Π   18 quemammodnm Π   prelium Π
19 cupit ita] cupidita A₁   Cᴀᴘ. XXIIII.   22 uenator] uena-
tur A₁   23 faborem Π   cottidiana (-e A) ε

artes suas aut seruare aut augere consueuit; militem, cuius
est manibus seruanda respublica, studiosius oportet scien-
tiam dimicandi usumque rei bellicae iugibus exercitiis
custodire, cui contingit non tantum gloriosa uictoria sed
5 etiam amplior praeda, quem ad opes ac dignitates ordo
militiae et imperatoris iudicium consueuit euehere. Artifices scaenici ab exercitiis non recedunt pro laude uulgi;
miles sacramento lectus ab exercitio armorum uel nouel-
lus uel iam uetustus cessare non debet, cui pugnandum
10 est pro salute propria et libertate communi; praesertim
cum antiqua sit prudensque sententia omnes artes in meditatione consistere.

XXV. Legio autem non tantum militum numero sed
etiam genere ferramentorum uincere consueuit. Primum
15 omnium instruitur iaculis, quae nullae loricae, nulla possunt scuta sufferre. Nam per singulas centurias singulas
carroballistas habere consueuit, quibus muli ad trahendum et singula contubernia ad armandum uel dirigendum,
hoc est undecim homines, deputantur. Hae quanto ma-
20 iores fuerint, tanto longius ac fortius tela iaculantur.
Non solum autem castra defendunt, uerum etiam in campo
post aciem grauis armaturae ponuntur; ante quarum im-

V. L.   1 artef fuaf aut feruare aut augere *Aμ* a. f. aut f.
aut agere *ΠG* a. f. (f. a. *P*) aut certare aut agere *δP* [a. f.]
aut certare aut agere *Stewechius Oudendorpius*   1 confue-
uit] confuefcunt *λ*   3 bellicae] publicae *Gδ* publicę *corr. in*
bellicę *L*   4 contigit *Π* contigit *P*   non t.] non folum *Π*
    5 opef ad d. *ε*   7 fecnici *λ*   9 iam] etiam *GδP*
10 [propria] *Π*
    Cap. XXV.   15 quae] quibuf *Giss.*   16 fufferre] fufficere
ε Giss.   17 carrobalift. *Aμπ*   17 multi *M₂λδ*   17 ad tr.]
ad prehendendum *δ*   18 [et] fingula *λ*   19 hae quanto *π*
Nam he quanto *α* Nam [h.] quanto *λP*   20 longiuf] lo-
ciuf *A* uelociuf *G*   20 [ac fortiuf] *Scriuerius*   21 [autem] *Π*

S. L.   8 milef] militef *α'*   11 fententia] -ā *Π*
    Cap. XXV.   15 nulla elorice *A*   16 centuriaf] -ef *A'*
    20 ac] hac *M*   21 defendunt] defundunt *α'*   22 ante
quarum] antiquarum *α'*

petum nec equites loricati nec pedites scutati possunt
hostium stare. In una autem legione quinquaginta quinque carroballistae esse solent. Item decem onagri, hoc
est singuli per singulas cohortes, in carpentis bubus por-
tantur armati, ut, si forte hostes adpugna*tum* uenerint 5
uallum, sagittis et saxis possint castra defendi. Scafas
quoque de singulis trabibus excauatas cum longissimis
funibus et interdum etiam ferreis catenis secum legio
portat, quatenus contextis isdem, sicut dicunt, monoxylis,
superiectis etiam tabulatis, flumina sine pontibus, quae 10
uadari nequeunt, tam a peditibus quam ab equitatu sine
periculo transeantur. Habet ferreos harpagonas, quos
lupos uocant, et falces ferreas confixas longissimis contis;
item ad fossarum opera facienda bidentes ligones palas
rutra alueos cofinos, quibus terra portetur. Habet quoque 15
dolabras secures ascias serras, quibus materies ac pali
dedolantur atque serrantur. Habet praeterea artifices
cum omnibus ferramentis, qui ad obpugnandas hostium
ciuitates testudines musculos arietes uineas, ut appellant,
turres etiam ambulatorias faciunt. Verum ne singula 20
enumerando plura dicantur, uniuersa, quae in quocumque
belli genere necessaria esse creduntur, secum legio debet

V. L.   3 carrobalift. μP 5 adpugnatum *uel* ad adpu-
gnandum *Lang (cf. Tacit. ann.* 2, 81 claffem adpugnare 4, 48
caftra adpuguarent, 15, 13 modo uallum modo caftellum ad-
pugnare) ad pugnandum $\varepsilon \Pi P$ ad oppugnandum δ 5 hoftif —
uenerit δ 9 portet Π monoxylif ΠMQ monoxilif δ mono-
fylif A monofilif G monxylif L 11 equitibuf $\lambda \delta P$ 12 har-
pagonaf *scripsi ex* arpationaf α' arpationef G arpagonef π
13 [et] δ 15 rutra]raftra $G \pi$ portatur Π 16 ferraf] ferreaf Π
    16 materief π' materia ε materiaf P 18 expugnandaf δP
    19 uineaf] uineaf faciunt (fatiunt V) δP 20 faciant ε
    20 fingula enum.] α fingulę numerando Π fingula nume-
rando δQ finguli enumerando L

S. L.   6 uallum] ballum α'   7 trauibuf M excabataf α'
    9 hifdem $\varepsilon \pi$'   11 equitatu fine] -o fine A -of fine M
15 albeof α'   18 oppugnandaf Π 19 arietef] aritef α'
19 appellant turref] appellantur ref ε 22 necceffaria A

ubique portare, ut, in quouis loco fixerit castra, armatam faciat ciuitatem.

V. L.   1 ut] et M_1 fixerint Π armata A

Fl. (Flauii L) Vegati (Vegeti $M_2\lambda$) Renati Viri Inluſtriſ De Re Militari Lib̄ II Expt̄. Incipit ([I.] A') Lib̄ III Feliciter Incipiunt Capitula Libri Tertii (III λ) ε Explicit Liber Secunduſ Incipit Liber Tertiuſ. Tituli Libri Tertii Π Expt̄ Liber II Inc̄. cap̄. t̄. III *(sine siglis V)* δ Incipiunt cap. Libri Tertii P

S. L.   1 armatam] armata A_1

---

1 effe debet λP exercitif Π 3 fabula M_1 5 feditionef P
12 funt $Q\lambda$ intellagatur Π intelligantur P 13 fuperuentibuf ex inf. λ fuperuenientibuf et infidiif δ fupernenientibuf
inimicif infidiif Π 15 [fi quif] M_1Q_1L [quif] M_2Q_2 15 de-
fuedũ M_1 15 ad pugnam $Q[M_2]$ ad pugna L 16 tirone Π
17 quo π 21 debeant — conflicto α' 22 reddantur A'

1 podifimi L_1 fingulof hominef in longum uel inter *om.* ΠD 2 in latum] illatum Π 3 debet εP 6 in quo duo in quo tref D 10 Quod Q_1 10 [publica] Π 10 commitatur λ 11 [qui] Π q L qui *in margine* L_2 12 obtinere] obtinere [optinere D] uictoriam δ optinere $M\Pi$ 13 afcendendi Π 13 faciliuf] facientef α 16 pugne difpl. *hoc loco A' sed non in ipsa capitis inscriptione* [pugne] M difplicent A 17 camellif α' 18 poffint ε 19 obfiftere Π *Capitulationi addunt:* Incipit prologuf Π Incipit Liber Tertiuf P Expt. cap̄ libri III. Incipit praefatio in libro IIII ad Theodofium D Expliciunt capitula V.

LIBER III.

Athenienses et Lacedaemonios ante Macedonas rerum potitos prisci locuntur annales. Verum apud Athenienses non solum rei bellicae sed etiam diuersarum artium uiguit industria, Lacedaemoniis autem praecipua fuit cura bel- lorum. Primi denique experimenta pugnarum de euen- 5 tibus colligentes artem proeliorum scripsisse firmantur usque eo, ut rem militarem, quae uirtute sola uel certe felicitate creditur contineri, ad disciplinam peritiaeque studia reuocarent ac magistros armorum, quos tecticos appellauerunt, iuuentutem suam usum uarietatemque pu- 10 gnandi praeciperent edocere. O uiros summa admiratione laudandos, qui eam praecipue artem ediscere uoluerunt, sine qua aliae artes esse non possunt! Horum sequentes instituta Romani Martii operis praecepta et usu retinue- runt et litteris prodiderunt. Quae per diuersos auctores 15 librosque dispersa, imperator inuicte, mediocritatem meam abbreuiare iussisti, ne uel fastidium nasceretur ex pluri- mis uel plenitudo fidei deesset in paruis. Quantum au-

---

V. L. 1 macedonef Π 2 loquuntur π 3 rei publicae δ 5 de euent.] de edentibuf A' 7 fola ac felic. Π 8 difciplinae λ 9 reuocarint δP 11 praeciperent $\mu\Pi$ praeciperint A' praeceperint δP 11 edoceri δP 11 o uirof] quif non hof λ 13 [fequentef] Π 14 ufum λ retinuere Π 17 abbreuiare Π adbreuiare $\varepsilon\delta P$ 18 deeffet] deficere- tur Π

S. L. 1 machedonaf ($-\varepsilon GM-$) α 2 potitof] potiuf A_1 4 lachedaemoniif M 7 uirtute] uirtutẽ A_1 10 ufum] ufu μ 11 ammiratione Π 12 laudandof] laudanduf A_1 14 marcii M

tem in proeliis Lacedaemoniorum disciplina profuerit, ut
omittam cetera, Xanthippi declaratur exemplo, qui Atilium
Regulum Romanumque exercitum saepe uictorem cum
Karthaginiensibus non uirtute sed arte solus ferret auxi-
5 lium, prostratis exercitibus, cepit ac domuit unoque congressu triumphans bellum omne confecit. Nec minus
Hannibal petiturus Italiam Lacedaemonium doctorem
quaesiuit armorum, cuius monitis tot consules tantasque
legiones inferior numero ac uiribus interemit. Igitur qui
10 desiderat pacem, praeparet bellum; qui uictoriam cupit,
milites inbuat *diligenter; qui secundos optat euentus,
dimicet arte, non casu. Nemo prouocare, nemo audet
offendere quem intellegit superiorem esse, si pugnet.

          I. Primus liber tironum dilectum exercitiumque de-
15 prompsit, sequens legionis institutionem disciplinamque
edocuit militarem, hic tertius classicum sonat. Ideo enim
illa praemissa sunt, ut haec, in quibus peritia certaminum
et uictoriae summa consistit, disciplinae ordine custodito
et intellegerentur celerius et amplius adiuuarent.
20   Exercitus dicitur tam legionum quam etiam auxiliorum nec non etiam equitum ad gerendum bellum multi-

---

V. L.   2 cetera πλ ceteraſ α ceteroſ *Par.* 7230 *A uulgo*

2 xanthippi Π xancthippi α xancſthippi L xancſt̅i̅pi G ſan-
tippi V xantippi DP   2 atilium] attilium Π atalium V   [Reg.]
Π   4 karthaginenſibuſ M kartaginenſibuſ Π cartaginienſi-
buſ AδP cartaginenſibuſ λ artaginienſibuſ G₁   4 ſoliſ P
7 annibal α   10 praepararet L praeparat Q   13 eſſe ſi
pugnet] *(in L spatio relicto inter* eſſe *et* ſi) ε futurum eſſet ſi pugnet Π eſſe pugnaturum V eſſe ſe pugnaturum D futurum eſſe
pugnaturum P
    Cap. I.   14 delectum δP   depromſit GLD deprompſit
ita ut pſ *in l. er.* ſit P   15 [que edocuit militarem] δ   21 nec
non etiam ε nec non et Π nec non δ nec etiam P

S. L.   1 lachedemoniorum M   5 cepit] coepit α   8 tot]
toto M₁   9 interemit] interimit M   11 imbuat Π   fecun-
doſ] -uſ A   13 intellegit] -et A'
    Cap. I.   18 ordine] ordinem α'

tudo collecta. Huius modus a magistris quaeritur armorum. Nam cum Xerxis et Darii et Mithridatis ceterorumque
regum, qui innumerabiles armauerant populos, exempla
releguntur, euidenter apparet nimium copiosos exercitus
magis propria multitudine quam hostium uirtute depres- 5
sos. Nam pluribus casibus subiacet amplior multitudo;
in itineribus pro mole sua semper est tardior, in longiore
autem agmine etiam a paucis superuentum adsolet pati;
in locis autem asperis uel fluminibus transeundis propter
inpedimentorum moras saepe decipitur; praeterea ingenti 10
labore numerosis animalibus equisque pabula colliguntur.
Rei quoque frumentariae difficultas, quae in omni expeditione uitanda est, cito maiores fatigat exercitus. Nam
quantolibet studio praeparetur annona, tanto maturius
deficit, quanto pluribus erogatur. Aqua denique ipsa 15
nimiae multitudini aliquando uix sufficit. Quod si casu
acies uerterint tergum, necesse est multos cadere de multis et illos, qui effugerint, ut semel territos, postea formidare conflictum. Veteres autem, qui remedia difficulta-
tum experimentis didicerant, non tam numerosos quam 20
eruditos armis exercitus habere uoluerunt. Itaque in
leuioribus bellis unam legionem mixtis auxiliis, hoc est
decem milia peditum et duo milia equitum, crediderunt
posse sufficere, quam manum praetores uelut minores
duces ad expeditionem saepe ducebant. Quod si magnae 25

V. L. 1 huiuf moduf *A'π'* hic m. μ*P* huic m. *uulgo* 2 cum]
et *Π* 2 xerxif π' xerfif λ*P*≡ xerfif *M* ferxif *G* ferxef *A* 2 et
M.] uel m. π' 2 mithridatif μ mitridatif (*in Π ab alia manu scri-*
ptum) π mittridratif *A* mi≡tridratif *G* 4 leguntur δ [copio-
fof] *Π* 14 quantumlibet δ*P uulgo* ftudio praep.] ftudio fe-
paretur (-ofe par- *V*; *in P -*ofe *in l. er.)* δ*P* ftudiofe praeparetur *uulgo* 15 defit *A' Modius* 16 nimia multitudine δ
17 acief cafu *Π* 18 uel[ut] δ

S. L. 3 exempla releguntur] exemplar eleguntur (elig. *M*) α'
4 exercituf] -of α' 6 cafibuf] caffibuf *A* 7 longiorem α'
10 inpedimentorum] impeditorum *Π* 11 equifque] aequif-
quae μ 13 uitanda] uidenda *M* 17 uerterint] uerterent *A*μ
18 territof] territuf *A₁* 19 conflictum] conflictu *Π* 21 ex-
ercituf] -of α' 22 unam] uriam *M* 25 ducebant] dicebant *Π*

hostium copiae dicerentur, consularis potestas cum uiginti
milibus peditum et quattuor milibus equitum tamquam
comes maior mittebatur.   Quod si infinita multitudo ex,
gentibus ferocissimis rebellasset, tunc, nimia necessitate
5 cogente, duo duces et duo mittebantur exercitus cum eiusmodi praecepto, ut 'prouideant, ne quid respublica detrimenti capiat, consules ambo alterue'.   Denique cum in
diuersis regionibus, contra diuersos hostes a populo Romano annis prope omnibus pugnaretur, ideo sufficiebant
10 militum copiae, quia utilius iudicabant non tam grandes
exercitus habere quam plures, illa tamen ratione seruata,
ne umquam amplior multitudo socialium auxiliarium esset
in castris quam ciuium Romanorum.

   II. Nunc, quod uel maxime prouidendum est, quem-
15 admodum sanitas custodiatur exercitus, admonebo, hoc
est locis aquis tempore medicina exercitio.   Locis, ne in
pestilenti regione iuxta morbosas paludes, ne aridis et
sine opacitate arborum campis aut collibus, ne sine ten-
toriis aestate milites commorentur; ne egressi tardius et
20 calore solis et fatigatione itineris contrahant morbum, sed
potius in aestu, ante lucem coepto itinere, ad destinata

V. L,   1 ducerentur $\pi\lambda$ 2 [peditum et quattuor] ε, P item
omiserat sed statim correxit equitū in peditū atque in margine addidit et quatuor milibuſ equitū)   4 rebellaret Π neceſſi-
tudine Π 6 ut prouideant εP prouideant (prouidebant D) π'
7 c. ambo alterue Korttius ambo altera A c. ambo altero M
c. ambo alter G p̣conſuleſ ambo altero λ p̣conſuleſ ambo alterc
P conſuleſ ambo alterue alter amboue Π c. a. alter uel alt.
amboue δ conſuleſ alter amboue Cic. Phil. 5, 19 (similiter Gel-
lius 1, 12) conf. ambo uel alter amboue Oudendorpius conſulum
alter amboue Schwebelius   7 [in] εP 11 plureſ] inſtructoſ
Q_2 in l. er.   12 ſociorum λP auxiliarumue π
   CAP. II.   19 [et] calore λP 21 in aeſtu ante lucem
scripsi ex in aeſtu ante luce π' in aeſtate luce εP (sed in G ĭ e
et at in l. er. et corr. a 2) aeſtu ante lucem Schwebelius

S. L.   1 conſolariſ A_1 9 ſufficiebant] ſufficiebat π
10 iudicabant] iudicabunt M 11 exercituſ] -oſ α'   12 eſſet]
eſſe Π
   CAP. II.   14 quemammodum Π 20 fatigatione] fatiga-
tioneſ M 21 coepto] cepto Π diſtinata μ

perueniant; ne saeua hieme iter per niues ac pruinas
noctibus faciant aut lignorum patiantur inopiam aut minor
illis uestium suppetat copia; nec sanitati enim nec expe-
ditioni idoneus miles est, qui algere conpellitur. Nec
perniciosis uel palustribus aquis utatur exercitus; nam 5
malae aquae potus, ueneno similis, pestilentiam bibentibus generat. Iam uero ut hoc casu aegri contubernales
oportunis cibis reficiantur ac medicorum arte curentur,
principiorum tribunorumque et ipsius comitis, qui maiorem sustinet potestatem, iugis quaeritur diligentia; male 10
enim cum his agitur, quibus necessitas et belli incumbit
et morbi. Sed rei militaris periti plus cotidiana armorum exercitia ad sanitatem militum putauerunt prodesse
quam medicos. Itaque pedites sine intermissione imbribus uel niuibus sub tecto, reliquis diebus exerceri in 15
campo uoluerunt. Similiter equites non solum in planis
sed etiam in abruptis et fossarum hiatu difficillimis semitis seque et equos suos adsidue exercere iusserunt, ut
nihil his in necessitate proelii accidere posset incognitum.
Ex quo intellegitur, quanto studiosius armorum arte do- 20
cendus sit semper exercitus, cum ei laboris consuetudo et
in castris sanitatem et in conflictu possit praestare uictoriam. Si autumnali aestiuoque tempore diutius in isdem
locis militum multitudo consistat, ex contagione aquarum
et odoris ipsius foeditate uitiatis haustibus et aëre corru- 25

V. L.   3 illif] illuc Π   4 Nec] ne μ   5 paluftribuf π
paluf α' paludofif Gλ   6 ueneno fimilif π' ueneno fimilef M
uenenofi milef A uenenofi militibuf G [ueneno fim.] λP
7 generant μP   ut hoc cafu *uulgo* occafu α ut cafu π cafu λP
ut occasu *Stewechius* hoc cafu *Oudendorpius; sed uix* ut *uocabulo
careri potest*   9 principiorumque V₁ principumque *corr.* ex
principiorumque P   12 [et morbi] Π   13 exercitia armorum Π   19 accedere εΠ   poffit εΠ   20 quanto] quam λP

S. L.   faeua] fęua A' feua μπ   2 paciantur α   4 qui
algere] quialegere (quilgere L) μ   compellitur Π   5 per-
nitiofif α   nam] Nec A   6 malae] mala A   8 cybif A
9 ipfiuf] ipfif Π   12 cottidiana εP   16 uoluerunt] uolue-
rint A   18 affidue Π   19 prelii Π   22 conflictu] -o α
23 autumnali aeftiuo] autumnalia aeftiuo (eft- M) α'   ifdem]
hifdem επ'   25 feditate A'Π   uiciatif A₁   auftibuf α

pto perniciosissimus nascitur morbus, qui prohiberi non
potest aliter nisi frequenti mutatione castrorum.

    III. Ordo postulat, ut de commeatu pabulo frumen-
tisque dicatur.　Saepius enim penuria quam pugna con-
5 sumit exercitum, et ferro saeuior fames est.　Deinde reliquis casibus potest in tempore subueniri, pabulatio et
annona in necessitate remedium non habent, nisi ante condantur.　In omni expeditione unum est et maximum
telum, ut tibi sufficiat uictus, hostes frangat inopia.　Ante
10 igitur quam inchoëtur bellum, de copiis expensisque sollers debet esse tractatus, ut pabula frumentum ceteraeque
annonariae species, quas a prouincialibus consuetudo deposcit, maturius exigantur et in oportunis ad rem geren-
dam ac munitissimis locis amplior semper modus, quam
15 sufficit, adgregetur.　Quod si tributa deficiunt, prorogato
auro conparanda sunt omnia.　Neque enim diuitiarum secura possessio est, nisi armorum defensione seruetur.
Frequenter autem necessitas geminatur et obsidio saepe
fit longior, quam putaris, cum aduersarii etiam ipsi esu-
20 rientes circumsidere non desinant quos fame sperant
esse uincendos.　Praeterea quicquid in pecore uel quacumque fruge uinoque hostis inferens bellum ad uictum
suum poterit occupare, non solum admonitis per edicta

V. L.　　2 frequenter εP
    Cap..III.　　3 commeatu pabulo frumentisque δ commeati
(comeati μ) pabulo frumentif $A\mu$ commeantif pabulo frumentifque Π commeatu pabulif frumentifque P commeatu pabuli
frumentique G　　8 eft et π' extet $G\mu P$ exter A　　9 telum]
confilium δP　hof^{tef} Π　　10 [copiif] λ　　expenfifque fol-
lerf] expenfif fit procuratio quae folerf λ　　11 tractatuf] con-
tractuf Π　　13 [ad rem ger.] λ　　15 ^{con}agregetur Π　　18 et]
fi Π　　19 putatur λ　　21 quidquid A_1

    S. L.　　1 perniciosiffimuf] pernitiofiffimuf A' perniciofiffi-
mif M_1
    Cap. III.　　5 famef] famif $A\mu$　　6 fubueniri] fubuenire μ
    9 uictuf] uictu α'　　hoftef] hoftif α'　　12 annonariae]
annonaria A　　prouintialibuf μ　　13 ad rem] regem M
16 comparanda $A'\Pi$　　diuiciarum A　　22 hoftif] hofti Π

possessoribus sed etiam coactis per electos prosecutores
ad castella idonea et armatorum firmata praesidiis uel ad
tutissimas conferendum est ciuitates urguendique prouin-
ciales, ut ante inruptionem seque et sua moenibus condant. Reparatio etiam murorum tormentorumque omnium 5
ante curanda est. Nam si semel hostes praeuenerint occu-
patos, metu uniuersa turbantur, et quae ex aliis urbibus
petenda sunt interclusis itineribus denegantur. Sed fidelis
horreorum custodia et erogatio moderata consueuit sufficere pro copia, maxime si ab initio procuretur. Ceterum 10
sera parsimonia est tunc seruare, cum deficit. In expeditionibus arduis per capita magis militum quam per dignitates ab antiquis praebebantur annonae, ita ut post necessitatem eisdem a republica redderentur. Hieme lignorum et pabuli, aestate aquarum uitanda est difficultas. 15
Frumenti uero et aceti uel uini nec non etiam salis omni
tempore necessitas declinanda, ita ut urbes atque castella
ab his militibus, qui minus prompti inueniuntur in acie,
armis sagittis fustibalis, fundis etiam et saxis onagris bal-
listisque defendantur. Praecipueque uitetur, ne aduer- 20
sariorum dolo atque periuriis decipiatur prouincialium
incauta simplicitas. Frequentius enim commerciorum
pacisque simulatio credulis quam arma nocuerunt. Qua

V. L.   1 poffeffionibuf *A* poffeffionifbuf *M*   profecutoref *G*
(cf. Cod. Theod. 10, 24, 3; 12, 6, 12 *et* 13 *etc.)* perfecutoref α'
perfcrutoref λ executoref π   3 urgendi π   6 hoftif μ
6 praeuenerit μ   6 occupatif μΠ   8 fidelif horreorum
Cuiacius fideli forf eorum *A'* fidelif forf eorum μ fidelibuf horreorum Π fidelif aureorum δ*P*   11 tum ε   deficit] defecit α'
difecit *G₁*   15 uit. eft] bitari neceffe eft Π   16 frumenti.
Verū *Aμ*   17 ita ut] itaque Π   19 balliftif *G* balliftrif α'
baliftif *GLδP* baliftrif *Q*   20 uitetur Π *Korttianus* 2 uidetur μ
uetetur *A'* cauendum uidetur δ uidetur, *in margine addito* cauendum, *P*

S. L.   1 coactif] quoactif *A₁*   2 idone[a2] Π   3 prouin-
tialef μ   4 inruptionem] inruptione α' irruptionem Π
4 condant] -unt *M (G₁)*   6 occupatof] -uf *A'*   7 turbantur]
turbatur Π   8 petenda] metenda Π   18 prumpti *A*
19 honagrif *A'*

ratione famem collecti patiuntur hostes, dispersi uero crebris superuentibus facile uincuntur.

IIII. Interdum mouet tumultum ex diuersis locis collectus exercitus et, cum pugnare nolit, irasci se simulat, 5 cur non ducatur ad bellum; quod hi praecipue faciunt, qui in sedibus otiose delicateque uixerunt. Nam asperitate insoliti laboris offensi, quem in expeditione necesse est sustinere, praeterea metuentes proelium, qui armorum exercitia declinarant ad eiusmodi praecipitantur auda- 10 ciam. Cui uulneri multiplex medicina consueuit opponi. Dum adhuc separati sunt et in sedibus suis, tribunorum uel uicariorum nec non etiam principiorum in omnem disciplinam artissima seueritate teneantur nihilque aliud nisi deuotionem moderationemque custodiant. Campi- 15 cursionem, ut ipsi appellant, inspectionem armorum adsidue faciant, nullis commeatibus uacent, ad nomen, ad signa obseruare non desinant, ad sagittas iaciendas, ad missibilia dirigenda, ad iactandos lapides uel funda uel manu, ad armaturae gestum, ad uectes, pro similitudine 20 gladiorum punctim caesimque feriendo, multo die usque ad sudorem sunt frequentissime detinendi. Cursu etiam et saltu ad transmittendas fossas nihilominus imbuendi. Seu mare siue fluuius uicinus est sedibus, aestiuo tempore ad natandum cogendi sunt omnes. Praeterea sil- 25 uam caedere, iter per dumos et abrupta facere, materiem

---

V. L.　CAP. IIII.　7 offenfi] infeffi Π　9 declinarant απ' declinarunt λ declinarent P　11 dum] ut dum δP　in] ad π　15 infpectionemque ΠVP　16 ad nomen et figna λ　18 miffilia ΠP　funda] fundif Π　19 [ad] arm. δ　ad uectef] ad manuf Π　20 feriendof δ　21 fudorẽ ita ut fudo a 2 in l. er. scriptum sit Π　23 feu mare fiue ε feu m. feu δP feu cum m. fiue Π　25 dumofa δP

L. S.　CAP. IIII.　4 nolit] nollet Aμ　5 hii A　6 delicate] deligate M　8 prẹlium Π　9 audatiă M　14 deuotionem] deuotione Π　15 affidue Π　19 armaturae geftum] armatura egeftum·A' armature ieftum Π　21 detenendi A₁　22 nihilhominuf A'　inbuendi λ　25 dumof] domof μ　25 facere] fatere A₁

dedolare, aperire fossam, occupare aliquem locum, et, ne
a contubernalibus detrudantur, in scutis inuicem obuian-
tibus niti. Ita exercitati et eruditi in sedibus milites, siue
illi legionarii siue auxiliares siue equites fuerint, cum ad
expeditionem ex diuersis conuenerint numeris, aemula- 5
tione uirtutis proelium magis necesse habeant optare quam
otium. Nemo cogitat de tumultu, qui fiduciam de arte
uel uiribus gerit. Dux autem esse debet adtentus, ut in
omnibus legionibus siue auxiliis uel uexillationibus a tribunis uicariis principiisque, si qui turbulenti uel seditiosi 10
sunt milites, non pro inuidia suggerentum sed pro rerum
ueritate cognoscat eosque prudentiori consilio segregatos
a castris ad agendum aliquid, quod ipsis prope uideatur
optabile, aut ad castella urbesque deputet muniendas
atque seruandas, tanta subtilitate, ut, cum abiciuntur, ui- 15
deantur electi. Numquam enim ad contumaciam pari
consensu multitudo prorumpit sed incitatur a paucis, qui
uitiorum scelerumque inpunitatem sperant peccare cum
plurimis. Quod si ferri medicinam necessitas extrema
persuaserit, rectius est more maiorum in auctores crimi- 20
num uindicari, ut ad omnes metus, ad paucos poena per- ·
ueniat. Laudabiliores tamen duces sunt, quorum exerci-

V. L.   1 foffaf *Π*   [locum] *Π*   2 [in] fcutif *π*   3 niti.
Ita] Nifi ita *Π*   4 ille *corr. in* illi *A* illi *GδP* illif *λ* illum *M*
[illi] *Π*   4 fuerunt *A*   6 neceffe habeant *ε* neceffe habent
([neceffe] *Π*) *π* neceffe eft habeant *P uulgo*   8 gerit] habuerit *λ*
    11 fuggerentum *A'Π* fuggerendum *μ* fuggerentium *δP*
11 pro rerum] procerum *ε*   12 prudentiore *δP*   13 prope uid.]
prouideatur (-uidebatur*Q*) *λ*   14 deputent (-ent *Q*; -ænt *V*) *εδP*
    15 uid.] exiftimentur *δ*   17 fed incitatur] fed incitantur *λ*
fi decidatur *V* fi decedatur *PD*   17 [a] *ε*   18 inpunitate (imp- *δ*)
Gδ   19 ferri *αLΠ* ferre *δP* fieri *Q uulgo*   20 eft] ex *Π*   more
m.] morte aliorum *P*   21 uindicari ut] uindicare ut *L* uindi-
carent *Q₁* uindicare ne *Q₂*   21 ad p.] per paucof *λ*   22 ducef]
iudicef *δP*   exercituf *uulgo*

S. L.   6 prelium *Π*   quam otium] quãmotium (˜ *er.*) *M*
7 fidutiam *A*(*λ*)   8 attentuf *Π*   10 turbulenti] tribulenti *M*
12 ueritate] uarietate *Π*   cognufcat *A'*   15 tanta] tantam *Π*
    16 contumatiam *ε*   18 uiciorum *A'*   impunitatem *Π*
    19 medicinam] medicina *Π*   21 poena] pẹna *Π*
22 exercitum] exercitam *Π*

tum ad modestiam labor et usus instituit quam illi,
quorum milites ad oboedientiam suppliciorum formido
conpellit.

V. Multa quidem sunt discenda atque obseruanda
5 pugnantibus, siquidem nulla sit neglegentiae uenia, ubi
de salute certatur. Sed inter reliqua nihil magis ad uictoriam proficit quam monitis obtemperare signorum. Nam
cum uoce sola inter proeliorum tumultus regi multitudo
non possit, et cum pro necessitate rerum plura ex tem-
10 pore iubenda atque facienda sint; antiquus omnium gentium usus inuenit, quomodo quod solus dux utile iudi-
casset per signa totus agnosceret et sequeretur exercitus.
Tria itaque genera constat esse signorum, uocalia semiuocalia muta. Quorum uocalia et semiuocalia percipiun-
15 tur auribus, muta uero referuntur ad oculos. Vocalia
dicuntur quae uoce humana pronuntiantur, sicut in uigiliis
uel in proelio pro signo dicitur, ut puta, uictoria palma
uirtus, Deus nobiscum, triumphus imperatoris et alia, quaecumque uoluerit dare is, qui in exercitu habet maximam
20 potestatem. Sciendum tamen est ista uocabula cotidie
debere uariari, ne ex usu signum hostes agnoscant et explorantes inter nostros uersentur inpune. Semiuocalia
sunt quae per tubam aut cornu aut bucinam dantur;
tuba quae directa est appellatur; bucina quae in semet
25 aereo circulo flectitur; cornu quod ex uris agrestibus,

V. L.   2 formido fuppl. δP   3 conpellat α'
    Cap. V.   4 difcenda uΠ dicenda A' edifcenda (et difc. V)
δP   5 neglegentiae μπ' negligentiae P negligentiue A neglegenti G   10 antiquuf] antiquitaf Π   14 [et] femiuo-
calia Π   17 uictoriae (-a corr. in æ Q) λ   21 uariari debere Π   21 [et] explorantef Π   23 cornu] cornua ε
24 appellatur bucina. quae Π   femet] f. ipfa Π   25 flecti-
tur] fl. tuba Π

S. L.   3 compellit Π
    Cap. V.   12 agnofceret] agnofceretur Π   15 referun-
tur] reperuntur Π   17 in proelio] in proelia A   19 if] hif
αΠ   19 exercitu] exercito M   20 cottidie Gμ   21 agnu-
fcant A₁   22 impune Π   23 tuba] turba Π₁

argento nexum, temperatum arte spirituque canentis flatus emittit auditum. Nam indubitatis per haec sonis agnoscit exercitus, utrum stare uel progredi an certe regredi oporteat, utrum longe persequi fugientes an receptui canere. Muta signa sunt aquilae dracones uexilla flammulae tufae 5 pinnae. Quocumque enim haec ferri iusserit ductor, eo · necesse est signum suum comitantes milites pergant. Sunt et alia muta signa, quae dux belli in equis aut in indumentis et in ipsis armis, ut dinoscatur hostis, praecipit custodiri. Praeterea manu aliquid uel flagello more bar- 10 barico uel certe mota, qua utitur, ueste significat. Quae omnia in sedibus, itineribus, in omni exercitatione castrensi uniuersi milites et sequi et intellegere consuescant. Continuus enim usus necessarius uidetur in pace eius rei, quae in proelii confusione seruanda sit. Item mutum et 15 commune signum est, quotiens proficiscente turba excitatus puluis ad similitudinem nubium surgit hostiumque prodit aduentum; similiter si diuisae sint copiae, per noctem flammis, per diem fumo significant sociis, quod

aliter non potest nuntiari.   Aliquanti in castellorum aut
urbium turribus adpendunt trabes, quibus aliquando ere-
ctis aliquando depositis indicant quae geruntur.

VI. Qui rem militarem studiosius didicerunt, adse-
5 runt plura in itineribus quam in ipsa acie pericula solere
contingere.   Nam in conflictu armati sunt omnes et hostem
comminus uident et ad pugnandum animo ueniunt prae-
parati; in itinere minus armatus minusque adtentus est
miles et superuentus impetu uel fraude subsessae repente
10 turbatur.   Ideo omni cura omnique diligentia prouidere
dux debet, ne proficiscens patiatur incursum uel facile ac
sine damno repellat inlatum.   Primum itineraria omnium
regionum, in quibus bellum geritur, plenissime debet habere perscripta, ita ut locorum interualla non solum pas-
15 suum numero sed etiam uiarum qualitate perdiscat, conpendia deuerticula montes flumina ad fidem descripta
consideret, usque eo, ut sollertiores duces itineraria prouinciarum, in quibus necessitas gerebatur, non tantum
adnotata sed etiam picta habuisse firmentur, ut non solum
20 consilio mentis uerum aspectu oculorum uiam profecturus
eligeret.   Ad hoc a prudentioribus et honoratis ac locorum gnaris separatim debet uniuersa perquirere et ueri-
tatem colligere de pluribus, praeterea sub periculo eligen-

V. L.   Cap. VI.   9 fuperuentuf impetu uel fraude fubfeffae δ fuperuentuf impetu uel fraude fubfeffa Π fuperuentuf
impetuf uel fraudef fubfeffe α' fuperuentu impetuf uel fraude
fubfeffae G fuperueniente impetu uel fraude [f.] λP   10 Ideo
εδ De Π ideoque P   15 qualitatef εP (in Q f paullulum dilutum uel
erasum est, ad quod sine dubio referendum est signum marginale †)
15 conpendia] syllaba con in loco eraso M per conpendia λ
16 deuerticula ΠV diuerticula εDP   16 difcripta µP
17 ufque adeo δ   itin.] in etineraria Π   20 uerum] u. etiam
Π   20 profecturuf εδ profecturof Π profecturif P uulgo

21 ad hoc Q   22 gnarif GδP gnarif Π ignara Aµ   23 eli-
gendum εΠ

S. L.   1 aut] at Π₁   2 appendunt Π   trabef] trauef µ
     Cap. VI.   4 afferunt Π   6 conflictu] conflicto α'
7 comminuf] communuf Π   8 attentuf Π   12 dampno A
12 illatum Π   14 paffuum] parfuum A₁   15 compendia Π
    15 prouintiarum Aµ   22 debet] bibet M

tium uiarum duces idoneos scientesque praecipere eosque custodiae mancipare addita poenae ostentatione uel
praemii. Erunt enim utiles, cum intellegant nec fugiendi
sibi copiam superesse et fidei praemium ac perfidiae
parata supplicia. Prouidendum quoque, ut sapientes ex- 5
ercitatique quaerantur, ne duorum aut trium error discrimen pariat uniuersis. Interdum autem imperita rusticitas
plura promittit et credit se scire quae nescit. Sed cautelae caput est, ut, ad quae loca uel quibus itineribus sit
profecturus exercitus, ignoretur; tutissimum namque in 10
expeditionibus creditur facienda nesciri. Ob hoc ueteres
Minotauri signum in legionibus habuerunt, ut, quemadmodum ille in intimo et secretissimo labyrintho abditus
perhibetur, ita ducis consilium semper esset occultum.
Securum iter agitur quod agendum hostes minime suspi- 15
cantur. Verum, quia exploratores altrinsecus missi pro-
fectionem suspitionibus uel oculis deprehendunt et interdum transfugae proditoresque non desunt, quemadmodum
occurri ingruentibus debeat, intimetur. Dux cum agmine
exercitus profecturus fidelissimos argutissimosque cum 20
equis probatissimis mittat, qui loca, per quae iter faciendum est, in progressu et a tergo, dextra laeuaque perlu-
strent, ne aliquas aduersarii moliantur insidias. Tutius
autem operantur exploratores noctibus quam diebus.

V. L   1 praecipere *Stewechius* percipere *O*   2 cuftodire *Π*
cuftodia *P*   2 oftentatione ε *Π* conteftatione *VP* conftitutione *D*
3 intelligent *uulgo*   ne fugiendi *Aµ*   8 cautelae caput eft µ*GΠ*
pautelae caput eft *A* utile caput eft *δP*   9 ad quae (atque *V*) l.
δP aque l. α ad quę l. *Π* ea loca per quae λ per quae loca
uulgo   10 tutiffimum (tutiffimuf *D*) n. i. expeditionibuf *A'π'*
tutiffimã n. i. expeditionibuf *M* tutiffima namque expeditio λ*P*
   11 nefciri] ab hoftibuf nefciri λ*P*   13 labyrintho *P* laby-
rinto ε*V* laberintho *Π* laberinto *DQ₂*   17 fufpectionibuf *DP*
fufpe≡cionibuf *V*   18 proditorefque *δP* proditoref quę *A* proditoref quae *M* proditoref qui *Gλ* proditoref[que] *Π*   21 per
qua *Aµ*

S. L.   2 poenae] pene *M* pęne *Π*   8 promittit] promittet *A*
   8 credit] credet *A*   10 profecturuf] profecturum *A'*
12 quemammodum *Π item statim*   20 argutiffimofque] argu-
tiffimof qni *A₁*   23 tutiuf] totiuf α'*Π*

Nam quodammodo ipse sui proditor inuenitur cuius spe-
culator fuerit ab aduersariis conprehensus. Primi ergo
equites iter arripiant, deinde pedites, inpedimenta sagmarii calones uehiculaque in medio conlocentur, ita ut
5 expedita pars peditum et equitum subsequatur. Nam
ambulantibus interdum quidem a fronte sed frequentius
a tergo superuentus infertur. A lateribus quoque pari
armatorum manu inpedimenta claudenda sunt; nam insidiatores transuersos frequenter incursant. Illud tamen
10 praecipue seruandum est, ut ea pars, ad quam hostis uen-
turus creditur, oppositis lectissimis equitibus et leui armatura necnon etiam peditibus sagittariis muniatur. Quod
si undique circumfunduntur inimici, undique debent prae-
parata esse subsidia. Ne uero repentinus tumultus am-.
15 plius noceat, ante commonendi sunt milites, ut parati sint
animo, ut arma in manibus habeant. In necessitate subita quae conterrent, prouisa non solent esse formidini.
Antiqui diligentissime praecauebant, ne a calonibus interdum uulneratis interdum timentibus et sagmariis clamore

---

V. L.   3 inde ε   ſagmarū calonūq; *Π*   5 N. ambul. [int. q.]
a fronte [ſed] frequenter *Π*   8 inſidiatoreſ tranſuerſoſ frequenter incurſant *Π* inſ. tranſuerſuſ fr. expulſat *δ*; *hanc lectionem cor-*
rectione et additamento marginali ad λ codicum scripturam (impul-
ſant *P) reuocauit P* inſ. in alio loco inpulſant tranſuerſoſ frequenter incurſa (-a^{nt} *G*) *α* inſ. in alio loco inpulſant tranſuerſoſ
frequenter incurſant *λ* inſid. in alio loco inpulſant tranſuerſo
frequenter incurſu (*inserendum fuit* alii *post* inſid.) *Edit. Colon.*
1524.   10 hoſteſ uenturoſ (-o *A*) *α*'*Π*   12 muniantur *Π*
13 [circum]funduntur *Π*   16 I. n. ſ. quae conterrent ε (*unde*
quis ſubita quaeque *legendum censeat*) i. n. ſubita [q.] conterrent *δ fortasse rectius; illud* quae *autem* ex *marginali nota inre-*
psisse putari potest   16 Ňeneceſſitate (*L;* Ňc neceſſ. *Q*) ſubita
conterreantur (-terrantur *Q*) *λ* ne neceſſitate ſubita conſternan-
tur *Π* in neceſſitatem ſubita que terrent *P₁* ne neceſſitatem ſ.
q. terreantur *P₂*   17 prouiſa. Non (non *Q*) *Πλ*

S. L.   1 quodammodo] quodadmodo *α*'   proditor] prode-
tur *M* proditur *A₁*   2 comprehenſuſ *Π*   3 impedim. *Π*
4 uehicula] ullehicula *M* ulehicula *A₁*   5 impedim. *Π*
11 oppoſitiſ *MΠ*   18 antiqui] ᴀntiq. *M*   18 diligentiſſime]
diⱡigentiſſimi *A₁*   18 calonibuſ] colonibuſ *α*'

pauefactis pugnantes milites turbarentur, ne dispersi longius aut conglobati amplius quam expedit inpedirent suis
hostibusque prodessent. Et ideo ad exemplum militum
etiam inpedimenta sub quibusdam signis ordinanda duxerunt. Denique ex ipsis calonibus, quos galiarios uocant, 5
idoneos ac peritos usu legebant, quos non amplius quam
ducentis sagmariis puerisque praeficerent. Hisque uexilla
dabant, ut scirent, ad quae signa deberent inpedimenta
colligere. Sed propugnatores ab inpedimentis laxamento
aliquo diuiduntur, ne constipati laedantur in proelio. Am- 10
bulante exercitu, ut locorum uarietas euenerit, ita defensionis ratio uariatur. Nam in campis patentibus equites
magis solent inpugnare quam pedites; at uero in locis
siluestribus uel montuosis siue palustribus pedestres magis formidandae sunt copiae. Illudque uitandum, ne per 15
neglegentiam aliis festinantibus aliis tardius incedentibus
interrumpatur acies aut certe tenuetur; continuo enim
hostes interpellata peruadunt. Praeponendi ergo sunt
exercitatissimi campi doctores uicarii uel tribuni, qui ala-
criores retardent et pigrius incedentes adcelerare com- 20
pellant. Nam qui multum praecesserint, superuentu
facto non tam redire quam effugere cupiunt. Qui uero

V. L.   1 [pugnantef] *Stewechius Schwebelius*   difperfi] diuerfif *Π*   2 fuif *MΠV* (*cf. Varro L. L.* 9, 14, 131) fuof *A'λDP*
   5 galiariof *Π* galiariaf *ε* galeriof *DP* galeriof *V* (*cf.* I, 10)
      7 duocentif *A* duocenti *M*   7 fagm.] fagittariif *ΠQ*
   7 praeficerent *π* praefacerent ([prae *Q*) *ε*   8 ad quae *GDL*
atque *Q₁P₁V* ad quẽ *Π* ad quaf *α'*   8 figna deberent] defigna-
rent *V*   10 aliquo] aliqui *Π*   10 in proelio. Amb. *Stewechius*
in proelio (-um *V*) amb. *O*   15 formidandi *α'*   16 [aliif fefti-
nantibuf] *Π*   16 intercedentibuf *ε*   17 interrumpentur —
tenuentur *λ*   18 interpellata *V Oudendorpius post edit. Rom.
Bonon.* inter prolata *α'* interplorata *λ* interpolata *GΠD uulgo*
18 Praeponendi *ε* premonendi *Π* interponendi *δP uulgo*

S. L.   1 pabefactif *α'*   2 impedirent *Π*   4 imped. *Π*
et ita postea   5 calonibuf] colonibuf *M*   6 idėoneof *M*
7 uexilla] uixilla *α'*   10 prẹlio *Π*   13 impugnare *Π*
18 peruadunt] peruadum *M*   20 accelerare *GΠ*   20 con-
pellant *μ*

extremi sunt, deserti a suis ui hostium et propria desperatione superantur. Sciendum etiam, quod aduersarii in
his locis, quae sibi oportuna intellegunt, subsessas occul-
tius conlocant uel aperto Marte impetum faciunt. Sed
ne secreta noceant, ducis praestat industria, quem omnia
5 prius conuenit explorare. Deprehensa uero subsessa, si
circumueniatur utiliter, plus periculi sustinet, quam parabat inferre. Aperta autem uis si praeparetur in montibus, altiora loca praemissis sunt praesidiis occupanda, ut
hostis, cum aduenerit, reperiatur inferior nec audeat ob-
10 uiare, cum tam a fronte quam supra caput suum cernat
armatos. Quod si angustae sunt uiae, sed tamen tutae,
melius est praecidere cum securibus ac dolatoriis milites
et cum labore uias aperire, quam in optimo itinere periculum sustinere. Praeterea nosse debemus hostium con-
15 suetudinem, utrum nocte an incipiente die an hora refi-
ciendi lassis superuenire consueuerint, et id uitare, quod
illos facturos putamus ex more. Iam uero utrum peditibus
an equitibus, utrum contatis an sagittariis amplius ualeant,
utrum numero hominum an armorum munitione praecel-
20 lant, scire nos conuenit et ordinare quod nobis utile, illis
docetur aduersum, tractare quoque, per diem an per noctem iter expediat inchoari, quanta locorum interualla
sint, ad quae cupimus properare, ne aestate aquae penuria

V. L.   1 ui] uĭ (˘ er.) *VQ* uiſ *Π*   2 [in] hiſ lociſ *δ*   3 ſubſeſſa *λδP*
    occultoſ *V*   4 praeſtet *δP*   quem *uulgo* que *ÁΠ* quae (quę
Q) *μ* qua *G* cui *δP*   8 praemiſſiſ ĩ *DPG₂* praemiſſiſ *Aλ* praemiſſi
(-miſi *G*) ſunt *MGΠ* praemiſſiſ *V* ·   10 tam] eo *δ*   10 quam]
quem *δ*   10 caput] apud *δ*   11 armatoſ] -tum *δ*
12 praecidere *O* praecedere *uulgo*   12 dolator.] dolabriſ *uulgo*
    13 cum laboribuſ *ε*   15 an *π* aut *G* ad *α’*   15 [a. h. r.] *λ*
16 conſuerint *δ*   22 inchoare *δ*   23 ad quae *MQGδP* ad quē *Π*
ad quē (˘ er.) *L* atque *A₁*   23 properare] peruenire *δP*

S. L.   1 deſperatione] diſperatione *Aμ*   3 occulciuſ *M*
4 conlocant *Gλ* conlocat *α’* collocant *Π*   9 repperiatur *Aμ*
    12 dolaturiiſ *Π*   13 apperire *μ* (a≡perire *G*)   16 laſſiſ]
blaſſiſ *α’*   17 ex more] et more *α’*   18 ualeant] ualeat *ε*
    23 ne aeſtate] neſtate *M*   aquae] a≡que *A*

obsit euntibus, ne hieme difficiles aut inuiae occurrant
paludes maioresque torrentes impedito itinere circumueniatur exercitus, priusquam ad destinata perueniat. Vt
nostra commoditas est sapienter ista uitare, ita, si aduersariorum imperitia uel dissimulatio occasionem nobis 5
dederit, non oportet omitti sed explorare sollicite, prodi-
tores ac transfugas inuitare; ut, quid hostis moliatur iu
praesenti uel in futurum, possimus agnoscere paratisque
equitibus ac leui armatura ambulantes eosdem uel pabula
uictumque quaerentes inprouiso terrore decipere.   10
      VII. In transitu fluuiorum grauis molestia neglegen-
tibus frequenter emergit.   Nam si aqua uiolentior fuerit
aut alueus latior, inpedimenta pueros et ipsos interdum
ignauiores solet mergere bellatores. Ergo explorato uado
duae acies equitum electis animalibus ordinantur inter- 15
uallis conpetentibus separatae, ut per medium pedites et
inpedimenta transeant. Nam acies superior aquarum impetum frangit, inferior qui rapti subuersique fuerint
colligit atque transponit.   At cum altior fluctus nec peditem nec equitem patitur, si per plana decurrat, ductis 20
multifariam spargitur fossis diuisusque facile transitur.
Nauigeri uero amnes stilis fixis ac superpositis tabulatis
peruii fiunt uel certe tumultuario opere colligatis inanibus
cupis additisque trabibus transitum praebent.   Expediti

V. L.   6 explorare follicite, proditoref ε exploratoref Π explorare foleat uerum δ exploratoref follicite proditoref P
8 in futuro π'   9 eofdem] eofdam L₁ eof clam L₂Q
      Cap. VII.   13 latior] altior A ⸰ inpedim. et puerof λ
16 peditef [et] imped. Π peditum et impedimenta δ   22 fti-
lif π haftilif α aftilif λ   23 colligatif] alligatif λ

L. S.   1 difficilef] difficilif α   2 inpedito λ (impedimento G)
    6 omitti] committi Π   7 moliatur] moratur Π   8 poffi-
muf] poffemuf α'   10 decipere] deciperent α
      Cap. VII.   11 negligentibuf A   13 aut] ut A   13 al-
ueuf] albeuf M aluiuf A₁   13 impedimenta Π   14 ignauio-
ref] ignabioref M   16 competentibuf Π   17 inpedimenta
MΠ   19 colligit] collegit A₁   fluctuf] flucti A₁   20 equi-
tem] equitum M   24 trauibuf Aμ

uero equites fasces de cannis aridis uel ulua facere consueuerunt, super quos loricas et arma, ne udentur, inponuntur, ipsi equique natando transeunt colligatosque secum
fasces pertrahunt socios.   Sed commodius repertum est,
5 ut monoxylos, hoc est paulo latiores scafulas, ex singulis
trabibus excauatas pro genere ligni et subtilitate leuissima
carpentis secum portet exercitus, tabulatis pariter et
clauis ferreis praeparatis.   Ita absque mora constructus
pons, et funibus, qui propterea habendi sunt, uinctus lapi-
10 dei arcus soliditatem praestat in tempore.   Festinanter
aduersarii ad transitus fluminum insidias uel superuentus
facere consueuerunt.   Ob quam necessitatem in utraque
ripa conlocantur armata praesidia, ne alueo interueniente
diuisi obprimantur ab hostibus.   Cautius tamen est sudes
15 ex utraque parte praefigere ac sine detrimento, si qua uis
inlata fuerit, sustinere.   Quod si pons non tantum ad
transitum sed etiam recursum et commeatus necessarius
fuerit, tunc in utroque capite percussis latioribus fossis
aggereque constructo defensores milites debet accipere,
20 a quibus tamdiu teneatur, quamdiu locorum necessitas
postulat. ·

V. L.   1 fafcef] fafciculof δ confuerunt $\mu\delta$ 2 ne udentur
$A'V$ ne utentur M ne dentur Π_1 ne uidentur D ne uidentur P
ne uidentur L reuidenter (sed postremum e in l. er.) Q ne leden-
tur Π_2 3 ipfi equiquę A ipfi equique G ipfi aequiquae M
ipfi equi qui Π ipfif aequitibuf qui V ipfif equitibuf D ipfif
equitef (tef a 2 in l. er.) quof (2 deletum uult) P ipfi equi [q.] λ
    3 colligatofque $\pi\lambda$ collegatofq. M collegatifq. A' 4 fociof
VP Oudendorpius Hillenbrandius (Appul. I, 38) fociif $\varepsilon\Pi D$ focii
λ (L?)   4 comm.] commodi huiuf Π 5 monoxylof $M\Pi P$
monoxyllof Q monoxillof LD monoxillaf V mox noxylof A'
6 leuiffimaf Π 7 pariter clauifque Π 9 et fun.] ex funi-
buf Π 9 habendi funt] habendif ut hif λ 10 praeftet $G\lambda$
    praeftat. In M 10 feftinanter ε (sed in L in l. er. a 2) fefti-
nantur Π fed inftantef VP fed ftantef D 12 confuerunt δP
    17 etiam ad recurfum $\lambda\delta P$ 19 [debet] ε

S. L.   1 ulua] gulua Π 2 imponunt Π 4 commodiuf] cum
modiuf] $M(Q_1)$ 6 trauibuf $A\mu$ 10 foliditatem] foliditate M
    13 collocantur Π 14 obprimantur Π obp̄mantur A opprae-
mantur G_1 opprimantur μ 16 illata Π 18 percuffif] percurfif
A 19 aggere] agere M 20 a quibuf tam] a quibufdam A_1

VIII. Consequens uidetur, itineris obseruatione descripta, ad castrorum, in quibus manendum est, uenire rationem. Non enim belli tempore ad statiuam uel mansionem ciuitas murata semper occurrit, et incautum est plenumque discriminis exercitum passim sine aliqua mu- 5 nitione considere, cum militibus ad capiendum cibum occupatis, ad munera facienda dispersis facile nectantur insidiae. Postremo noctis obscuritas, necessitas somni, pascentium equorum dispersio occasionem superuentibus praestat. In metandis castris non sufficit locum bonum 10 legere, nisi talis sit, ut alter eo non possit melior inueniri, ne utilior praetermissus a nobis et ab aduersariis occupatus adportet incommodum. Cauendum quoque, ne per aestatem aut morbosa in proximo aut salubris aqua sit longius, hieme, ne pabulatio desit aut lignum, ne subitis 15 tempestatibus campus, in quo manendum est, soleat inundari, ne sit in abruptis ac deuiis et circumsedentibus aduersariis difficilis praestetur egressus, ne ex superioribus locis missa ab hostibus in eum tela perueniant. Quibus caute studioseque prouisis, pro necessitate loci uel 20 quadrata uel rotunda uel trigona uel oblonga castra constitues, nec utilitati praeiudicat forma, tamen pulchriora creduntur quibus ultra latitudinis spatium tertia pars longitudinis additur. Ita autem ab agrimensoribus podis-

V. L. Cap. VIII. 3 ftatiuam εΠVP ftadium D.ftatiua *uulgo*

3 [uel] *Oudendorpius* 4 ciuitaf murate Π 6 confidere Q confiderare P 7 occupatif aut ad δP 11 legere] elegere P₁ eligere DP₂ 11 melior non poffit Π 12 ab aduerf. λδP ad aduerf. Π [ab] adu. α *(in G supra lineam prima fortasse manu ab additum est)* 13 Cauendumque Π 14 morbofa in] morbuf δ 14 aut] fit aut Π 15 ne π de (De Q) fub. ε; ne de? 16 inundare δ 17 [in] abruptif V [in] abruptuf D 17 deuiif (deuiuf D) et εδP deuiif ut Π d. ne *uulgo* 20 uel — uel — uel] fiue — fiue — fiue δP 21 conftituef δ conftituenf εΠP conftituentur A₂ conftituuntur *Giss.* 22 praeiudicat. Forma MΠL 23 ultra lati[túdinif — longi]tudinif δ

S. L. Cap. VIII. 13 apportet Π 14 aeftatem] ftatem M 17 abruptif] arruptif Π 23 longitudinif additur] longitudinif addinif additur α 24 agrimenforibuf] agrimefforibuf α

mum mensurae colligi oportet, ut ad quantitatem conclu-
datur exercitus. Nam propugnatores angusta constipant
et ultra quam conuenit latiora diffundunt. Tribus autem
modis definiunt castra muniri posse. Primum in unius
5 noctis transitum et itineris occupationem leuiorem, cum
sublati caespites ordinantur et aggerem faciunt, supra
quem ualli, hoc est sudes uel tribuli lignei, per ordinem
digeruntur. Caespes autem circumciditur ferramentis, qui
herbarum radicibus continet terram, fit altus semissem,
10 latus pedem, longus pedem semis. Quod si terra solutior
fuerit, ut ad similitudinem lateris caespes non possit abscidi, tunc opere tumultuario fossa percutitur, lata pedes
quinque, alta tres, cui intrinsecus agger excrescit, ut sine
metu securus requiescat exercitus. . Statiua autem castra
15 aestate uel hieme, hoste uicino, maiore cura ac labore
firmantur. Nam singulae centuriae, diuidentibus campidoctoribus et principiis, accipiunt pedaturas et, scutis uel
sarcinis suis in orbem circa propria signa dispositis, cincti
gladio fossam aperiunt latam aut nouem aut undecim aut
20 tredecim pedibus uel, si maior aduersariorum uis metui-

V. L.   3 tribuſ a. modiſ definiunt caſtra muniri poſſe δP treſ
(triſ M) a. moduſ (*corr. in* -oſ M; modoſ Π) definiunt (diff. Π)
foſſe (foſſæ G) αΠ treſ a. modoſ efficiunt (efefic. L) foſſaſ λ
5 tranſitu ΠQ₂   5 occupationem leuiorem δ occupatione leuiorem (-ē A) α occupatione leuiore ΠλP   9 ſemiſſem latuſ pedem
longuſ pedem ſemiſ α ſ. latuſ [p. l.] ped. ſemiſ Π ſemiſ pedem
latuſ p. longuſ p. ſ. δP ſemiſſe p longũ pedē ſemiſ L pedem
ſemiſſem p longum pedem ſemiſ Q   12 percutitur αΠ per-
cuitur L percircuitur Q perducitur δP praeducitur *Lipsius Oudendorpius*   13 alta pedeſ treſ δ a. p. III P   13 accreſcit Π
    16 campiductoribuſ Π   17 ſcutiſ et ſarc. P ſc. ac ſ. *uulgo*
18 circa propria ſigna diſpoſitiſ A'VP c. p. ſ. depoſitiſ D c.
ſigna .pprioribuſ poſitiſ Π circa propria ſignatiſ poſitiſ.M circa
propriam ſignatiſ et diſpoſitiſ λ   18 cincti] cuncti A'
20 metuetur αΠ

    S. L.   1 colligi] collegi ε   quantitatem] -e Π   6 aggerem]
aggere Π   7 ualli] balli Π   triboli Π   8 caeſpeſ] ceſpiſ A
caeſpiſ M ceſpiſ λ   8 qui] quae α   10 ſolucior M   11 ad
ſimilitudinem] a ſ. M   11 caeſpeſ] ceſpeſ μ   15 maiorce
cura M   18 orbem] urbem α   19 aperiunt] aperiant Π
20 uiſ] uim Π

tur, pedibus decem et septem, — imparem enim numerum
obseruari moris est —; tunc saepibus ductis uel interpo-
sitis stipitibus ramisque arborum, ne terra facile dilabatur, agger erigitur; supra quem ad similitudinem muri
et pinnae et propugnacula conponuntur. Opus uero cen- 5
turiones decempedis metiuntur, ne minus foderit aut errauerit alicuius ignauia, et tribuni circumeunt nec ante
discedunt qui strenui sunt, quam fuerint uniuersa perfecta. Ne tamen aliquis superuentus laborantibus fiat,
omnes equites et pars peditum, quae non operatur, priui- 10
legio dignitatis ante fossam in procinctu armata consistit
et ingruentes repellit inimicos. Prima igitur signa locis
suis intra castra ponuntur, quia nihil est uenerabilius eorum maiestate militibus, duci praetorium eiusque comitibus praeparatur, tribunis tabernacula conlocantur, quibus 15
per contubernales deputatos ad munera aqua lignum et
pabula ministrantur. Tunc pro gradu legionibus et auxiliis, equitibus et peditibus loca, in quibus papiliones
tendant, deputantur in castris, ac de singulis centuriis
quaterni equites et quaterni pedites excubitum noctibus 20
faciunt. Et quia inpossibile uidebatur in speculis uigi-
lantes singulos permanere, ideo in quattuor partes ad

V. L.   1 X et VII *L* XVII *QD* XVIIII *P* decem et feptem uel
nouem *Stewech. Schweb.* 2 obferuare δ   tum (dum *ex* tum *corr.*
Q) ε*P*   3 ftipitibuf *ΠVλP* ftipibuf *GD* ftipibuf *exigua lacuna* que
A ftipib.q. *M*   3 dilabatur] *corr. in* dilabetur *Π* delabatur *P*
4 agger erigitur *A'λδ* Agger igitur *MΠ* agger erigitur *P*   5 opuf
uero π' opuf α hoc opuf λ op. uero *corr. in* opuf hoc *P*   6 decempedif *V* decem pedef ε*ΠDP*   6 aut errauerit μπ aut terrabe-
rit *A'* aut eruerit *Lipsius*   7 et] id δ*P*   12 et — repellit π
et — repellet α ut — repellat λ   14 duci praetorium eiufque
comitibuf (cõm. *M*) p. απ deinde praetorium p. λ *ceterum cf. Hy-*
gin. Grom. 10   15 tribunif α*Π* hinc tribunif λ. A tribunif *D* ac
tribunif *VP*   18 equitibuf] et equitibuf π   20 quaterni et
equitef *A'*   21 in fp. per totam noctem uigilantef *uulgo*

S. L.   1 inparem μ   2 fepibuf α   5 componuntur *Π*   6 me-
tiuntur] mertiuntur *Π*   foderit] foderet (foederet *M*) ε   9 ali-
quif] aliquof α'   9 fuperuentuf] fuperuentof *Aμ*   9 fiat] fuperfiat
Π   11 foffam] foffa *Π*   in procinctu] in procincto (procuncto
Q) ε in procinctum *Π*   13 benerabiliuf *Π*1   21 impoffibile *Π*

6*

clepsydram sunt diuisae uigiliae, ut non amplius quam
tribus horis nocturnis necesse sit uigilare. A tubicine
omnes uigiliae committuntur et finitis horis a cornicine
reuocantur.   Idoneos tamen tribuni et probatissimos eli-
5 gunt, qui circumeant uigilias, et renuntient, si qua emer-
serit culpa, quos circumitores appellabant; nunc militiae
factus est gradus et circitores uocantur. Sciendum tamen
est equites extra uallum nocturnas excubias facere debere.   Per diem autem castris positis, alii mane alii post
10 meridiem propter fatigationem hominum equorumque
agrarias faciunt.   Inter praecipua conuenit ducem prouidere, siue in castris siue in ciuitate consistat, ut animalium pascua, subiectio frumenti ceterarumque specierum.
aquatio lignatio pabulatio secura ab hostium reddatur in-
15 cursu.   Quod aliter non potest euenire, nisi per loca
idonea, qua nostrorum ambulat commeatus, praesidia
disponantur, siue illae ciuitates sint siue castella murata.
Quod si non reperitur antiqua munitio, oportunis locis
circumdata maioribus fossis tumultuaria castella firman-
20 tur.   Nam a castris diminutiuo uocabulo sunt nuncupata
castella.   Intra quae in agrariis aliquanti pedites equites-
que degentes tutum iter commeantibus praestant.   Difficile enim hostis ad ea loca audeat adcedere, in quibus a
fronte et a tergo nouit aduersarios commorari.

V. L.   1 clepſydram αL clepſydãm (r *fortasse a* 1) Q clepſi-
dra Π clepſidrã P clepſedrã *uel depſedrã* V clepſ *foramen mem-
branae* drã D 2 [A] tubicineſ omneſ uigilię cõmitantur LP
tubicineſ o. uigilię cõmittentur Q 4 tribuni εVP tribuniſ *corr.
in* tribunoſ Π tribunoſ D 6 circumituroſ V; *falso Büchelerum
apud Petronium* (53,10) circumitore, *codicis lectionem, in* circitore
correxisse nostro ex loco apparet   6 Nunc.] Item Π 7 et]
quoſ Π 7 circitoreſ] certioreſ δ 7 Sciendum tamen quod
militeſ extra ballum n. exc. facere debere Π 8 excub.] uigi-
liaſ δP 11] agrariaſ] angariaſ (-oſ Q) ε 12 conſiſtit Q *in Par.*
6503 *a non satis genuinum est*   17 ſunt εP 19 firmentur Π
caſ|tella f.—nuncupata caſ|tella V 21 [quae] V 21 in agra-
riiſ] in agraiſ A in angariiſ A_2 23 audet π

S. L.   5 circueant M ſi qua emerſerit] ſi que (quę G)
merſerit α 9 poſt meridie M 18 repperitur $\alpha' G_2$
20 noncupata M 22 tutum] totum A' 23 accedere $\mu \Pi$

VIIII. Quisquis hos artis bellicae commentarios ex probatissimis auctoribus breuiatos legere dignabitur, quam primum rationem proelii depugnandique cupit audire praecepta. Sed conflictus publicus duarum aut trium horarum certamine definitur, post quem partis eius, quae 5 superata fuerit, spes omnes intercidunt. Ideo omnia ante cogitanda sunt, ante temptanda, ante facienda sunt, quam ad ultimum ueniatur abruptum. Boni enim duces non aperto proelio, in quo est commune periculum, sed ex occulto semper adtemptant, ut integris suis, quantum pos- 10 sunt, hostes interimant uel certe terreant, in qua parte quae necessaria admodum sunt ab antiquis reperta perscribam. Praecipua ars et utilitas ducis est, ut adhibitis ex uniuerso exercitu scientibus belli et sapientibus uiris de suis et hostium copiis saepius tractet, omni, quae plu- 15 rimum nocet, adulatione summota, utrum maiorem numerum pugnatorum ipse an hostes habeant, utrum ipsius an aduersariorum homines magis armati sint et muniti, qui magis exercitati, qui sint in necessitatibus fortiores. Quaerendum etiam, utra pars equites, utra pedites habeat me- 20 liores, sciendumque in peditibus uel maxime consistere robur exercitus; et inter ipsos equites, qui contatis, qui

---

V. L.   Cap. VIIII.   2 dignabitur] conatur Π 5 definitur $\alpha L \delta P$ difinitur Q finitur Π 5 poftquam λ *uulgo*   6 fuerat Π 6 fpef o͞mf (omnef GP) intercidunt (intercedunt α' interced. *corr.* in intercid. Q) εP fpef o͞mf (omnif δ) intercidit π' *sed in D* inter cidit *ita exaratum est, ut illud exemplum, quo librarius est usus, intercidunt praebuisse uideatur.*   8 cogitanda [funt] Π 9 aperto marte proelium δP 9 [ex] occulto Π 10 integrif fuif] A'δP in tergif fuif μ imparatof Π 10 quantũ ε quanto D quantof $\Pi V P$ 11 interim.] interficiant Π 11 uel certe *Lang* certe uel O 12 quae $\pi \lambda$ qua α' quã G perfcr.] defcribam δP 19 quaerend.] q. eft δ 20 equitef utra parf peditef λ 21 [uel] maxime λ 22 qui O quif *uulgo*   qui $\pi G \lambda$ q; (q. M) α' quif *uulgo*

S. L.   Cap. VIIII.   3 prɇlii Π 4 ꞇonflictuf publicuf] conflictof publicof α'   5 partif] patrif A_1 8 abruptum] abruptu Π 9 prɇlio Π 10 attemptant Π 17 hoftef] hoftif Π 19 exercitati qui] exercitatiquɇ A exercitatiq. M 22 robor A'

sagittariis antecedat, quis plures loricas induat, quis uti-
liores equos adduxerit; postremo loca ipsa, in quibus pugnandum est, utrum inimicis an nobis uideantur adcommo-
da; — nam si equitatu gaudemus, campos debemus optare,
5 si pedite, loca eligere angusta, fossis paludibus uel arboribus inpedita, et aliquotiens montuosa —; cui magis uictus
abundet aut desit; nam fames, ut dicitur, intrinsecus pugnat et uincit saepius sine ferro. Vel maxime autem
tractandum est, utrum expediat necessitatem protrahi an
10 celerius dimicari; interdum enim sperat aduersarius expeditionem cito posse finiri et, si dilatus fuerit in longum,
aut penuria maceratur aut desiderio suorum reuocatur ad
propria aut nihil magnum faciens per desperationem abire
conpellitur. Tum fracti labore et taedio plurimi dese-
15 runt, aliquanti produnt, aliquanti se tradunt, quia aduersis
rebus rarior fides est et nudari incipit qui copiosus adue-
nerat. Ad rem pertinet, qualis ipse aduersarius uel eius
comites optimatesque sint, nosse, utrum temerarii an
cauti, audaces an timidi, scientes artem bellicam uel ex
20 usu an temere pugnantes; quae gentes cum his fortes,

V. L.   1 induat] habeat Π inducat V 2 loca [ipfa] Π
5 pedite $\lambda\delta P$ pediti α peditū Π 5 eligere deuemuſ a. Π

7 aut $\alpha'\Pi$ au λG an defit δP 7 utrinſecuſ $Scriuerius$
8 fine f.] quam ferrum extrinfecuſ λ 8 [uel] maxime λ
11 dilatuſ ΠVP delatuſ α delata λ ptelatuſ D 15 aduerſiſ $\alpha\Pi$
aduerfariiſ δP aduerfariuſ λ 16 et] ut ε 17 pertinet] p.
noffe Π 18 [optimateſ] qui fint δP 18 [noffe] Π 18 an
cauti] aut (aut Q) μP 19 uel ex ufu an temere p. π uel ex uſta-
temere p. (-tim. A_1; in G corr. in uulgatam uel ex ufu temere p.) α
uel non ex ufu [a. t. p.] λ an non ex ufu an t. p. $Stewechius$ an
non uel ex ufu an tem. p. $Oudendorpius$ 20 quae (q. M) genteſ cum h. forteſ quae ign. fint $\alpha'\pi'$ forteſ genteſ an ignauae
(-e Q) fint λ quae g. cum hiſ f. quaeue i. ſ. G q. g. c. h. f. quaeue
ignaue [ſ.] P q. g. c. hiſ, forteſ an ignauae $Oudendorpius$

S. L.   1 anteced$\equiv$at A 3 adcommoda] accommoda Π
4 equitatu] equitato α' equitatū Π 6 impedita $M\Pi$ 7 ha-
bundet $A'\lambda$ 7 fameſ] famiſ α' 13 difperationem ε habire
A 14 compellitur Π francti A 17 qualiſ] qualeſ A_1
17 aduerfariuſ] -oſ α' 19 artem] arteſ artem α'

quae ignauae sint; nostra auxilia cuius fidei quarumque
sint uirium; quos animos illius copiae, quos habeat noster
exercitus; quae pars sibi magis uictoriam repromittat.
Eiusmodi enim cogitationibus uirtus augetur aut frangitur.
Desperantibus autem crescit audacia adhortatione ducis 5
et, si nihil ipse timere uideatur, crescit animus, si ex insidiis uel occasione aliquid fortiter feceris, si hostibus
aduersae res coeperint euenire, si uel infirmiores aut
minus armatos ex inimicis potueris superare. Cauendum
enim est, ne dubitantem formidantemque exercitum ad 10
pugnam publicam aliquando producas. Interest, utrum
tirones an ueteres milites habeas, et utrum ante breue
tempus in expeditionibus fuerint an annis aliquot in pace
durarint. Nam pro tironibus accipiendi sunt qui pugnare
longo tempore desierunt. Sed cum legiones auxilia uel 15
equites ex diuersis aduenerint locis, dux optimus et separatim singulos numeros per tribunos electos, quorum
scitur industria, ad omnia genera exercere debet armorum et post in unum collectos quasi depugnaturos conflictu publico exercebit ipse saepius temptabitque, quid 20

V. L.   2 habeat n. e. *Gπ* debeat n. (ñt *A₁*) e. *α'* debeat n. ex.
fperare *λ*   7 fecerit— (9)potuerit— (11)producat— (12)habeat
Π   7 [fi] hoftibuf *λ*   10 ad publicam pugnam *π*   11 [utrum] *λ*
    12 et] fed *ε*   13 an annif aliquot (-od *V*) i. p. durarint
(durauerint *Π*) *ΠV* an annif aliquof i. p. durarent *α'* a. p annif
(annif *Q*) aliquof i. p. durarent *λ* a. annof aliquof i. p. durarint
(-ent *G*) *GP* an durarint in pace aliquot annif *D*   · 16 optimuf
(obt. *Q*) *O* optimof *Scriuerius Schwebelius*   17 electof *εP* delectof *Π* uel electof *δ*   18 omni genere *δP*   19 depugnatu-
ruf *P fortasse recipiendum*   20 exercebit ipfe faepiuf temptabitque *sine interpunctione Lang* exercebit (-at *M*). Ipfe *etc.* O
exercebit ipfe. Saepiuf *etc. Scriuerius Schwebelius*   20 temptabitque quid *V* temptauit quequid *A* temptauit quae quid *M*
temptabit quequid *Q* temptabtquae quid *L* t. quiquid *G* t. quicquid *DP* t. quid *uulgo*

S. L.   2 uirium] uirtuf *Π*   3 parf fibi] parf ibi *α*   5 audatia *μ*   5 adortatione *μ*   6 animif *Π*   7 occafione] occa-
fioně *M*   8 coeperint] ceperint *Π*   11 puplicam *Π*
12 breue] breuě *Π*   16 aduenerint] aduenerit *M*

artis possint habere, quid uirium, quemadmodum sibi ipsi
consentiant, utrum ad tubarum monita, ad signorum indi-
cia, ad praecepta uel nutum suum diligenter obtemperent.
Si errant in aliquibus, exerceantur atque doceantur, quam-
5 diu possint esse perfecti. Si uero in campi cursione, in sa-
gittando, in iaculando, in ordinanda acie ad plenum fuerint
eruditi, ne sic quidem temere sed occasione capta ad publicam ducendi sunt pugnam; sed ante minoribus proeliis inbuendi.　Dux itaque uigilans sobrius prudens, tamquam
10 de ciuili causa inter partes iudicaturus, adhibito consilio
de suis et aduersarii copiis iudicet.　Et si multis rebus
superior inuenitur, oportunum sibi non differat inire conflictum.　Si uero aduersarium intellegit fortiorem, certamen publicum uitet; nam pauciores numero et inferio-
15 res uiribus superuentus et insidias facientes sub bonis
ducibus reportauerunt saepe uictoriam.

　　　X. Omnes artes omniaque opera cotidiano usu et
iugi exercitatione proficiunt.　Quod si in paruis uerum
est, quanto magis decet in maximis custodiri. Quis autem
20 dubitet artem bellicam rebus omnibus esse potiorem, per
quam libertas retinetur et dignitas, propagantur prouin-

V. L.　1 poffit λ　uirium μδP uirũ Π uerum G uerã A　6 in
ordinanda acie εδ in ordinando aciẽ Π in ordinando (corr. in -a)
acie P　7 ne fic quidem π nec fit quidem A' (in G ad lectionem
codicum μ rasura reuocatum) nec fic quidem μ　8 ducendi εP
deducendi δ iacendi Π　8 fint Π　8 fed] et?　9 Dux itaque u.
f. pr. εΠ dux prudenf erit uig. atque fobriuf V dux erit uigilanf
atque fobr. prudenf D Dux itaque uig. atque fobr. et pr. P
13 fortiorem] potiorem εP　16 reportauerant (-ãnt Q) ε
　　Cap. X.　20 dubitat P　21 reteneatur M　21 et d.]
indignitaf δ　21 propagantur prouinciae conferuatur i. Π propagatur prouintiae conferuantur i. α' propagatur prouinciae
(-tiẹ Q) conferuantur et imp. λ propagatur. prouintiẹ conferuantur. imperium (2 supra l. post i. addidit roboratur) G propu-
gnatur prouintiae conferuatur imperium δ propagatur propu-
gnantur pr. conferuatur i. P

S. L.　1 quemammodum Π　7 temere fed] temeref fed α'
　　7 capta] capita Aμ　8 imbuendi Π　10 adibito Π
13 intellegit] intellegi Π₁ intelleget ε　14 pautioref α
15 fuperuentuf] fuperuentof A'
　　Cap. X.　21 retenetur A₁

ciae, conseruatur imperium? Hanc quondam relictis doc-
trinis omnibus Lacedaemonii et postea consuluere Romani ;
hanc solam hodieque barbari putant esse seruandam;
cetera aut in hac arte consistere omnia aut per hanc ad-
sequi se posse confidunt; haec dimicaturis est necessaria, 5
per quam uitam retineant et uictoriam consequantur.
Dux ergo, cui tantae potestatis insignia tribuuntur, cuius
fidei atque uirtuti possessorum fortunae, tutela urbium,
salus militum, reipublicae creditur gloria, non tantum pro
uniuerso exercitu sed etiam pro singulis contubernalibus 10
debet esse sollicitus.   Si quid enim illis eueniat in bello,
et ipsius culpa et publica uidetur iniuria.   Ergo si tironem uel diu armis desuetum exercitum ducit, singularum
legionum siue auxiliorum necnon etiam uexillationum
uires animos consuetudinem diligenter exploret.   Sciat 15
etiam, si potest fieri, nominatim, quis comes, quis tribunus,
quis domesticus, quis contubernalis quantum possit in bello ;
auctoritatem seueritatemque maximam sumat, omnes cul-
pas militares legibus uindicet, nulli errantium credatur
ignoscere, in diuersis locis, in diuersis occasionibus omnium 20

V. L.   1 [doctr.] λ   2 confuluere] coluere π   4 cetera omnia
a. i. h. a. c. aut π   5 dimicaturif π dimicatorif α' dimicatori-
buf Gλ   8 fidei atque Π₂ in l. er.   fort. tutela Lπ (sed -tune
tutele Π₂ in l. er.) f. tutelę (tutile α') αQ   9 faluf militū faluf
reipublice (sed f. r. in l. er.) Π   9 creditur] treditur A traditur G   9 non ref tantū p uniuerfo (sed tant. p uni in l. er.) Π
   10 pro fingulif Π in l. er.   11 debet exercituf effe follicituf (sed effe follicituf in l. er.) Π   12 culpa et publica uidetur ε c. e. p. uideatur (-atur V) δP culpa publica culpatur Π
12 tyronem uel diu α tyr. uel de Π t. aut diu δP tyrannuf
diu λ   14 [fiue — etiam] λ   14 uexillationef λ   16 poffit;
in bello a. Oudendorpius   18 [feueritatem]que δ   19 credat δP   20 [locif i. d.] Π

S. L.   1 doctrinif] doctrif M   4 hac] ac Π   4 affequi Π
   6 reteneant α   8 poffefforum] -em Π₁   10 contuber-
nialibuf M   12 puplica Π   14 legionum] regionum Π
14 uixillationum A'   18 auctoritatem] auctoritate Π   18 feueritatemque maximam] feueritatemque maximam A feueritatem
quae maxima M

experimenta *praeci*piat. His, ut oportet, curatis, cum. dispersi ad praedandum securi oberrant hostes, tunc pro-
batos equites siue pedites cum tironibus aut inferioribus
mittat, ut ex occasione fusis inimicis et illis peritia et re-
5 liquis crescat audacia.   Ad transitus fluuiorum, ad prae-
cipitia montium, ad siluarum angustias, ad paludum aut
uiarum difficultates superuentus nullo sciente disponat
atque ita iter suum temperet, ut cibum capientes aut dormientes aut uacantes certe, securos inermes discalciatos,
10 destratis equis, nihil suspicantes ipse paratus inuadat,
quatenus in huiusmodi certaminibus sui fiduciam colligant.
Nam qui ante longum tempus aut omnino numquam uide-
runt homines uulnerari uel occidi, cum primum aspexe-
rint, perhorrescunt et pauore confusi de fuga magis quam
15 de conflictu incipiunt cogitare.   Praeterea si excurrant
aduersarii, longo itinere fatigatos adgrediatur et ultimos
uel certe insperatos superueniat.   Eos etiam, qui longe a
suis aut pabuli aut praedae gratia commorantur, subito
occupet cum dilectis.   Illa enim ante temptanda sunt,
20 quae si male cesserint, minus noceant, si bene, pluri-

V. L.   1 praecipiat *uulg.* percipiat (-et *G*) *O cf.* III, 26 c. antea. exper. n. c.   2 fecuri *εΠ* fecuribuf *V* fecurioribuf *D* fecu-
rioref *P*   3 aut] et *λ uulgo*   7 difficultatef f. *GP* difficultate
f. *α'* difficultatem f. *λπ'*   7 n. fc.] nonnullof fcienter *λ*
9 uagantef *Stewechius*   9 difcalciatof *ΠP₂* difcultiof (-ciof *G*)
εδP   10 deftratif *Stewechius Oudendorpius* diftratif *V* inftratif *Π*
diftractif *εDP*   10 equif] equidē *Π*   10 paratuf *π* paratof *α*
inparatof *λ*   11 quatinuf *δ*   11 [in] *P*   13 afpexerint *μGδP*
afpexerint *in l. er. Π* afpexerunt *A*   14 perh.] orrefcunt *L* ☰orre-
fcunt *Q (erasa litt. non fuit* p)   14 fufi de fuga *a* 2 *in l. er. Π*
15 incipiunt] cipiunt *i. l. er. Π*   16 aggred. et ul. *a* 2 *i. l. er. Π*
16 ultimuf *δ*   17 [uel] aut *δP*   17 infperatof *εP* infperato *δ*
inparatof *Π*   17 fuperu.] inueniat *Π*   18 praedae] potuf
Stewechius   19 delectif *a* 2 *in l. er. Π* delectif *δP*

S. L.   2 praedandum] p̄hendandum *A₁*   2 probatof] pro-
batif *A*   7 fuperuentof *α*   9 inhermef *A*   11 fidutiam *μ*
    14 perorrefcunt *α'* perhorrefcant *Π*   15 conflictu] con-
flicto *A₁*   16 aggrediatur *Π*   17 a fuif aut pabuli] a fuif aut
pabulif *Π*

mum prosint. Inter hostes discordiarum serere causas
sapientis est ducis. Nulla enim quamuis minima natio
potest ab aduersariis perdeleri, nisi propriis simultatibus
se ipsa consumpserit. Nam ciuile odium ad inimicorum
perniciem praeceps est, ad utilitatem suae defensionis in- 5
cautum. Unum illud est in hoc opere praedicendum, ut
nemo desperet fieri posse quae facta sunt. Dicat aliquis,
Multi anni sunt, quibus nullus fossa aggere ualloque mansurum circumdat exercitum. Respondebitur, Si fuisset
ista cautela, nihil nocturni aut diurni superuentus hostium 10
nocere potuissent. Persae imitantes Romanos ductis fossis castra constituunt, et, quia harenosa sunt prope omnia,
saccos, quos inanes portauerant, ex puluerulenta, quae
effoditur, terra complent eorumque cumulo aggerem faciunt. Omnes barbari carris suis in orbem conexis ad 15
similitudinem castrorum securas a superuentibus exigunt
noctes. Veremur, ne discere nequeamus quae a nobis
alii didicerunt? Haec ex usu librisque antea seruabantur,
sed omissa diu nemo quaesiuit, quia uigentibus pacis officiis procul aberat necessitas belli. Sed ne inpossibile 20
uideatur reparari disciplinam cuius usus intercidit, docemur exemplis. Apud ueteres ars militaris in obliuionem
saepius uenit, sed prius a libris repetita est, postea du-

V. L.   1 ferere λδP fere α' fcire G differere Π   4 ipfã Π
    8 foffa aggere ualloque αΠP foffa aggere uel uallo λ foffã
agit ualloque δ foffa uel aggere ualloque *uulgo*   12 arenofa
QGP   13 portauerant αΠ portauerunt (-exp. D) δP portant λ
13 quae] quaeque D   17 fecuraf a fuperuentibuf ε fecuri a puen-
tibuf Π fecuraf a fuperuenientibuf δP   17 noctef *lacuna* ne di-
fcere quereremuf Π   18 Haec ex ufu librifque P h. e. u. librifque A' h. e. u. l. quae M h. ufu librifque δ h. ex librif que Π h.
ex librif difcenda (dic. L) quae λ *uulgo*   19 uegentibuf α'Π
19 officiif pacif ΠP   21 reparari] rep. poffe Π   21 docemur ε
doceamur ΠP doceamuf δ   23 [uenit] Π   23 ducum] aũ Π

S. L.   3 perdeleri] -e μ   4 ipfa] ipfe α   5 defenfionif]
defcenfionif Π   9 exercitum] exercitu Π   14 conplent λ
14 aggerem] aggere Π   15 carrif] carif ε   15 orbem] urbem α   20 procul haberat A procurauerat Π   20 impoffibile Π   21 ufuf] ufu α'   21 intercidit] intercidet α' inter
lacuna decidit Π

cum auctoritate firmata. Scipio Africanus sub aliis impe-
ratoribus Hispanienses exercitus frequenter uictos accepit;
hos, disciplinae regula custodita, omni opere fossisque
faciendis ita diligenter exercuit, ut diceret fodientes luto
5 inquinari debere qui madere hostium sanguine noluis-
sent.   Cum ipsis denique Numantinos capta ciuitate sic
concremauit, ut nullus euaderet.   Metellus in Africa Al-
bino imperante subiugatum accepit exercitum, quem ita
emendauit ueteribus institutis, ut postea eos, a quibus sub
10 iugum missi fuerant, superarent.   Cimbri Caepionis et
Mallii legiones intra Gallias debellarunt; quarum reli-
quias cum Gaius Marius suscepisset, ita erudiuit scientia
et arte pugnandi, ut innumerabilem multitudinem non
solum Cimbrorum sed etiam Teutonum et Ambronum
15 publico Marte deleret.   Facilius autem est ad uirtutem
nouos inbuere quam reuocare perterritos.

   XI. Praemissis leuioribus artibus belli, ad publici
conflictus incertum et ad fatalem diem nationibus ac po-
pulis ratio disciplinae militaris inuitat.   Nam in euentu
20 aperti Martis uictoriae plenitudo consistit. Hoc ergo tem-

---

V. L.   2 hifpanienfif εP   5 uoluiffent Π   6 ipfif] ipfof λ ipfif
corr. in ipfof Π   10 Cimbri coepionif (-ef D) δ Cimbri fce-
pionif P Cimbri (cymbri M) fcipionif ΠM cymbriif fcipionif Q
cymbriif fcipionif L cymbri fpicionif A'M₂   11 mallii μΠ mal-
lei A' manlii δ manili P   11 inter μ   11 debellarunt Korttianus 2 Par. 6503 (in quo el in l. er.) delebarunt α' deleuerunt π
deluuerunt G deleti (-e 2) funt Q deleu≡≡≡≡ L   14 ambronum ε umbonū Π umbrorū δP   16 inbuere ε inftruere δP ex-
hibere Π
   Cap. XI.   17 praem.] omiffif Π   19 Nam] cū Π
20 uictoriae] atque lacuna uict. Π   20 hoc ergo tempuf eft π
h. e. t. [e.] α hoc ergo tempore λ

S. L.   1 auctoritate] auctoritatem M   2 accepit] accipit Π
   3 difciplinae regula] difcipline regule (-ę G) A'   5 qui
madere] quē adere α'   7 concremauit] concremabit α'
7 affrica M   8 inperantef fubiugatum A'   9 emendauit]
emendabit A'   10 fuperarent] fuperare Π   12 erudiuit]
audiuit Π   13 inmumerabilem M₁   16 nouof] nobof A₁
(bonof A₂)
   Cap. XI.   19 euentu] euentum M   20 martif] marti
martif α

pus est, quo tanto magis duces debent esse solliciti, quanto
maior speratur diligentibus gloria et maius periculum
comitatur ignauos, in quo momento peritiae usus, pugnandi doctrina consiliumque dominatur.   Veteribus saeculis mos fuit parco cibo curatos milites ad certamen 5
educere, ut audaciores sumptus escae redderet et longiore
conflictu non fatigarentur inedia.   Praeterea obseruandum est praesentibus hostibus, siue ex castris siue ex ciuitate producas ad proelium, ne, dum per angusta portarum
particulatim procedit exercitus, a collectis et paratis de- 10
bilitetur inimicis.   Ideoque prouidendum est, ut ante
omnes milites egrediantur portas et aciem construant,
quam hostis adueniat.   Quod si intra ciuitatem manenti-
bus paratus aduenerit, aut differatur egressus aut certe
dissimuletur, ut, cum aduersarii insultare coeperint his, 15
quos non putant exituros, cum ad praedam aut redeundum conuerterint animum, cum ordines soluerint, tunc
illis stupentibus lectissimi quique prorumpant et conferti
adgrediantur ignaros.   Obseruatur autem, ne longo spatio
fatigatum militem neue lassos post cursum equos ad publi- 20
cum proelium cogas; multum uirium labore itineris pu-

V. L.   1 quo tanto $A\mu P$ quā quo Π quanto $G\delta$ 1 [quanto] Π
2 maiuſ] magiſ $\mu\delta P$ 3 comitatur] confurgat in Π
4 [faeculiſ] P 6 fumptufa efcę Q fumptuſ efcę *(sed e priu*s
a 2, ę *posterius cum sequentibus duobus litteris* re *a* 2 *in l. er.) L*
fumpta efca π fumptu efcę A fumptu aefce M fumptu $\equiv$ æfcę$_2$ G
uide ne scribendum sit fumptu efcae redderen*tur* Π 13 quam]
antequam λ [fi] α' 14 paratuſ $\mu\pi G$ paratiſ (a 2 ſ *eras.*) A
imparatiſque *Korttianus* 2 *Stewechius*   15 infultare] $\Pi P\lambda$ in-
fulari α' infula fe G exultare δ 16 aut ad redeundum π'
17 cum ord.] et o. λ 18 lectiffimi] doctiffimi Π 20 neue
laffoſ δ ne uel laffoſ εP neue lapfoſ Π

S. L.   2 fperatur] fperator A_1 3 ignauoſ] ignab; A ignab,
M (ignauibuſ λ)   3 periciae μ 5 ciuo Π 6 educere]
educeret Π 6 audacioreſ] aut acioreſ Π 7 inaedia (inę-
dia A inędiae Q) ε 10 deuilitetur Π 13 hoftiſ] hofteſ α'
13 intra] intro Π 14 differatur] differat A 15 coepe-
rint] cęperint Π 16 exituroſ] exigituroſ Π 18 lectiffi-
miſ A 19 adgrediantur] adgreditur M aggrediantur Π
21 pugnaturuſ] -oſ A_1

gnaturus amittit. Quid faciet, qui ad aciem marcidus
aduentat? Hos et ueteres declinarunt et superiore uel
nostra aetate, cum Romani duces per inperitiam non cauissent, ne quid amplius dicam, exercitus didicerunt.
5 Inpar enim condicio est, lassum cum requieto, sudantem
cum alacri, currentem cum eo, qui·steterit, subire conflictum. XII. Ipsa die, qua certaturi sunt milites, quid
sentiant, diligenter explora. Nam fiducia uel formido ex
uultu uerbis incessu motibus cernitur. Ne confidas satis,
10 si tiro proelium cupit; inexpertis enim dulcis est pugna.
Et noueris te oportere differre, si exercitati bellatores
metuunt dimicare. Monitis tamen adhortatione et ducis
exercitui uirtus adcrescit et animus, praecipue si futuri
certaminis talem acceperint rationem, quasi ┼se facile ad
15 uictoriam peruenturi. Tunc inimicorum ignauia uel error
ostendendus est, uel, si ante a nobis superati sunt, commemorandum. Dicenda etiam quibus militum mentes in
odium aduersariorum ira et indignatione moueantur. Ani-

V. L.   1 marciduſ *Giss.* marię eiuſ *A* mariæ eiuſ *MG* anhe-
luſ *π* incautuſ *λ*   2 hoſ *α* hoſ euentuſ *λ* haec *π* hoc *uulgo*
2 ſuperioreſ *Π*   4 exercituſ *μπ* ipſi ex. *λ* exerciiſ *G*   4 didicerunt *ε* perdiderunt *π* perdere didicerunt *Oudendorpius* .
6 cum] curſuque *Π*   Cap. XII.   8 explora] conuenit explorare *δ*
9 motibuſq. *λ*   9 nec *MLΠ*   10 inexperto *δP*   11 excitati *P₁*
     12 adortatione *λ* adhortatioñe *A'Π* hortatione *δP* adora-
tionem *M* oratione *uulgo*   14 taliſ *A'*   14 quaſi ſe facile —
peruenturi *μG Paris.* 6503 quaſi (ſi *in l. er.*) *exigua lacuna* facile — peruenturi≡ (ſ *supra lineam a* 2 *additum et erasum, item
a* 2 i *in l. er. renouatum) A* qua (quã *Π*) ſperent (ſperant *Π*) ſe
[facile] — peruenturoſ *π*; *quae lectio quin interpolata sit, du-*
bium non est. quaſi ſint facile — peruenturi *Stewechius uulgo*
quaſi facile — peruenturi *suspicor.*   15 error tenenduſ eſt *Π*
     17 quibuſ] om̃ib; *Π*   18 [et] *Π*   18 animiſ paene]
paene animiſ *Π*

S. L.   3 duceſ] -iſ *A₁*   non cauiſſent] nuncabiſſent *μ* non
cabiſſent *A₁* non cadiſſent *Π*   5 impar *Π*   Cap. XII.   8 fidutia *A'*   9 inceſſu] incenſu *M*   13 accreſcit *Π*   animuſ]
animoſ *α'*   14 acceperint] acciperent *M* acciperint *A'λ*
15 ignabia *A₁*   18 ira et indignatione] iram [et] indigna-
tionem *Π*

mis paene omnium hominum hoc naturaliter euenit, ut
trepident, cum ad conflictum hostium uenerint. Sine dubio autem infirmiores sunt quorum mentes ipse confundit
aspectus, sed hoc remedio formido lenitur, si, antequam
dimices, frequenter exercitum tuum locis tutioribus ordi- 5
nes, unde et uidere hostem et agnoscere consuescant.
Interdum audeant aliquid ex occasione, aut fugent aut interimant inimicos; mores aduersariorum, arma, equos
recognoscant. Nam quae ex usu sunt non timentur.
XIII. Bonum ducem conuenit nosse magnam partem ui- 10
ctoriae, ipsum locum, in quo dimicandum est, possidere.
Elabora ergo, ut conserturus manum primum auxilium
captes ex loco, qui tanto utilior iudicatur, quanto superior
fuerit occupatus. In subiectos enim uehementius tela
descendunt, et maiore impetu obnitentes pars altior pellit. 15
Qui aduerso nititur cliuo, duplex subit cum loco et hoste
certamen. Sed illa distantia est, quod, si de pedibus tuis
uictoriam speras contra equites hostium, loca aspera in-
aequalia montuosa debes eligere; si uero de equitibus
tuis contra aduersarii pedites uictoriam quaeris, sequi 20
debes paulo quidem editiora loca, sed plana atque paten-
tia, neque siluis neque paludibus impedita. XIIII. Ordi-
naturus aciem tria debet ante prospicere, solem puluerem
uentum. Nam sol ante faciem eripit uisum, uentus con-

V. L.   2 ad conflictum *ΠDPλG* a̶d ad flictum *M* ad flictū *AV*
2 [hoſtium] *uulgo; post* afpectuſ *eam uocem melius inseri existimes*

    3 infirmioreſ *π* firmioreſ *α* formidilioreſ *Q* formidoloreſ (*alte-
rum et tertium* o *in l. er. a* 2; *item* ſi *a* 2) *L*   7 aut fugent *δP*
aut fugient *Π* aut fugiant *α* ut fugiant *L* ut fugiant *Q*   8 ini-
micorū *εP*   Cᴀᴘ. XIII.   13 capteſ *δP* captiſ *Π* capiaſ *ε*
15 obnitenteſ] optinenteſ *Π* ob≡nitenteſ *V*   18 [afpera] in-
aequalibuſ *Π*

S. L.   3 confundit] confundet *α'*   5 dimiceſ] dimiciſ *α'*
7 occanſione *A₁* (hoccaſione *G*) occaſionem *Π*   9 uſu] uſo *α*
    Cᴀᴘ. XIII.   11 poſſedere *A₁*   14 ſubiectoſ] ſubiectuſ *A₁*
15 diſcendunt *α'*   16 cliuo] clibo *A* clybo *M*   16 dupex *M*
19 equitibuſ] equitatibuſ (aequitatibuſ *M*) *ε*   20 quaeriſ]
queperiſ *A₁*   21 ediciora *M*   21 patentiam *A'*   22 inpedita *Gλ*   Cᴀᴘ. XIIII.   23 trea *A*

trarius tua inflectit ac deprimit, hostium adiuuat tela,
puluis a fronte congestus oculos implet et claudit. Haec
momento eo', quando acies ordinantur, etiam inperiti uitare
solent, sed duci prouido cauendum est in futurum, ne post
5 paululum accedente die noceant solis mutata conuersio,
ne uentus aduersus hora solita eo pugnante nascatur. Ita
ergo constituantur ordines, ut haec post occipitium nostrum sint et, si potest fieri, aduersariorum impetant
faciem. Acies dicitur exercitus instructi frons, quae ad-
10 uersum hostem spectat. Haec in pugna publica, si sapienter disponitur, plurimum iuuat, si inperite, quamuis
optimi bellatores sint, mala ordinatione franguntur. Instructionis lex est, ut in primo exercitati et ueteres milites
conlocentur, quos antea principes uocabant. In secundo
15 ordine circumdati catafractis, sagittarii et optimi milites
cum spiculis uel lanceis ordinentur, quos prius hastatos
uocabant. Singuli autem armati in directum ternos pedes
inter se occupare consueuerunt, hoc est in mille passibus
mille sescenti sexaginta sex pedites ordinantur in longum,
20 ut nec acies interluceat et spatium sit arma tractandi.

V. L.   Cap. XIIII.   2 cludit Π 3 momento eo] omnia λ
3 quando λ quod α' quo $G\pi$ 6 ne $G\pi$ ñ A non M [n.] λ
7 conftituunt ε 7 noftrorum Π 9 Acief dicitur εP accen-
ditur Π acief dirigunt (dirigant D) δ 9 inftructuf εP uulgo
9 quae] quaeque δ 9 aduerfuf λP 10 expectat $G_1\pi$
11 iuuat $\mu\delta$ iubat A uibuat G uuiat P innuat Π 11 inperite]
inpedite α 12 inftructionef] inftitutionif Π 13 in primo
$\alpha\pi$' [in] primo Q primi L in primo ordine B 14 [con]locen-
tur Π 18 confuerunt $\mu\delta P$ 18 In Π in mille paffibuf mille
erasa sunt, in quorum loco substituta leguntur ab antiqua manu 'in
quattuor milia nungéntof nonaginta octo pedef' (inde a gentof
in interiore margine) adscriptumque est 'mille' sequenti uersui in
margine exteriore   18 paffibuf] paffuf $VPpD$ 19 fefcenti A'
fefcenti M fexcenti $\lambda P\Pi$ fexcentif δ 20 ut] ita ut Π 20 ne
acief P

S. L.   1 adiubat A'   2 claudit] claudet α'   3 inperiti μ
imperiti A'Π 5 noceat] nocte μ 6 hora] ora M 8 impe-
tant] imperant A_1 11 imperite Π 16 aftatof Π 19 in lon-
gum] in locum ε 20 fpacium M arma tractandi] armata
tractandi M

Inter ordinem autem et ordinem a tergo in latum sex pedes distare uoluerunt, ut haberent pugnantes spatium
accedendi atque recedendi; uehementius enim cum saltu
cursuque tela mittuntur. In his duobus ordinibus et aetate maturi et usu confidentes et muniti etiam grauioribus 5
armis conlocantur. Hi enim ad uicem muri nec cedere
nec sequi aliquando cogendi sunt, ne ordines turbent, sed
uenientes aduersarios excipere et stando pugnandoque
repellere uel fugare. Tertius ordo disponitur de arma-
turis uelocissimis, de sagittariis iuuenibus, de bonis iacu- 10
latoribus, quos antea ferentarios nominabant. Quartus
item ordo construitur de scutatis expeditissimis, de sagittariis iunioribus, de his, qui alacriter uerutis uel mattiobarbulis, quas plumbatas nominant, dimicant, qui dice-
bantur leuis armatura. Sciendum ergo [est stantibus 15
duobus primis ordinibus tertium et quartum ordinem ad
prouocandum cum missilibus et sagittis primo loco semper exire. Qui si hostes in fugam uertere potuerint, ipsi
cum equitibus persecuntur. Sin uero ab hostibus pulsi
fuerint, redeunt ad primam ac secundam aciem et inter 20
ipsos recipiunt se ad loca sua. Prima autem et secunda
acies, cum ad spathas et ad pila, ut dicitur, uentum fuerit,
totum sustinet bellum. In quinta acie ponebantur interdum carroballistae et manuballistarii fundibulatores fun-

---

V. L. 4 incurfuque π 6 cedere] accedere Π 8 et
pugnando[que] Π 9 fugare Gπ fugere α' fugere cogant λ
13 uerrutif ΠVP uerratif A' uertatif M fe agunt λ uel fumptif
D 13 mattiobarbulif G matiobarbolif μ matzobarbulif Π martiob. AδP 14 quae dicebatur μ 17 miffibilibuf λδ 21 ipfaf
uulgo 22 [cum] ad Π 22 ad fpataf π ad hifpelthaf α' ad
hifpeltaf G ad hifbelthaf λ 22 ad pila VP ad pilam ΠD ad
pelam ε 22 [fuerit totum] Π 23 in quinta Π in quarta εδP
23 ponebatur — corroballifta ε 23 interdum] interim Π
24 carroballiftae π 24 [et] π 24 manuballift. π 24 fundibu-
latoref O fuftibulatoref *Schwebelius* fuftibalatoref *non* fuftibulatoref *in lexicis inuenias*]

---

8. L. 3 accedendi] accidendi A₁ 6 collocantur Π 6 hii A
10 uellociffimif A₁ 12 item] idem ε 17 cum miffilibuf]
commiffilibuf α 18 fugam] fuga α' 19 ab] ad α'

ditores. Fundibulatores sunt qui fustibalis lapides iaciunt.
Fustibalus fustis est longus pedibus quattuor, cui per medium ligatur funda de corio, et utraque manu inpulsus
prope ad instar onagri dirigit saxa.   Funditores sunt qui
5 fundis lino uel saetis factis — has enim dicunt esse meliores
— contorto circa caput brachio dirigunt saxa. Quibus scuta
deerant, siue lapidibus manu iactis siue missibilibus in hoc
ordine dimicabant, quos accensos tamquam iuniores et postea additos nominabant. Sextus ordo post omnes a firmissi-
10 mis et scutatis et omni genere armorum munitis bellatoribus
tenebatur; quos antiqui triarios appellabant. Hi, ut requieti
et integri acrius inuaderent hostes, post ultimas acies se-
dere consueuerant.   Si quid enim primis ordinibus acci-
disset, de horum uiribus reparationis spes tota pendebat.
15   XV. Explanato, qualiter debeant acies instrui, nunc
podismum mensuramque ipsius ordinationis exponam. In
mille passibus campi una acies mille sescentos sexaginta
sex suscipiet pedites, propterea quia singuli pugnatores

V. L.   1 fundibulatoresſO fuſtibalitoresſ *A₂* fuſtibulatoresſ *Schwe-*
belius   1 [funt] ε   2 fuſtibaluſ fuſtiſ *uulgo* [f.] fuſtiſ *O*   2 pedum δ*P*   2 per medium *GλP* pro medium *corr. in* per med. *A*
Par. 6503 pro med. *M* premedio *Π* ppe medium δ   4 prope]
quaſi δ*P*   7 ſcuta deerant] cuncti *L* concti *Q*   7 [manu] *P*
   7 miſſilibuſ *P*   7 dimica[bant — nomina]bant ε   8 acceſ-
ſoſ δ*P*   9 ad firmiſſimiſ α   10 et] in δ   10 [et ſcut. — armo-
rum] *M₁ sed in margine a* 1 *suppletum.*   11 ut requieti] uti quieti
Π   14 de horum] deorum λ₁ de eorum δ*P*   14 penderet *Π*
   Cᴀᴘ. XV.   15 [debeant] *Π*   16 *In Π erasa sunt quae lege-*
♭antur inter exponam *et* acieſ mille *nec tanta erant quanta in*
edit.; antiqua manus adscripsit. Nam in mille nungentoſ nonaginta octo pedeſ (*inde ab* agin *in margine interiore*)*; idem emen-*
dator in sequenti uersu in mille paſſibuſ *erasit substituitque*
IIIIDCCC CXCVIII pedibuſ   16 ordiniſ δ   17 ſexcentoſ *Gλπ*
   18 ſuſcipiet *Aπ'* ſuſcipit *MGLP* ſuſcipet *corr. in* ſuſcipit *Q*
   18 quia] quaſi *Π*

S. L.   3 ligatur] legatur α'   3 corio] corium α'   3 im-
pulſuſ *Π*   4 honagri *A'*   dirigit] diriget α'   5 ſaetiſ] ſe-
tiſ *M*   6 contorto] cum torto *A'* (*P*)   11 hii *A*   13 ſi]
ſe *M*   14 accediſſet α'
   Cᴀᴘ. XV.   17 campi] capi *A₁*

ternos occupant pedes. Quod si sex acies in mille passibus campi uolueris ordinare, nouem milia nongenti nonaginta sex pedites sunt necessarii. Si autem in terno hunc
numerum uolueris tendere, duo milia passuum conprehendit. Sed melius est plures acies facere quam militem 5
spargere. Senos pedes a tergo inter singulas acies in
latum diximus interpatere debere, et ipsi bellatores stantes singulos obtinent pedes. Ideoque si sex acies ordinaueris, quadraginta duo pedes in latum et mille passus
in longum decem milium hominum tenebit exercitus. Ad 10
hanc rationem, siue uiginti milia siue triginta milia peditum fuerint, iuxta mensurae podismum sine aliqua difficultate poterunt ordinari, nec dux fallitur, cum sciat, qui locus
quantos capere possit armatos. Dicunt, si angustior locus
sit uel multitudo sufficiat, etiam in deno uel amplius acies 15
ordinari. Magis enim expedit, ut conferti pugnent, quam
longius separati. Nam si nimium fuerit acies tenuata,

V. L.   2 nongentof (nung. α') εP   3 in terno] in ternof
ordinef δP   4 duo m. — comprehendit] $\overline{\text{IIIDCCCCXCVI}}$ paffuũ
et IIII pedef cõphen^{di} Π₂ *(u. supra) i. l. er.*   4 cõprehendef (*in
V corr. ex* -enf) δP *uulgo*   6 fpargere λ expargere α fpandere Π
expandere δP   6 fenof] igitur fenof λ   6 in latum δP in lato ε
illato Π   7 intepatere *M* iterpatere λ   7 [ftantef] δ   8 fingulof Π^{ternof 2}
    9 duof G   9 mille paffuf δP mille [p.] ε $\overline{\text{XXX}}$ *(in l. er. a* 2*)* [p.] Π
    10 decem] et decem δP   exercituf] *in* ΠV (*ceteri mei non
agnoscunt) et recentioribus quibusdam codicibus (e. g. Gissensi uel
Parisino* 7232 (XIV *faec.)), uulgo comma, quod iam Stewechius recte
eiecit,* fubiungitur hoc. 'Si autem ([a.] *Giss.*) in ternof (in terno
ΠV) ordinare ([o.] ΠV *Giss.*) uoluerif (uol. aciem tenuare Π),
XXI pedef in latum et duo (XXX Π₂ *in l. er.*) milia paffuum
([p.] Π; paffuf V *Giss.*) in longum decem (et decem V) milium
tenebit (-at V -if *Giss.*) exercituf'.   12 difficultate π dubitatione difficultatif (*ex* -ef *corr.* P) εP   13 poterunt π potuerunt α'
potuerunt *corr. in* potuerint λ potuerint GΠ₂   13 cum] dum Π
    14 dicunt] denique δP   15 etiam in deno uel Π etiam inde
nouem uel (aut δP) εδP   16 ordinare P debef ordinare δ
16 conferti δP   16 quam] quando *A* quam de *M*   17 feparari π'

S. L.   8 optinent *A*'   11 treginta *A₁*   14 armatof dicunt.
Si *AΠ* (armatof; dicunt Si *G*).

7*

cito ab aduersariis facta inpressione perrumpitur et nullum postea potest esse remedium.   Qui autem numeri in
dextro cornu, qui in sinistro, qui in medio debeant ordinari, uel iuxta dignitates eorum seruatur ex more, uel
5 certe pro qualitate hostium commutatur.

     XVI. Constructa acie peditum equites ponuntur in
cornibus, ita ut loricati omnes et contati iuncti sint peditibus, sagittarii autem uel qui loricas non habent longius euagentur.   A fortioribus namque equitibus peditum
10 protegenda sunt latera et a uelocioribus atque expeditis
hostium cornua superfundenda atque turbanda.   Scire
dux debet, contra quos drungos, hoc est globos hostium,
quos equites oporteat poni.   Nam nescio qua occulta
ratione, immo paene diuina, alii contra alios dimicant
15 melius, et qui fortiores uicerant ab inferioribus saepe uincuntur.   Quod si equites inpares fuerint, more ueterum
uelocissimi cum scutis leuibus pedites ad hoc ipsum exercitati isdem miscendi sunt, quos uelites nominabant.
Quo facto quamuis fortissimi equites hostium euenerint,
20 tamen aduersum mixtum agmen pares esse non possunt.
Unum hoc remedium omnes duces ueteres inuenerunt,
ut adsuefacerent iuuenes currentes egregie et inter binos
equites singulos ex bis pedites conlocarent cum leuioribus scutis gladiis atque missibilibus.   XVII. Sed optima

---

V. L.   1 facta] acta λ   rumpitur λ   2 poteſt] potenſ Π
     4 feruatur Π feruantur εδP   5 commutantur GλδP
     Cap. XVI.   10 atque expeditiſ] aeque peditibuſ δ
11 turbanda funt. Scire λ   13 quoſ equiteſ] q. fequenteſ μ
17 peditā Π   18 ueliteſ π' explecitoſ u. M explicitoſ u. GλP
expletitoſ u. A expeditoſ u. A₂ uulgo Frontin. Strat. II, 3, 16 expeditoſ pediteſ uetereſ Scriuerius   19 euenerint] fuerint π
20 aduerſuſ δP   22 adſuefacerent P aſſuefacerent π' ad-
ſuaſcere faterent A adſueſcere faterent G adſueſcere facerent μ
     22 binoſ] bonoſ δ   23 miſſilibuſ μΠP

S. L.   1 ab aduerfariiſ] alo aduerfariiſ M ala(?) a. A₁ (eras.)
     1 impreffione Π   1 perrompitur A₁
     Cap. XVI.   7 ſint] ſ̃ A₁   10 uelotioribuſ (uelatioribuſ
M) μ   11 cornua] corna α' cornu λ   16 impareſ Π   18 ifdem]
hifdem O   23 collocarent Π

ratio est et ad uictoriam plurimum confert, ut lectissimos
de peditibus equitibus cum uicariis comitibus tribunisque
uacantibus habeat dux post aciem praeparatos, alios circa
cornua alios circa medium, ut, sicubi hostis uehementer
insistit, ne rumpatur acies, prouolent subito et subpleant 5
loca additaque uirtute inimicorum audaciam frangant. Hoc
primi Lacones inuenerunt, imitati sunt Karthaginienses,
Romani postea ubique seruarunt. Hac dispositione nulla
melior inuenitur. Nam directa acies hoc solum agere
debet et potest, ut hostem repellat aut fundat. Si cuneus 10
sit agendus aut forfex, superfluos habere debebis post
aciem, de quibus cuneum aut forficem facias. Si ducenda
sit serra, item ex abundantibus ducitur; nam si de loco
suo ordinatum militem transferre coeperis, uniuersa turbabis. Si globus hostium separatus aut alam tuam aut 15
partem aliquam urguere coeperit, nisi superfluos habeas,
quos contra globum possis obponere, siue pedites siue equites de acie tuleris, dum alia uis defendere, alia periculosius denudabis. Quod si bellatorum tibi copia non ab-
undat, melius est aciem habere breuiorem, dummodo in 20
subsidiis conloces plurimos. Nam circa medias partes
campi ex peditibus bene armatis debes habere lectissi-

V. L.   CAP. XVII.   2 peditibuſ equitibuſ *Gμ Par.* 6503 peditibuſ [et equitibuſ] *δ* peditibuſ equitū *A* peditibuſ et equitibuſ *P*   3 praep.] in ſubſidiiſ pr. *P uulgo*   4 uehementer
επ' ueementiuſ *P* uehementiuſ *uulgo*   7 imitati] quoſ i. *λ*
7 karthaginienſeſ *M* kartaginienſeſ *Π* carthaginienſeſ *P* car-
taginienſeſ *A'λ* carthaginenſiſ *V* cartaginenſiſ *D*   11 debebiſ
απ' debebunt *λ* debetiſ *P*   10 cuneum uel forf. *π* cuneo (cum
eo *M*) forficem *α* cuneū forf. (ſed ū *in l. er. a* 2, qui *idem in
margine* aut *addit) L* cuneū ficē (*sed* cuneū *in l. er. a* 2, *qui idem
in margine* et for *addit) Q*   12 ſi *π* [ſ.] *α* aut *λ*   14 turba-
bitur *Q* turbabtur *L*   15 tuam] ſuam *μ*   17 ſiue equiteſ
ſiue pediteſ *π*   19 denudariſ *α'*   21 circa] contra *εP*

S. L.   CAP. XVII.   2 uigariiſ *α'* .   5 ſubplant (ſupplant *M*)
α' ſuppleant *Π*   6 audaciam] audacia *Π*   8 hac] ac *α'*
10 fundat] fundam *M*   11 forfex] forfix *εδP* forfice *Π*
14 habundantibuſ *A'λ*   16 ſuperfluoſ] ſuperfluiſ *Π*   17 oppo-
nere *μΠ*   19 habundat (-et *L*) *ε*   21 colloceſ *Π*   me-
diaſ] media *Π*

mos, de quibus cuneum facias et statim aciem hostium
rumpas; circa cornua autem de contatis loricatisque equitibus ad hoc reseruatis et leui armatura peditum alas
hostium circumuenire te conuenit.

5   XVIII. Dux, qui praecipuam sustinet potestatem,
inter equites et pedites in parte dextra stare consueuit.
Hic enim locus est, in quo tota acies gubernatur, ex quo
rectus est liberque procursus. Ideo autem inter utrosque
consistit, ut et consilio regere et auctoritate tam equites
10 quam pedites ad pugnam possit hortari. Hic de equitibus supernumerariis mixtis peditibus expeditis aduersariorum sinistrum cornum, qui contra ipsum stat, circumire debet et a tergo semper urguere. Secundus dux in
media acie ponitur peditum, qui eam sustentet et firmet.
15 Hic fortissimos pedites et bene armatos de illis superfluis
secum habere debet, ex quibus aut ipse cuneum faciat
et hostium aciem rumpat aut, si aduersarii cuneum fece-
rint, ipse forficem faciat, ut cuneo illi possit occurrere.
In sinistra parte exercitus tertius esse dux debet, satis
20 bellicosus et prouidus, quia sinistra pars difficilior est et
uelut manca in acie consistit. Hic circa se bonos equites
supernumerarios et uelocissimos pedites habere debet, de
quibus sinistrum cornum semper extendat, ne circumueniatur ab hostibus. Clamor autem, quem barritum uo-
25 cant, prius non debet adtolli, quam acies utraque se iunxerit. Inperitorum enim uel ignauorum est uociferari de
longe, cum hostes magis terreantur, si cum telorum ictu

V. L.   2 cornu δP

CAP. XVIII.   6 dextera $\mu \delta P$ 7 [tota — quo] Π 8 [eft] π'
8 liberque] et liber δ 8 utrofque π ntroque α utrumque λ
11 mixti peditibuf expediti funt λ 12 cornum qui A cornu
qui $Gu\Pi$ cornu quod δP 13 urguere ε urgere π' perurgere P
14 fuftineat δP 16 [ex quibuf a]ut δP 16 faciat cuneum Π 17 aciem hoftium π 18 ut Π et $\varepsilon\delta P$ 18 cuneo
$A'\lambda\Pi VP$ cumeo M cumeo D 21 hic] ideo λ 23 cornum M
cornũ A' cornu $\lambda\pi$

CAP. XVIII.   5 praecipuam] precipua Π 25 attolli
$GM\Pi$ 26 inperitorum] inperitorium A imperitorum Π
27 hoftif corr. in hoftef (a 1?) A

clamoris horror accesserit. Semper autem studere debes,
ut prior instruas aciem, quia ex arbitrio tuo potes facere
quod tibi utile iudicas, cum nullus obsistit; deinde et *uis
auges confidentiam et aduersariis fiduciam minuis, quia
fortiores uidentur qui prouocare non dubitant.   Inimici 5
autem incipiunt formidare, qui uident contra se acies ordinari.   Huic additur maximum commodum, quia tu in-
structus paratusque ordinantem et trepidum aduersarium
praeoccupas.   Pars enim uictoriae est inimicum turbare, |
antequam dimices.   XVIIII. [Exceptis superuentibus uel 10
incursionibus repentinis ex occasione, quam numquam
dux exercitatus amittit.]   Nam in itineribus iam fatigatis,
in fluminum transgressione diuisis, in paludibus occupatis,
in iugis montium laborantibus, in campis sparsis atque securis, in mansione dormientibus oportunum proelium sem- 15
per infertur; cum aliis negotiis occupatus hostis prius interimatur, quam praeparare se possit.   Quod si cauti sunt
aduersarii et insidiarum nulla sit copia, tunc aduersum
praesentes scientes uidentes aequa condicione pugnatur.
Tamen ars belli non minus in hoc aperto conflictu quam 20
in occultis fraudibus adiuuat eruditos. Cauendum uel maxime, ne ab ala cornuque sinistro, quod saepius euenit,

---

V. L.   2 quia] qui *G*   6 ordinare *ε*   7 huic *εD* hunc *Π*
hinc *VP*   Cap. XVIIII.   10 *Primum huius capitis comma, quod
cum Stewechio et Scriuerio uncis inclusimus, ad rubricam pertinet
atque ita recte comparet in ε, contra in π uerborum contextui ab-
surde insertum est*   12 Nam] iam *Schwebelius quod sequitur iam
omisso ex codice, quem dicit Guelpherbyt. B*   12 [in] *δP*
14 exparfif *ε*   15 *Ab* oportun. pr. *quod incipit folium 41 cod. G
eum in modum abscissum est, ut supra quarta infra uix sexta cuiusque uersus pars restet*   16 occupatuf hoftif *δP* occupatur
hoftef *ε* occupantur hoftef *Π*   16 interimatur *δ* interimantur *Π*
interminantur *ε* intimatur *P*   17 fint *Π*   17 poffit *δP* poffint *Π* poffent *ε*   18 aduerfuf *π*   21 [uel] *δP*

S. L.   1 orror *A₁*   1 debef] debif *A'*   2 inftruaf] in-
ftruanf *M*   4 aduerfariiif *M*   10 demicif *A'* dimicif *M*
Cap. XVIIII.   11 quam] qua *α*   12 amittit] Admittit *ε*
13 paludibuf] padulibuf *ε*   19 condicione] conditione *α* (*G =
Par. 7230 A*)   21 adiubat *A₁*   22 ab ala] a uela *Π*

aut certe dextro, quod licet raro contingit, circumuenian-
tur tui a multitudine hostium aut a uagantibus globis,
quos dicunt drungos. Quod si acciderit, unum remedium
est, ut alam cornuque replices et rotundes, quatenus con-
5 uersi tui sociorum terga defendant. Sed in angulo ipsius
extremitatis fortissimi conlocentur, quia ibi impetus amplior fieri consueuit. Item aduersum cuneum hostium
certis resistitur modis. Cuneus dicitur multitudo peditum,
quae iuncta cum acie primo angustior deinde latior pro-
10 cedit et aduersariorum ordines rumpit, quia a pluribus
in unum locum tela mittuntur. Quam rem milites nominant caput porcinum. Contra quod ordinatio ponitur,
quam forficem uocant. Nam ex lectissimis militibus in
V litteram ordo conponitur et illum cuneum excipit atque
15 ex utraque parte concludit, quo facto aciem non potest
rumpere. Item serra dicitur quae ab strenuis directa ante
frontem obponitur hostibus, ut turbata acies reparetur.
Globus autem dicitur qui a sua acie separatus uago super-

V. L. 1 raro] tarde Π 1 contingit Πλ continget α contingat P
contigit δ   2 aut a uagantibuſ globiſ δP aut ab hortantibuſ
gl. Π a uagantibuſ (uac. μ) aut globiſ ε   3 drungoſ εP dron-
goſ Π druncoſ δ   4 cornumque M cornŭquę A cornuque λπ
4 rotundeſ] rotundiſ Aμ retundaſ *ex Parisino* 7230 A, *quocum

artissime cohaeret, codici G uindico*   5 Sed et i. Q uulgo Sed&i.
L 6 fortiſſimi conlocentur (coll. π) A'π fortiſſimoſ conlocentur M fortiſſimoſ conlocent λ 7 item] hiſdem λ 7 aduerſuſ π

8 certuſ — modiſ Π 10 quia a GδPΠ₂ quia [a] α'Π₁ q̄m a λ
13 forficen δ   13 in V litterā P in V littera Π in litterā c

ṫ a V in [V] laterā D in V litt̃ M in V litt̃ aut litt⁹A₁ (intrusit

erasit subiunxit A₂ in ſimilitudinĕ V litte) in V littuſ *Paris.* 7230
A (u. s.) in unum confertiſ λ   14 ponitur *Par.* 7230 A
16 a ſtrenuiſ P uulgo 18 ſuperuentu (in P corr. ex ſempuentu)
π ſuperuento A' ſuperuentum M ſuperuentu tum λ

S. L. 1 certe] certo M 1 circumuUeniantur] circumueniatur α (G = *Par.* 7230 A) (circumueniant λ) 2 tui] tuti ε (G =
Par. 7230 A)   4 repliceſ] repleciſ A₁ repletiſ μ repleaſ *Par·*
7230 A   6 extremitatiſ] ſtremitatiſ α' 10 rumpit] rumpet α'
14 componitur Π   14 excipit] excoepit A₁ excepit M
17 frontem] fronte α'   17 opponitur μΠ   18 ſua] ſuae M
18 uago] bago M

uentu incursat inimicos, contra quem alter populosior uel
fortior inmittitur globus.   Obseruandum quoque, ne sub
tempore, quo iam committitur pugna, uelis ordines commutare aut de locis suis aliquos numeros ad alia transferre.   Statim enim nascitur tumultus atque confusio, et ₅
in imparatos conturbatosque facilius hostis incumbit.

   XX. Depugnationum septem sunt genera uel modi,
cum infesta ex utraque parte signa confligunt.   Vna depugnatio est fronte longa quadro exercitu, sicut etiam
nunc et prope semper solet proelium fieri. Sed hoc genus ₁₀
depugnationis periti armorum non optimum iudicant, quia,
in prolixo spatio cum tenditur acies, non aequalis semper
campus occurrit, et +hiat aliqui in medio uel sinus aut cur-
uatura fit, in eo loco acies frequenter inrumpitur.   Prae-

<hr/>

   V. L.   3 [iam] ε   5 et in ïparatoſ conturbatoſque A_2 *Oudendorpius* et uim paratoſ c. *(siquidem recte erasas illas tres litteras*
(uim) *dispexi)* A_1 et qui inparatoſ c. *M Bernensis* atque inſpera-
toſ c. *Par.* 7230 A et quoſ inparatoſ c. λ et imparatoſ c. *Π* quia
inparatoſ c. *corr.* (*a* 2 ?) *in* et quoſ i. c. *P* quia inparatoſ corde *V*
quia inparatoſ [c.] *D* quia in inparatoſ conturbatoſque *Otto* et
inparatiſ conturbatiſque *uulgo*   6 faciliuſ] inuenerit f. λ *post
intrusit* inuenerit *P*
   CAP. XX.   8 confligunt] infligunt *Π*   8 Vna — exercitu *ex
Catone petiuit Vegetius (cf. Nonium p.* 204 *Jordan C.R. p.* 81); *totum
hoc de depugnationibus caput magnam quidem partem ex Catonis de
disciplina militari libro exscripsisse noster uidetur*   9 longa]
longo *Cato*   9 quadro] quia quadro *Π* quadrato *Cato, uulgo
ante Schwebelium*   12 [in] δ*P*   12 cum tenditur ε*Π (nam G quoque hanc lectionem praebuisse* cum, *quod adhuc exlat, probat)* con-
tenditur *Par.* 7230 A δ*P uulgo* cum *ante* in prol. ſp. *inseritur*

13 hiat aliqui i. medio uel α' hiat⁹ aliquiſ in m. u. A_2 hiat
adi≡qui i. m. u. *corr. eras.* in hia≡tali≡qui i. m. u. *Par.* 7230 A hi ad
aliquid i. m. u. *V* hiatuſ aliquid i. m. u. *Π* hi ꝗ̇ ad aliꝗd (dal
in l. er.) in m. [u.] *D* cũ in eiuſ parte uel in medio λ *quam lectionem P quoque sed in l. eraso praebet* cum in eiuſ parte *uulgo*
13 [ſinuſ — loco] *D*   14 et in eo loco π *hoc* et *interpola-*

<hr/>

   S. L.   1 incurſat] incurrat ε   1 inimicoſ] inimicuſ α' (*L*)
1 populoſior] populoſioſ α'   2 inmittitur] inmittetur A_1*L* in-
mitetur *MQ* imitetur *Par.* 7230 A immittitur *Π*   3 quo] ꝗ; A_1
   CAP. XX.   9 exercitu ſicut] exercituſ ſicut *Π*   14 irrum-
pitur *Π*

terea, si multitudine aduersarius antecedit, a lateribus aut
dextram aut sinistram alam circumuenit. In quo periculum magnum est, nisi supernumerarios habeas, qui procurrant hostemque sustineant. Hoc genere solus debet
5 confligere qui et plures et fortes habuerit bellatores; ex
utroque cornu hostem circumueniat et quasi in sinum sui
concludat exercitus. Secunda depugnatio est obliqua,
plurimis melior. In qua si paucos strenuos loco idoneo
ordinaueris, etiam si multitudine hostium et uirtute tur-
10 beris, tamen poteris reportare uictoriam. Huius talis est
modus. Cum instructae acies ad congressum ueniunt, tunc
tu sinistram alam tuam a dextra aduersarii longius sepa-
rabis, ne uel missibilia ad eam uel sagittae perueniant;
dextram autem alam tuam sinistrae alae illius iunges et
15 ibi primum inchoa proelium, ita ut cum equitibus optimis
et probatissimis peditibus sinistram partem illius, ad quam
te iunxeris, adgrediaris atque circumeas et detrudendo
atque supercurrendo ad hostium terga peruenias. Quod
si semel aduersarios exinde pellere coeperis, adcedentibus
20 tuis indubitatam uictoriam consequeris et pars exercitus
tui, quam ab hoste submoueris, secura durabit. Ad similitudinem autem A litterae uel libellae fabrilis acies in hoc

---

toris esse apparet. Totum locum hunc in modum constituerim ʿet si
hiatuſ aliqui *(quae forma Catonem refert)* i. m. u. ſ. a. c. fit, in eo l.
Oudendorpius censet et ſi hiat aliquando etc. *scribendum* 3 pre-
currant *Π* 5 bellatoreſ ε b. qui *Π* b. ut *δP* 6 in ſiuum ſuum
ΔP 7 concludit *M* 7 obliqua *π* publica qua α' publica quae λ
obliqua quae *uulgo* 12 *a uoce* huiuſ *G fol. 42 incipit* 13 miſſilia
ΠDP 13 ad eam] adeant *(sic corr.) Π* 14 iungeſ] iunge *uulgo*
15 inchoa proelium λπ inchoa proelio (proeleo *A₁*) α' inchoato
proelio *G* 15 [optimiſ] *Π* 17 atque [cir-cumeaſ—atque] *Π*
20 indubitanda *δ* 22 A litt. *AV* a litt. *MΔ (in l. er. a 2)* l. *G·CC·*
(forma antiqua litt. a*)* litt. uel C *Π* A [litt.] *(sed* A *in l. er., ubi dispi-*
cias adhuc tt*) P* [A] litt. *D* uṭ litt. *L* aut litt. *Q* 22 libellae] li-

---

S. L. 1 antecedit] antecidet *A₁* antecedet *Par. 7230* A
1 a lateribuſ] alteribuſ α' 9 multitudine] multitudinem α'
11 inſtructae] iſtae (iſte α' hiſte *Q*) ε 12 ſeparauiſ *Π* 13 miſ-
ſibilia] miſcibilia α' (*L*) 14 iungeſ] iugeſ *A₁* iugeſ *G* 17 iunc-
xeriſ *A* 17 aggrediariſ *Π* 19 accedentibuſ *GλΠ* 21 ſummo-
ueriſ *Π* 21 durabit] durauit α' 22 fabrilliſ *A* fabriliſ *M*

dimicandi genere conponuntur. Quod si tibi prior aduersarius fecerit, illos, quos post aciem supernumerarios diximus debere poni, tam equites quam pedites, ad
sinistrum tuum colliges cornum, et sic aduersario resistis
magnis uiribus, ne arte pellaris. Tertia depugnatio est 5
similis secundae, sed in hoc deterior, quod a sinistro
cornu tuo cum illius incipis dextro confligere. Nam quasi
mancus impetus est eorum et aperte cum difficultate ad-
grediuntur hostes qui in sinistro dimicant cornu. Quod
apertius explanabo. Si quando alam sinistram longe ha- 10
bueris meliorem, tunc ei fortissimos equites peditesque
coniunge et in congressu ipsam primam applica ad alam
hostium dextram, et, quantum potest, aduersarii dextram
partem pellere et circumire festina. Tuam autem aliam
exercitus partem, in qua deteriores bellatores habere te 15
nosti, a sinistra illius longissime separa, ne uel gladiis in-
uadatur uel ad eam tela perueniant. In hoc genere cauendum est, ne inimicorum cuneis transuersa tua acies
elidatur. Hoc autem modo uno casu utiliter pugnabitur,
si aduersarius inferiorem dextrum cornum habuerit et tu 20
longe fortiorem sinistrum. Quarta depugnatio talis est.
Cum ordinaueris aciem, ante quadringentos uel quingentos

-belli δ [lib.] Π 1 conponuntur] componere Π conftitui-
tur *uulgo*   2 fecerit] hoc fecerit λ *uulgo*   2 [poft] Π
4 colligif Π 4 cornu π 4 refiftef P 7 incipief δ
7 [Nam quafi] Π 8 [et] ε 8 aperte $\alpha \Pi V$ aperte quorum λ aperti DP *uulgo*   8 difficultate] d. eorum ε 10 explanabo δP explanando Π ẽ explanabo A ẽ expl. M eft expl. G
ut fit expl. λ 11 tunc ei $\alpha\delta$ tunc et Π cum ea P_1 cuneo LP_2
cuneo Q 13 poteft AP_1 *Giss.* potef $G\mu\pi$'   13 [adu.] Π
14 partem [pellere — partem] Π 14 impellere δ 14 tuam]
tu μ 16 fepara] feparare Π 17 [genere] ε 20 in-
firmiorem π 20 cornu δP 22 ante quadringentof uel quin-
gentof] *unus ex Stewechianis liber, quem ipse H dicit, praebet* a.
quadraginta uel quinquaginta *Inde Nastius (rõm. Kriegsalter-
thümer p.* 387 *sq.)* centum quadrag. u. quinq. *legendum censet.*

S. L.   4 aduerfario refift.] aduerfarioref iftif A_1 (aduerfario
ref iftif G_1)   7 cornu] corno A 8 aggrediuntur Π 11 que]
qui A_1 12 coniunge] coniuge A_1 12 alam] ala α'   13 dex·
tram] dextra α'

passus, quam ad hostem peruenias, non sperante eo subito ambas alas tuas incitare te conuenit, ut ex utroque
cornu inprouisos hostes uertas in fugam, et celerius uictoriam consequeris. Sed hoc genus certaminis, licet cito
5 superet, si exercitatos fortissimosque produxerit, tamen
periculosum est, quia mediam aciem suam qui sic dimicat
nudare compellitur et in duas partes exercitum separare.
Et si primo impetu uictus non fuerit inimicus, habet occasionem, qua inuadat et diuisa cornua et mediam aciem
10 destitutam. Quinta depugnatio est quartae similis, sed
hoc unum amplius habet, quod leuem armaturam et sagittarios ante primam aciem ponit, ut illis resistentibus non
possit inrumpi. Nam sic de dextro cornu suo illius sinistrum et de sinistro cornu suo illius dextrum adgreditur.
15 Quod si fugare potuerit, statim uincit; sin minus, media
acies ipsius non laborat, quia a leui armatura sagittariis-
que defenditur. Sexta depugnatio optima est, prope similis secundae, qua utuntur qui de numero suorum et de
uirtute desperant. Et si bene ordinauerint, quamuis cum
20 paucioribus semper uictoriam consecuntur. Nam cum
instructa acies ad hostes accedit, dextram alam tuam sinistrae alae hostium iunge et ibi per equites probatissimos
et uelocissimos pedites incipe proelium. Reliquam autem
partem exercitus tui longissime ab aduersariorum acie

V. L.   2 [te] δP   3 inprouisof] interna Π improuisuf V
4 confequarif π   5 fi (fe α') exerc. α'π et ex. G [f.] ex. λ
8 fuerit] adfuerit δP   12 primam O mediam uulgo   14 finiftram A'   14 fuo] tuo Π   14 dextram G   15 potuerif corr.
ex potuerit Π   15 uincif corr. ex uincit Π   16 quia [a] Π
17 defendetur (-fund- M) Aμ   18 [de] Π   20 femper] faepe
δP   21 inftructa εP ftructa ΠV cftructa D   21 accedit GδP
accedif Π accedet Aμ

S. L.   1 paffuf] -of α   1 fperante eo] fperant eo α'   2 incitare te] incitare fe A₁   3 improuifof Π   5 fi] fe α'   5 exer-
citatof] exercitatuf α'   6 mediam aciem] media aciem Π
7 conpellitur λ   10 deftitutam] deftituta A₁   13 poffit] poffint Π   13 irrumpi Π   16 laboret M laboret L₁ (rasura a 2
corr.)   19 uirtute] uirtutef α'   19 difperant ε   24 longif-
fime] longiffimif A' logiffime M

remoue et in directum porrige quasi uerum; nam, cum
sinistram partem illius et a lateribus et a tergo coeperis
caedere, sine dubio uertis in fugam. Aduersarius autem
nec de dextra parte sua nec de media acie potest suis
laborantibus subuenire, quia acies tua extenditur et tota 5
se porrigit ad similitudinem I litterae longissimeque recedit
ab hostibus. Quo genere in itineribus saepe confligitur.
Septima depugnatio est quae loci beneficio adiuuat dimi-
cantem. In hac quoque et cum paucioribus et cum minus
fortibus poteris aduersarium sustinere, hoc est, si mon- 10
tem aut mare aut flumen aut lacum aut ciuitatem aut paludes aut abrupta in una parte habeas, ex qua hostis non
possit accedere, reliquum exercitum tuum directa acie
ordines, sed in illa, quae munitionem non habet, omnes
equites et ferentarios ponas. Tunc securus pro tuo ar- 15
bitrio cum hoste confligis, quia ab una parte loci natura
te munit ab alia duplex prope ponitur equitatus. Illud
tamen obseruandum est, quo nihil melius inuenitur, ut,
siue dextro cornu solo pugnare uolueris, ibi fortissimos
ponas, siue de sinistro, ibi strenuissimos conloces, siue in 20
medio facere cuneos uolueris, per quos acies hostium

V. L.   1 uerum (·ũ *A*) *α*' ueru *Gλπ* uera *corr. in* ueru *P*
1 nam *π* quã (-am *G*) *A*' qua *MQ₁* quia *LQ₂*   3 uertif *αΠ* uer-
tef *λ* uertetur *δP*   5 tota fe porrigit *λ* tota fe corriget *αΠ* totã
fe corrigit *δ* totã fe porrigit *P*   6 I litt. *Π₂* [I.] litt. *O* u litt. *L₂*
     7 Quo genere — confligitur *rubris litteris pro titulo scripta*
extant in ε   12 hoftef ε   13 reliquum *πQL₂* eliqum *L₁* re-
lictum *α*' relique *Par.* 7230 A reliquae (*si recte locum erasum*
dispexi) *G₁* (reliquum *in l. er. A₂G₂*) et reliquum *uulgo*   14 illa ε*P*
illa ala *Π* illa alia *δ*   14 munitionem non habet] munitiore
[n.] habef *Π*   15 fecuruf] *erasa haec uox est in G* (fecuriuf
Par. 7230 A)   16 confligef *δP*   16 quia] quando *λ*   17 prope
ponitur] proponitur *Lπ*'   18 quo] quod *μ* q̃m *δ*   19 dextro]
de dextro *Π*   21 cuneof facere *π*

S. L.   2 finiftram partem] finiftra parte *α*   6 recedit] reci-
det *A*'   8 adiubat *A₁*   11 paludef] padulef *M*   14 munitio-
nem] munitione *A₁* monitione *M*   15 fecurof *A₁*   17 munit]
munet *M* munet *A*   17 ponitur] punitur *A₁*   17 equitatuf]
equitatif *M*   19 cornu folo] cornuf folo *Π*   20 ftrenuiffi-
mof] -if *α*'

rumpas, in cuneo exercitatissimos ordines bellatores.
Victoria enim per paucos fieri consueuit. Tantum est, ut
electi a duce sapientissimo in his locis, in quibus ratio et
utilitas postulat, ordinentur.

5   XXI. Plerique rei militaris ignari pleniorem uictoriam credunt, si aduersarios aut locorum angustiis aut
armatorum multitudine circumdederint, ut aditum non
inueniant abscedendi. Sed clausis ex desperatione crescit audacia, et cum spei nihil est, sumit arma formido.
10 Libenter cupit commori qui sine dubio scit se esse mori-
turum. Ideoque Scipionis laudata sententia est, qui dixit
uiam hostibus, qua fugerent, muniendam. Nam cum abscedendi aditu patefacto mentes omnium ad praebenda
terga consenserint, inulti more pecudum trucidantur.
15 Nec insequentium ullum periculum est, cum uicti, quibus
defendi potuerant, arma conuerterint. Hoc genere quanto
maior fuerit, tanto facilius multitudo prosternitur. Neque
enim ibi requirendus est numerus, ubi animus semel ter-
ritus non tam tela hostium cupit declinare quam uultum.
20 Ceterum clausi, licet exigui numero et infirmi uiribus, hoc
ipso tamen sunt hostibus pares, quia desperantes sciunt
aliud sibi licere non posse.

V. L.   Cap. XXI.   8 clausis] labsis Π 8 crescet ε
9 sumet ε 10 commori] commorari ε (in Q cū- corr. in cō-)
    12 fugerent ΠQ fugirent α fugerant rasura corr. in fuge-
rent L fugiant P uulgo refugiant δ 12 mun.] minime muniendam δ; Frontin. IV, 7 'Scipio Africanus dicere solitus est
hosti non solum dandam esse uiam fugiendi sed etiam muniendam.'   15 insequentium] consequentium δP_1 15 cum uicti
$L\delta P$ cōuicti Q conuicti α cum uincti Π 17 fuerit] fuerit exercitus VP 20 exigui] exiguo P   22 posse] posse. Sed (set Q_1;
Nam uulgo) una salus uictis nullam sperare salutem εP uulgo
(Verg. A. 2, 354)

S. L.   Cap. XXI.   5 militaris] militares α'   7 multitudine]
-em α'   8 inueniant] inueniat MG 8 abscedendi] abscidendi A
abscędendi M 8 disperatione $A\mu$ 9 audatia $GM(L_1)$ 10 cupit]
cupet corr. in cupit A 12 abscedendi] abscidendi A_1 abscędendi M 13 ad praebenda terga] adpraehendat erga $A\mu$ ad
prebendat erga G 14 pecodum $\varepsilon\Pi$ 17 fuerit] fuerint A_1
18 ubi] unus A_1 19 uultum] inultum Π 22 aliud sibi] alius
sibi A_1 alios sibi M aliut s. Π

XXII. Digestis omnibus, quae ratio militaris experimentis et arte seruauit, unum superest edocere, quemadmodum recedatur ab hostibus. Nam disciplinae bellicae
et exemplorum periti nusquam maius periculum inminere
testantur. Qui enim ante congressum recedit ex acie, 5
suis fiduciam minuit et inimicis addit audaciam. Verum
quia hoc saepius necesse est euenire, quibus modis tuto
possit fieri, declarandum est. Primum ut tui nesciant,
ideo te recedere, quia declinas inire conflictum, sed cre- •
dant arte aliqua se ideo reuocari, ut ad oportuniorem 10
locum inuitetur hostis ac facilius superetur aut certe insequentibus aduersariis secretiores conlocentur insidiae.
Nam ad fugam parati sunt qui ducem suum sentiunt de-
sperare. Illud quoque uitandum est, ne hostes te recedere sentiant et statim inruant. Propterea plerique ante 15
pedites suos equites posuerunt, ut discurrentes aduersarios uidere non sinerent, quemadmodum pedites abscedebant. Item particulatim incipientes a primis singulas
acies subducebant retroque reuocabant, in gradu suo ma-
nentibus reliquis, quos sensim postea cessimque ad illos 20
iungebant, quos subduxerant primum. Aliquanti explo-
ratis itineribus noctu cum exercitu recedebant, ut hostes,

V. L.   Cap. XXII.   3 fupereſt edocere ε fupereſt et docere Π
fupēdocere P fupereſt docere δ   4 [et] δP   4 [maiuſ] α
5 recedet α'   6 fuiſ] et fuiſ π   6 minuet A   7 tuto πG
toto α' tot Q hoc L   9 inire] interī Π   10 ideo ſe AP
11 aut faciliuſ ε (ut f. $G_2 L_2$)   13 Nam neceſſe eſt ad fugam
parati ſint δP   14 [te] Π   15 ſentiant] ſ̄ciant M   17 quem-
admodum] quando *uulgo*   19 reuocabant] uocabant Π
19 in ſuo gradu Π   20 poſtea ceſſimqne Aμ poſtea ceſimque
GΠ poſt aciem ſeque δP   21 aliquanti exploratiſ π aliquantiſ
exploratiſ G aliquantiſ plorati (*i. e.* aliquanti ſplorati) α' aliquantiſ explorati λ   22 nocte Π

S. L.   Cap. XXII.   2 ſeruauit] ſeruabit αΠ   2 quemammodum Π   4 imminere Π.   5 congreſſum] congreſſom A_1 con-
greſſŏ (˘ *er.*) M   6 fidutiam A   6 addit] adit α'   6 audatiam μ   12 collocentur Π   13 diſperare ε   15 irruant Π
17 ſinerent] ſinirent α   17 quemammodum Π   17 abſce-
debant] abſcidebent A_1

die orta cum intellexissent, non possent conprehendere
praecedentes. Praeterea leuis armatura praemittebatur
ad colles, ad quos subito totus reuocaretur exercitus, et si
hostes insequi uoluissent, a leui armatura, quae ante occu-
5 pauerat locum, additis equitibus fundebantur. Nihil enim
periculosius existimant, quam si inconsulte insequentibus
ab his, qui in subsessa fuerint uel qui ante se parauerint,
obseruetur. Hoc tempus est, quo oportune collocantur
insidiae, quia aduersus fugientes maior audacia et minor
10 cura est. Necessario autem amplior securitas grauius solet
habere discrimen. Inparatis, cibum capientibus, in itinere
lassis, equos suos pascentibus ac nihil tale suspicantibus
superuentus adsolent fieri. Quod et nobis uitandum est
et hosti in eiusmodi occasionibus pernicies inferenda.
15 Hoc enim casu obpressis nec uirtus potest nec multitudo
prodesse. Qui in acie publica uincitur pugna, licet et ibi
ars plurimum prosit, tamen ad defensionem suam potest
adcusare fortunam; qui uero superuentum insidias sub-
sessos passus est, culpam suam non potest excusare, quia
20 haec uitare potuit et per speculatores idoneos ante cogno-

---

V. L.   1 [die o.] δ   2 pcedentef *A*   3 ad quof π atque α'
ad quã *G* [ad q.] λ quo *Oudendorpius*   3 totuf *Korttianus* 2 *Ste-*
wechius totu^f *(hoc f a manu satis antiqua est additum, non ab ea,*
quae passim hunc codicem correxit (XV saeculi)) A tuto *G*μπ
3 reuocarentur μ   4 hoftif — uoluiffet Π   4 occupaue-
rant ε   5 fundebantur *GΠP* fundebatur α'δ funderent *L* fundere *Q* defendebantur *Stewechio auctore Schwebelius*   7 fe pa-
rauerint] repedauerint Π   8 obferuetur ε*P* obuietur π'
obferuentur *(et antea infequentef) uulgo*   8 Hoc (quo μ*P*)
tempuf eft quo [quo λ*P*] o. c. (collocari *P*) i. quia (q *Π*) aduer-
fum fug. m. a. e. m. c. e. *rubris litteris* |*pro titulo scribuntur in*
*ε*P*   11 Inp.] In imparatif π'   15 [cafu] *M a* 2 *in marg. ad-*
ditum   16 qui π' quia ε*P* quia qui *uulgo*   16 publica] publica
qui λ   17 defenfionem] offenfionem *A*'   20 uitare *A*' eui-
tare μ et uitare π

S. L.   1 orta] horta ε   1 poffent] poffint α poffe Π
1 compr. Π   8 conlocantur *G*μ   11 cibum] ciuum *A*₁   12 ac]
hac α'   13 fuperuentuf] fuperuentof α'   13 affolent Π
14 hofti] hoftif Π   15 oppreffif *M*Π   16 uincitur] uincetur α
16 et ibi] et tibi *A*'   18 accufare *G*λΠ   18 fortunam] fortuna Π

scere. Cum receditur, talis fraus fieri consueuit. Recto
itinere pauci equites insecuntur, ualida manus occulte
per alia mittitur loca; ubi ad agmen inimicorum peruo-
nerint equites, temptant leuiter atque discedunt. Ille
credit quicquid insidiarum fuerat, praeterisse, et sine cura 5
resoluitur ad neglegentiam. Tunc illa manus, quae secreto itinere destinata fuerat, superueniens obprimit ignorantes. Multi, cum ab hoste discedunt, si per siluas ituri
sunt, praemittunt qui angusta uel abrupta occupent loca,
ne ibidem patiantur insidias. Et rursus post se praecisis 10
arboribus uias claudunt, quas concaedes uocant, ut aduersariis facultatem adimant persequendi, et paene utrique
parti in itinere ad subsessas communis occasio est. Nam
qui praecedit, oportunis uallibus uel siluosis montibus
[quas] post se relinquit insidias, in quas cum inciderit ini- 15
micus, recurrit ipse et adiuuat suos. Qui uero sequitur,
auersis semitis longe ante destinat expeditos, ut praece-
dentem aduersarium arceat a transitu, deceptumque a
fronte et a tergo concludit. Dormientibus noctu aduersariis et qui praecessit potest regredi et qui sequitur, 20
quantumuis intersit, potest superuenire per fraudem. In
transfretatione fluuiorum qui praecedit illam partem

V. L.   1 fieri] ita fieri δP 3 perueniunt δP 4 illi credunt δP 5 fuerat $\varepsilon\Pi$ fuerit VP fuit D 6 refoluitur ε fol-
uitur Π foluuntur δP 6 neclegentiã Q_1 9 qui] ut Π
11 concaedef *Modius* concedæf *(sic; ipse correxit* a *in* e) A
concedef λ concedenf M concedef *ex* concedunt *corr.* G conci-
def δP cõpedef Π 15 quaf ε quafi π aliquaf A_2 *Giss.* uncis *inclusit* quafi *Stewechius* quafi *ex illo* quaf *natum est, quod ipsum
fortasse ex sequenti* quaf *inrepsit; an seruandum est et pronomen
indefinitum habendum?*   17 auerfif (uerfif L_1) ε aduerfif π
uulgo   17 ut λ et $\alpha\pi$ 18 arceat tranfitu ε arcet a tranfitu Π
arcet ad tranfitum δP 18 deceptumque] defertumque Π
19 concludit π' concludet εP concludat *uulgo*   21 fuerue-
nire per fr. εP f. qui fr. Π peruenire ad f. δ

S. L.   1 receditur] reciditur $A\mu$ 2 infequuntur Π 3 mittetur ε 7 obprimit] obp̄mit A_1 opprimit $M\Pi$ 8 multif A 10 paciantur μ 12 adimant] ademant α' adhimant Π 14 praecedit]
-et M 15 relinquit] reliquit $A'\lambda P$ reliquid M relinquid Π
15 inimicuf] ·of Π 16 adiubat A_1 17 diftinat A'

templat opprimere, quae prima transiuerit, dum reliqui
alueo separantur; qui autem sequitur festinato itinere,
illos, qui non potuerunt transire, conturbat.

XXIII. Camelos aliquantae nationes apud ueteres in
5 acie produxerunt et † Vrcilliani intra Africam † uel ceteri
Macetes hodieque producunt.　Sed genus animalium, ha-
renis et tolerandae siti aptum, confusas etiam in puluere
uento uias absque errore dirigere memoratur.　Ceterum
praeter nouitatem [si ab insolitis uideatur] inefficax bello
10 est.　Catafracti equites propter munimina, quae gerunt,
a uulneribus tuti, sed propter inpedimentum et pondus
armorum capi faciles et laqueis frequenter obnoxii, contra dispersos pedites quam contra equites in certamine me-

---

V. L.　1 tranſierit π　　3 non] nondum $\mu\Pi$
CAP. XXIII.　4 in aciem λP　5 et] ut λ　5 urcilliani $\alpha\Pi$ ur-
ciliani δ turcilliani λ circiliani P uſillani *Ortelius* circitani *uel* uſi-
tani (i. e. ucit.) *Scriuerius. Cogitauit Stewechius etiam de* 'Uthiſia'
urbe; sed nunc in eo Pomponii Melae loco, quem ille laudauit, 'Ru-
thiſia' *legitur (Parthey p.* 11,9)　5 intra africă π in affricam ML
in africă AQ in africa G *uulgo*　5 uel ceteri maceteſ A uel ceteri mazeteſ (*uoci* ceteri *in Q* ſ *adsutum est*) μG u. c. maziceſ Π
uel c. manziceſ P ueleteri manziceſ V uel ceterae nationeſ D
[u. c.] maceteſ *uulgo* [u. c.] mazaceſ *siue* mazuceſ *Scriuerius*
cirtaei mazuceſ *Oudendorpius.*　　6 genuſ] g. hoc λP hoc g.
uulgo　7 tolerandae ſiti δP tolerandae ſitiſ Π toleranda ẽ (eſt G)
ſiti α tollerabile ſiti *quod praecedit et omisso* λ　9 praeter] propter ΠP　　9 [ſi ab inſolitiſ uideatur] *Modius* ſi ab inſolitiſ u.
$G\pi$' ſi ab inſoliſ u. α' ſi ab inſolutiſ u. *corr.* (*a* 2?) *in* ſi hoc uti
u. P ſi hoc uti u. λ ſi ab inſolitiſ uid. *defendere conatus est Otto,*
'Considera, lector, num hic aliquid lateat de olore *uel* ululatu *siue*
barritu camelorum' Oudendorpius.　　9 [bello] P_1, *in margine ad-*
ditum fortasse ab ipso　11 [a] ε　　12 facileſ et laqueiſ *Giss.*
facileſ et aliquae hiſ D facileſ et alia quae hiſ V facileſ et alia
quib. Π facile eſt alia quae hiſ α' facile eſt aliaque hiſ G eoſ
facile eſt q̃m λ ^{eoſ} facile ẽ & quoniă (hoc uerbum *i. l. er. a* 2) P
13 *In distinguendis membris totius huius periodi Oudendor-*
pium secutus sum maximam partem　13 Melioreſ. tamen π' Me-
lior ẽ (eſt G) tamen α ſunt› Melior (-uſ Q_2) eſt tamen λ melivſ
tamen ẽ (*illud* vſ *a* 2 *in l. er.; item* ẽ *a* 2 *in margine adsutum est*) P

S. L.　1 obprimere λ
CAP. XXIII.　6 areniſ αL areniſ Q (*spiritus ille asper num*
ab 1 *additus?*)　10 catafracti equiteſ] catafracte equiteſ A
catafractae equiteſ M　11 impedimentum Π

liores, tamen aut ante legiones positi aut cum legio-
nariis mixti, quando comminus, hoc est manu ad manum,
pugnatur, acies hostium saepe rumpunt.   XXIIII. Quadri-
gas falcatas in bello rex Antiochus et Mit*h*ridates habuerunt.   Quae ut primo magnum intulere terrorem, ita 5
postmodum fuere derisui.   Nam difficile currus falcatus
planum semper inuenit campum et leui inpedimento retinetur unoque adflicto aut uulnerato equo decipitur; sed
maxime hac Romanorum militum arte perierunt.   Vbi ad
pugnam uentum est, repente toto campo Romani tribulos 10
abiecerunt, in quos currentes quadrigae cum incidissent,
deletae sunt.   Tribulus autem est ex quattuor palis con-
fixum propugnaculum, quod, quoquomodo abieceris, tribus radiis stat et erecto quarto infestum est.   Elefanti in
proeliis magnitudine corporum, barritus horrore, formae 15
ipsius nouitate homines equosque conturbant.   Hos contra
Romanum exercitum primus in Lucania rex Pyrrhus edu-
xit.   Postea Hannibal in Africa, rex Antiochus in Oriente,
Iugurtha in Numidia copiosos habuerunt, aduersus quos
diuersa resistendi excogitata sunt genera.   Nam et cen- 20

V. L.   1 aut ante] ut ante Π ಐut͡a. λ 1 legionarii A

2 mixti fint (funt Q) λ 2 manũ ad m. $\mu\Pi$ 3 ac.] et acief λ
Cap. XXIIII.   4 mitridatef (-if α') O 12 ex quattuor] *hic
desinunt excerpta Korttiana* 2   12 confixif Π 13 propugnaculo
α'   13 quoquomodo MD quomodo $A'\Pi V \lambda P$ 13 abiecerif δP
adiecerif Π abiectif αQ abietif L 14 [et] Π 14 quarto] quoque quarto Π 15 corporif A (corporum *Par.* 6503)   16 contur-
bant] exterrent Π 17 in lucaniã P 17 pirrhuf V pyrruf $\varepsilon\Pi$
pirruf DP 18 hannibal $\Pi V P \lambda$ annibal α' ̇annibal DG
18 in africa] i. italia Π 19 iugurtha Π iugurta $\varepsilon\delta P$ 19 co-
piofof] cirquofof (circuofuf M) ε 19 aduerfum δP 20 e. f.]
excogitarunt ε 20 genera. Nam et centurio δP

S. L.   Cap. XXIIII.   6 falcatuf] falcatof A_1 7 retenc-
tur α'   8 uno] unu M 8 adflicto] afflicto Π adflictu μ
adflicti A_1 9 hac] hoc A bac M_1 9 arte] artem α'
11 incediffent M 12 triboluf Π 14 radiif fat] radififtat
A_1 radififtã $\overline{M}$ 14 elefanti] elephanti $M\Pi$ *et ita (exceptis tribus locis M) semper*   15 barrituf] barritof α' barritu Π
16 equofque] quofque μ 19 numidia] ouidia M nomidia A_1
20 diuerfa] aduerfa α

8*

turio in Lucania gladio manum, quam promuscidem uocant, unius abscidit, et bini catafracti equi iungebantur
ad currum, quibus insidentes clibanarii sarisas, hoc est
longissimos contos, in elefantos dirigebant. Nam muniti
5 ferro nec a sagittariis, quos uehebant beluae, laedebantur
et earum impetum equorum celeritate uitabant. Alii
contra elefantos catafractos milites inmiserunt, ita ut in
brachiis eorum et in cassidibus uel umeris aculei ingentes
ponerentur e ferro, ne manu sua elefas bellatorem contra
10 se uenientem posset adprehendere. Praecipue tamen uelites antiqui aduersum elefantos ordinauerunt. Velites
autem erant iuuenes leui armatura et corpore alacri, qui
ex equis optime missibilia dirigebant. Hi equis praeter-
currentibus ad latiores lanceas uel maiora spicula beluas
15 occidebant, sed crescente audacia postea collecti plures
milites pariter pila, hoc est missibilia, in elefantos congerebant eosque uulneribus elidebant. Illud additum est,
ut funditores cum fustibalis et fundis rotundis lapidibus
destinatis Indos, per quos regebantur elefanti, cum ipsis

V. L.   genera. Nam et minuciuſ centurio quarte legioniſ primuſ aſtatuſ (*cf. Flor.* I, 13, *ubi tamen* primuſ *non apparet et hodie*
Numiciuſ *non* Minuciuſ *legitur)* Π genera armatorum; turio α
genera armarum. Turio *L* g. armorum. Turio *Q* genera armorum. Nam et centurio *omisso quod praecedit* reſiſtendi *uulgo*
2 uniuſ *Florus* Π huiuſ *D* hui *V* uni εP   2 catafractati Π*V*
3 [clib. — h. eſt] λ   5 [quoſ] *M*₁   5 [b. laed.] Π   7 cata-
fractatoſ Π*V*   9 ne [manu ſua] εP   12 [et] corpore ε
13 ex equiſ π et equiſ ε et ex equiſ *suspicor*   13 optimiſ δ*P*
13 miſſilia *P*   13 praecurrentibuſ *P Oudendorpius*   16 con-
gerebant] congregabant δ   17 miſſilia *P*   18 fuſtibaliſ]
fundibaliſ δ   19 indoſ] in hoſ (haſ *Q*) λ*P*

S. L.   1 manum] -u Π   1 promuſcidem] promoſchidem Π
    2 abſcidit] abſcidet α'   3 clibanarii ſariſaſ] cliuanariiſ
ariſaſ *A*' clibanariiſ ariſaſ *M*   4 elefantoſ] elephanto Π
4 muniti] moniti *M*₁   6 impetum] impetu Π   7 immiſerunt Π
    8 umeriſ] *MQ* meriſ *L* humeriſ απ   9 punerentur α'
9 elefaſ] elefanſ ε elephanſ δ elefanteſ *P*   10 poſſet] poſſit ε
    10 apprehendere Π   13 hii *A*   15 criſcente *A*₁   15 au-
datia *M*   19 deſtinatiſ *A*₁ deſtinatoſ *GM*   19 ipſiſ] ipiſ *M*

turribus affligerent atque mactarent, quo nihil tutius inuenitur. Praeterea uenientibus beluis, quasi inrupissent
aciem, spatium milites dabant. Quae cum in agmen medium peruenissent, circumfusis undique armatorum globis
cum magistris absque uulneribus capiebantur [inlaesae]. 5
Carroballistas aliquanto maiores — hae enim longius et
uehementius spicula dirigunt — superpositas curriculis
cum binis equis uel mulis post aciem conuenit ordinari, et
cum sub ictum teli accesserint, bestiae sagittis ballistariis
transfiguntur. Latius tamen contra eas et firmius praefigitur 10
ferrum, ut in magnis corporibus maiora sint uulnera. Aduersum elefantos plura exempla et machinamenta rettuli-
mus, ut, si quando necessitas postulauerit, sciatur, quae
sint tam inmanibus beluis opponenda.

XXV. Sciendum uero est, si pars exercitus uicerit et 15
pars fugerit, minime desperandum, cum in eiusmodi necessitate ducis constantia totam sibi possit uindicare uicto-

---

V. L.   2 quafi] qua *uulgo*   5 [inlaefae] *ut otiosum inclusi*
6 carroballftaf $\Pi Q_1 P$ 6 aliquantum $A\mu$ 6 hae (he
VQ) $G\mu VP$ hęc A haec D hi Π 7 curriculif] curribuf δP
uulgo   8 binif] bonif ε 8 uel mulif poft a. c. ord. (*cf.* II, 25)
Π aut mulif p. aciem [o. o.] V aut mulif p. ac. [c.] ord. DP
[uel m. p. a. c.] ordinari ε (ordinař A_2) aut m. p. a. ordinari
praemissis 'utile eft *et uocabulo* carroballftaf *ac deleto* inlaefae
Oudendorpius aut m. p. a. ordinari conuenit *uulgo*. *Totus locus
inde ab* inlaefae *coniectura sanandus uidetur*   9 fub ictum *Lang*
fub ictu Π fubiectu αL fub iactu $Q\delta P$ fub iactum *uulgo*
9 balliftariif $G\Pi V$ balliftarii (*quod defendi potest*) α' baliftar-
riif D balliftarum λ baliftif P 10 tranffigantur (-fug- Q) λ,
quam lectionem uulgata, mutato quod praecedit et in ut, retinuit
11 aduerfuf Π 12 rettulimuf A' retulimuf $\mu \Pi P$ retule-
rimuf δ
Cap. XXV.   16 minime defperandum π fperandum α quid
fperandum λ 16 eiufmodi] huiufmodi λ 17 ducif conftan-
tia totã π ducif confentiat et tam α' duci confentiat et tam G
ducif confentiat providentia et tamen λ

S. L.   1 tutiuf] totiuf α'(V)   2 inrupiffent] inrupiffet A'
3 fpacium MG 11 fint] $\tilde{\Gamma} A_1$ 13 poftolauerit M
14 tam] tam ($\tilde{}$ er.) A

riam. Innumerabilibus hoc accidit bellis, et pro superioribus sunt habiti qui minime desperarunt. Nam in simili
condicione fortior creditur quem aduersa non frangunt.
Prior ergo de caesis hostibus spolia capiat, quod ipsi di-
5 cunt, colligat campum, prior clamore ac bucinis exultare
uideatur. Hac fiducia ita perterrebit inimicos, ita suis
fiduciam geminabit, quasi uictor ex omni parte discesserit.
Quod si aliquo casu omnis in acie fundatur exercitus, perniciosa clades; tamen reparationis multis fortuna non de-
10 fuit, et medicina quaerenda est. Dux ergo prouidus sub
ea cautela publico debet Marte confligere, ut, si quid pro
uarietate bellorum uel condicionis humanae secus acciderit, absque graui detrimento liberet uictos. Nam si
uicini colles fuerint, si post terga munitio, si ceteris abs-
15 cedentibus fortissimi quique restiterint, se suosque seruabunt. Frequenter iam fusa acies dispersos ac passim
sequentes reparatis uiribus interemit. Numquam exul-
tantibus maius solet euenire discrimen, quam cum ex subita ferocia in formidinem commutantur. Sed, quocumque

---

V. L.　　1 pro fuperioribuf] fuperioref *δP*　　5 ac] et *ΠP₁*
5 clamare ac bucinaf exaltare *δ*　　6 [ita] *δP*　6 perterrebit *πλ*
perterreuit *α'* perterruit *G*　　6 ita fuif *π* [i. f.] *α* et *λ*　7 gemi-
nabit] g. fuif *λ*　　8 fundantur *Π*　　8 perniciofae (pernec- *P*
pernit- *D*) cladif tamen *δP*　9 reparationibuf *λ*　10 et med.]
haec (hec *Q*) m. *λ* hac m. *Scriuerius*　11 pro uarietate *A'π* probari et ate *M* probarit et ante *λ*　17 interimit *GP*　17 uiri[buf
— exultanti]buf *δ*　　18 maiuf] magif *δ*　　18 ex fubita f. i.
f. commutantur *π'* exubeta f. i. f. c. *α'* exhibita f. i. f. c. *G*
exfuperata f. in formidinem (in fortitudinem *λ*) c. *λP Oudendorpius* fubito fer. i. f. commutatur *uulgo*　　19 quocumque

euentu *Gπ* quocumque euentu *f̃ M* quocumque euentuf funt *A*
quicumque euentuf funt *λ* quicunque euentuf fuerit *uulgo*

S. L.　**Cᴀᴘ. XXV.**　1 accedit *α'*　1 belluf *A*　2 difperarunt *ε*
　3 conditione *ε*　5 colligat] collegat *α'*　5 bucinif] -ef *Π*
6 uideatur] uideantur *Π*　6 hac] ac *A'*　7 geminabit] gemina-
uit *α*　7 uictor] dicto *Π*　8 aliquo] alico *A₁*　12 conditionif *ε*
13 decrimento *A*　14 poft terga] poft erga *α* pof terga *Π*
14 munitio] monitio *M₁*　14 abfcedentibuf] abfcidentibuf *A₁*
　15 reftiterint] reftituerint *Π*　17 fequentef] fequentif *α'*
　17 interhemit *Π*

euentu, colligendi sunt superstites, bello erigendi adhor-
tationibus congruis et armorum instauratione refouendi.
Tunc noui dilectus, noua quaeruntur auxilia et, quod amplius prodest, captatis occasionibus in ipsos uictores per
occultas insidias impetus faciendus ac sic audacia repa- 5
randa. Nec oportunitas defit, cum pro felicitate super-
bius et incautius mentes efferantur humanae. Si quis
hunc casum ultimum putat, cogitet euentus omnium proeliorum inter initia contra illos magis fuisse, quibus uictoria debebatur.   10

[XXVI. REGULAE BELLORUM GENERALES. In
omnibus proeliis expeditionis condicio talis est, ut quod
tibi prodest aduersarium noceat, quod illum adiuuat tibi
semper officiat. Numquam ergo ad illius arbitrium aliquid facere aut dissimulare debemus sed id solum agere, 15
quod nobis utile iudicamus. Contra te enim esse incipis,
si imiteris quod fecit ille pro se, et rursum quicquid pro
tua parte temptaueris contra illum erit, si uoluerit imitari.

V. L.   2 congruif et] c. fed (in A fed) ε   3 dilectuf uulgo
delectuf δP dilecti Π dilectū (˘ er. et f a 2 add.) A dilectum (di-
in de- corr. G) μG   3 querunt Π   4 captatif] occupatif ε
5 reparandū Π   6 cum] dum Π   6 felic.] fidelitate δ
6 fuperbiuf ΠPQ fupuif A fuperbif MG fupbi^{uf 2} L fuperbof δ
    Cap. XXVI.   11 In omn. pr. expeditionif c. t. e. π' I. o.
p. expeditionib; c. t. e. PI. o. p. et expeditionibuf c. t. e. Schwebelius [I. o. p. e. c. t. e.] ε   13 aduerfario δP   13 [ad]iuuat δP
    15 aut] uel π   16 incipif Π(?) uulgo incipit εδP   Mirus
est consensus huius primae regularum generalium particulae cum
initio breuis excerpti, quod codex ille celeberrimus scriptorum militarium Graecorum Laurentianus X saeculi folio 131 continet et
cui inscriptio est 'Τὰ εἰς ὕστερον ἐκβληθέντα ἀπὸ ἄλλων βι-
βλίων γνωμικά'. Incipit autem his uerbis 'Τοιαύτη τίς ἐστιν ἐν
τοῖς τῶν πολέμων καιροῖς ἡ τοῦ συμφέροντος εὕρεσις. Τὸ σοὶ
συμφέρον τοῖς πολεμίοις ἐστὶν ἀσύμφορον· καὶ ὃ παρ' ἐκείνοις
ὠφέλιμον, τοῦτο τοῖς σοῖς ἐναντιοῦσθαι φιλεῖ· οὐδὲν τοίνυν

S. L.   5 impetof faciendof α'   5 fic] fi Aμ   5 audacia]
audatiam Aμ   5 reparanda] reparandam μ   7 efferantur]
offerantur μ   8 euentof A₁   8 praeliorum Π
    Cap. XXVI.   11 adiubat A₁

In bello qui plus in agrariis uigilauerit, plus in exer-
cendo milite laborauerit, minus periculum sustinebit.

Numquam miles in acie producendus est, cuius antea
experimenta non ceperis.

5   Aut inopia aut superuentibus aut terrore melius est
hostem domare quam proelio, in quo amplius solet fortuna potestatis habere quam uirtus.

Nulla consilia meliora sunt nisi illa, quae ignorauerit
aduersarius, antequam facias.

10   Occasio in bello amplius solet iuuare quam uirtus.

In sollicitandis suscipiendisque hostibus, si cum fide
ueniant, magna fiducia est, quia aduersarium amplius
frangunt transfugae quam perempti.

Melius est post aciem plura seruare praesidia quam
15 latius militem spargere.

Difficile uincitur qui uere potest de suis et de aduersarii copiis iudicare.

Amplius iuuat uirtus quam multitudo.

V. L.   κατὰ τὴν ἐκείνων γνώμην ἢ ποιεῖν ἢ παραιτεῖσθαι
συμφέρει ἡμῖν, τοῦτο δὲ μόνον πράττειν, ὅπερ τοῖς ἡμετέροις
χρήσιμον εἶναι νομίζομεν· εἰ γὰρ, ἅπερ ἐκεῖνος ὑπὲρ ἑαυτοῦ
πράττει, ταῦτα σὺ μιμήσῃ, σαυτὸν ἀδικεῖς. ὥσπερ καὶ τὸ ἀνά-
παλιν· εἴ τι σὺ πράττεις συμφέρον σαυτῷ, τοῦτο βλάψει τὸν
πολέμιον τὰ σὰ μιμεῖσθαι βουλόμενον. *Quae secuntur a nostris
regulis prorsus discrepant.*   1 [In bello — fuftinebit] *λ
rubris litteris haec sunt exorata pro titulo noui* (XXVIIII) *capitis in* α   3 in aciem δP   5 aut inopia] potef inopia *λ*
poles
aut inopia (*correxit manus satis antiqua*) P   5 fuperuent.] f.
· · · · · · ·
aut inopia P   5 meliuf [eft] ε   6 domare (do͞are G) εΠ
fame domari P (*poft corr.* in fame domari) fame edomari δ
6 folet] poteft Π   8 [nulla — uirtuf] *A*₁ *sed a manu satis antiqua* (1?) *in margine addita sunt*   8 nifi] quam *λ*   8 igno-
rauit Π   9 faciat et occafio δ   10 [Occafio — uirtuf] *L*
     13 perempti] peremptio Π   15 fpargere π expargere α
expergere *λ*   16 [uere] *λ*   aduerfariif Π   17 iudicare ΠPD
indicare *λ* uindicare α umdicare V

S. L. ⌐ 4 antea] ante ea *A*₁   4 ceperif] coeperif *A*₁
5 terrore meliuf] terrorem meliuf *A*'   12 fidutia *A*   15 la-
ciuf M   18 iubat *A*₁Π

Amplius prodest locus saepe quam uirtus.

Paucos uiros fortes natura procreat, bona institutione plures reddit industria.

Exercitus labore proficit, otio consenescit.

Numquam ad certamen publicum produxeris mili- 5 tem, nisi cum eum uideris sperare uictoriam.

Subita conterrent hostes, usitata uiliscunt.

Qui dispersis suis inconsulte sequitur, quam ipse acceperat, aduersario uult dare uictoriam.

Qui frumentum necessariaque non praeparat, uincitur 10 sine ferro.

Qui multitudine et uirtute praecedit, quadrata dimicet fronte, qui primus est modus.

Qui inparem se iudicat, dextro cornu suo sinistrum cornu pellat inimici, qui secundus est modus.   15

Qui sinistram alam fortissimam habere se nouit, dextram alam hostis inuadat, qui est tertius modus.

Qui habet exercitatissimos milites, in utroque cornu pariter proelium debet incipere, qui quartus est modus.

Qui leuem armaturam optimam regit, utramque alam 20 hostis inuadat ferentariis ante aciem constitutis, qui quintus est modus.

V. L.   1 fepe locuf *Π*   2 inftitutione pl. reddit induftria. e. ε inftitutio pl. reddit induftriof. e. *Π* inftitutio pl. reddit [ind.] e. δ inftitutio pl. reddit. Induftria ex. *P*   6 nifi cum eum ε*ΠVP* nifi cum *D* nifi eum *Schwebelius*   6 fperare] fpectare *Π*   7 uilefcunt π*λ*   8 difperfof fuof *λP₂*   9 aduerfariif *Π*   10 frumentum neceffariaque (-quae *α'*) *αΠ* frumenta neceffaria *λ* frumentum neceffariumque commeatum δ*P uulgo*   11 ferro] ferro et eft primuf (primof *Q₁*) moduf *λ*   13 primuf] fecunduf *λP₂*
14 [Qui inparem — fecunduf eft moduf] ε*P₂*   16 alam [fortiffimam h. f. nouit d. alam] hoftif inu. *P₁*   19 par[iter] δ
20 optimam] optime *P*   20 regit] gerit *λ*   21 ferentarii *λ*

    21 conftitutif] conftituti fint (funt *Q*) *λ*

S. L.   5 publicum] puplicam *Π*   7 hufitata *M*   10 praeparat] -ant *Aμ*   12 praecedit] -et *A₁*   14 imparem *Π*
14 finiftram malam *A*   16 fortiffimam] fortiffima *A₁*
17 dextram malam *A* dextrā malam *G* ᵥ   20 leuem armaturam] leue armatura *Π*   22 moduf] modif *A*

Qui nec numero militum nec uirtute confidit, si depugnaturus est, de dextra sua sinistram alam hostium
pulset reliquis suis porrectis in similitudinem ueri, qui
sextus est modus.

5   Qui pauciores infirmioresque habere se nouit, septimo
modo ex uno latere aut montem aut ciuitatem aut mare
aut fluuium aut aliquod debet habere subsidium.

Qui confidit equitatu, aptiora loca quaerat equitibus
et rem magis per equites gerat.

10   Qui confidit pedestribus copiis, aptiora loca peditibus
quaerat et rem magis per pedites gerat.

Cum explorator hostium latenter oberrat in castris,
omnes ad tentoria sua per diem redire iubeantur, et statim deprehenditur explorator.

15   Cum consilium tuum cognoueris aduersariis prodi-
tum, dispositionem mutare te conuenit.

Quid fieri debeat, tractato cum multis, quid uero fa-
cturus sis, cum paucissimis ac fidelissimis uel potius ipse
tecum.

20   Milites timor et poena in sedibus corrigit, in expeditione spes ac praemia faciunt meliores.

V. L. 2 dextera *V* 3 ueri (muri *D*) *O* ueru *Q₂ uulgo* 5 paucio-
refque infirmiorefque *Π* 7 aut aliquod *δP* aut aliquid *Π* [a.]
aliquod *αQ* † aliquod *L* 7 [fubfidium] *δ* 8 equitatu *Gδ* aequi-
tatū (˜ *er.*) *A* equitatum *MQ* equitatui (i *in P postea adsutum uidetur) ΠP* p equitatū *L* 8 aptiora [loca quaerat — pedeftr.
copiif aptiora] *Π* 9 rem magif per [equitef gerat — peditibuf
quaer. et rem magif per] *ε* 9 equitef] peditef *P* 10 confidet *M* 13 ad tentoria fua] ad centuriaf fuaf *Π* 13 iubeantur (-atur *D*) *π* iubebantur *α* iubentur *λ* 13 [et] *λ* 17 tractato *α* tracta *π* tractatur *Q* tractetur *L* 18 fif] ef^t ^2 *Π*
18 ac] uel *δP* 18 fideliffimif] fidiffimif *π* 20 expeditionibuf
P 21 ac praem.] ad p̄lia (prelia *Q*) *λ*

S. L. 2 finiftram malam *A* finiftrā malam *G* 2 hoftium]
hoftiam *A₁* 5 pautioref *A* 8 confidit] confidet *M*
8 quaerat] querit *A₁* 8 equitibuf] aequi⸗⸗tibuf *A*
12 explorator] exploratof *α'* 13 omnef] om^il *M* 15 aduer-
fariif] aduerfarif *M* 16 difpofitionem] difpofitiorem *Π*
20 poena] pena *MΠ* 20 fedibuf] fediebuf *M* (*Par.* 6503)
20 corriget *AμΠ*

Boni duces publico certamine numquam nisi ex occasione aut nimia necessitate confligunt.

Magna dispositio est hostem fame magis urguere
quam ferro.

Quo genere depugnaturus sis, nesciant hostes, ne ali- 5
quibus remediis obsistere moliantur.]

De equitatu sunt multa praecepta; sed cum haec
pars militiae usu exercitii, armorum genere, equorum no-
bilitate profecerit, ex libris nihil arbitror colligendum,
cum praesens doctrina sufficiat.   10

Digesta sunt, imperator inuicte, quae nobilissimi auctores diuersis probata temporibus per experimentorum
fidem memoriae prodiderunt, ut ad peritiam sagittandi,
quam in serenitate tua Persa miratur, ad equitandi scien-
tiam uel decorem, quae Hunnorum Alanorumque natio 15
uelit imitari, si possit, ad currendi uelocitatem, quam Saracenus Indusque non aequat, ad armaturae exercitationem, cuius campidoctores uel pro parte exempla intelle-
xisse gaudent, regula proeliandi, immo uincendi artificium

V. L   3 magif fame *Π*   3 urgere *π*   7 *Commata* De
equitatu — fufficiat *et* Quo — moliantur *suadente uno cod.* *Π*
*transposuimus. Quod omnes has regulas a Vegetio abiudico, nemi-
nem, spero, offendet*   8 exercitii *δP* exercitui *ε* exercitio *Π*
12 probato temporibuf exercitio per *λ*   12 [probata] *δ*   15 quae
(que *Π*) *π* q; *α'* quam *G* [q.] *λP₁*   15 hunnorum *Π* hunorum
(hunorem *L*) *λδP* unorum *α' * unorum *G*   15 halanorum *δ*
16 uellet *δP*   16 fi] ñ *A₂ i. l. er.*   16 poffet *δP*   16 fa-
racenuf *ΠVP* farracenuf (-of *L*) *εD*   17 exercitationem] exercitium *λ*   19 regula] nunc Regula *L* Nunc regula *Q*

S. L.   1 hoccafione *A*   8 ufu] ufum *ε*   9 profecerit]
proficerit *Aμ* profecerint *Π*   10 praefenf] p̃henfuf (prehen-
fuf *G*) *A₁*   11 digefta] degefta *A'*   11 nouiliffimi *A*
13 peritiam] peritia *α'*   15 decorem] dequorem *A₁*   17 cur-
rendi] curendi *A₁*   19 regula] -ã *A*

iungeretur; quatenus uirtute pariter ac dispositione mirabilis reipublicae tuae et imperatoris officium exhiberes et militis.

V. L. 1 iungeretur] α iungitur λ iniungeretur Π ingeratur δP 1 quatinuſ δP 2 exhibereſ Π exhibebiſ εP exhibue- riſ δ 3 militum Π

Flauii Vegati (Vegeti G) Renati Viri (Virili A) Inluſtriſ Liber IIĪ Expt. Incipit Liber Quartuſ Incip̄ (Incipiunt G) Ca- pitula A' Flauii Vegati (Vegeti λM₂) Renati Viri Int. (In̄t. Q) Lib̆. III Explicit (Expt̆. L Expt̆c. Q) Incip̄ (Incipit L) Lib̆. IIII Incipiunt (Incipit L) Capitula (Capt̆. L) Libri Quarti μ Expt̆. Lib̆. III (tertiuſ V) Incip̆. (Incipit V) Lib̆. IIII (quartuſ V) Flauii Vegetii Renati V̆. (Vire K) Ill. (Illuſtriſ V) Epitoma (epytoma V) Inſtitutorum Rei Militariſ Ad Theodoſium Impe- ratorem ([A. Th. I.] D) Feliciter δ Explicit Liber Tertiuſ. In- cipit Liber Quartuſ. Item Capitula Libri Quarti Π subscri- ptione caret P.

S. L. 1 uirtute] uirtutem ε 1 diſpoſitione] diſpoſitio- nem A' (L) 2 offitium A

LIBER IIII.

[Incipiunt capitula libri quarti:

---

1 Ciuitatē *Q*   3 Quemammodum *Π*   aggeſtuſ *Π*
& terra iungantur egeſta *P* & terrae uingantur (*om. cet.*) *D*
4 catafractiſ *εΠ* caractiſ *P₁*   ab igni *P*   6 Ne ſagittiſ hoſtium
cedatur i. m. *Π*   7 paciantur *α'*   9 praeparanda *A*   9 ſunt *P*
   9 muro *M*   11 defecerit *Π*   12 paciantur *α'*   *inde a XI tituli
huius libri desunt in MQ₁*   13 Si ſaleſ defuerint *δP* Si ſaliſ defuerit *A'* Si ſal defuerit *L* Si ſaleſ defuerunt *Π*   14 ad murum *π'*   15 machinorum *A*   15 obpugnatur *A*   18 muſcliſ *Π*

---

6 tollenone δ tolenone Π tollennone A'L (hic corr.) telenone P
10 Aduerſuſ Π 12 defoditur] deponitur ΠD 14 oppida
niſi AP 14 hoſtiſ A 14 irruperint Π 17 muri A 18 om.
P₁ librarius autem ipse in margine addidit. 18 Quomodo ΠP₂
19 faciunt Π 22 Quemammodum Π item bis postea 24 [XXXI.
—XLVI.] sed tres lineas uacuas relictas habet D 25 iudicium Π
25 claſſibuſ P 26 appellantur LP apellantur α 29 ſunt
LP 30 Liburnorum A' 31 numeroſ A

Agrestem incultamque hominum in initio saeculi
uitam a communione mutorum animalium uel ferarum
urbium constitutio prima discreuit. In his nomen reipublicae repperit communis utilitas. Ideo potentissimae
nationes ac principes consecrati nullam maiorem gloriam
putauerunt quam aut fundare nouas ciuitates aut ab aliis
conditas in nomen suum sub quadam amplificatione transferre. In quo opere clementia serenitatis tuae obtinet
palmam. Ab illis enim uel paucae uel singulae, a pietate
tua innumerabiles urbes ita iugi labore perfectae sunt, ut
non tam humana manu conditae quam diuino nutu uideantur enatae. Cunctos imperatores felicitate moderatione castimonia, exemplis indulgentiae, studiorum amore

2 [XL.—XLVI.] *V* 3 pronofticif *A*' 4 reumate *O*
5 notitiam *Π* 5 fiue de rem. *P* 6 pilif *Π* 8 nabali belli *A*
 8 faciat *ΠP* 8 *Sequenti prologo praemittunt* expliciunt Capitula Incipit Liber IIII *λ* Incipit prefatio *Π*
 V. L. Prol. 10 [in] initio *δP* 11 mutorum *εΠ* mortuo-
rum *δP* brutorum *uulgo* 13 peperit *π*' 18 illif] aliif *δP*
21 enatae *ΠV* renatae *P* hanate *α*' pacte *G* ornatǫ *λ* [en.] *D*
paratae *uulgo ante Schwebelium* 21 cunctof] cunctof itaque *λ*
21 imperator *δ* 22 caftimoniae *δP* 22 exemplif indulgentiae
scripsi ex exempli indulgentiae *α*' exemplo indulgentiae *Gλ exc.*
Cusanum exemplif indulgentia *π* indulgentiae exemplo *uulgo*

 S. L. 10 incultam] incultum *M* 10 feculi *A* 11 commu-
nione] communitione *A*' 12 difcreuit] defcribit *α* 14] ac] a *α*'
 14 confecrati] confecrant in *Π* 17 optinet *A*' 21 felicitate moderatione] felicitatem moderationem *α*'

praecedis. Regni animique tui bona cernimus et tene-
mus quae anticipare et superior optauit aetas et extendi
in perpetuum uentura desiderat. Quibus rebus tantum
uniuerso orbi praestitum gratulamur, quantum uel hu-
5 mana mens petere uel gratia potuit diuina conferre. Sed
dispositionibus uestrae clementiae, quantum profecerit
murorum elaborata constructio, Roma documentum est,
quae salutem ciuium Capitolinae arcis defensione seruauit,
ut gloriosius postea totius orbis possideret imperium. Ad
10 complementum igitur operis maiestatis uestrae praece-
ptione suscepti rationes, quibus uel nostrae ciuitates
defendendae sint uel hostium subruendae, ex diuersis
auctoribus in ordine digeram, nec laboris pigebit, cum
omnibus profutura condantur.

15   I. Urbes atque castella aut natura muniuntur aut
manu aut utroque, quod firmius ducitur; natura aut loco-

V. L.   1 et tenemuſ quae] π etenim uſq; α haec enim λ *exc.*
Cusanum   2 [et] λ *exc. Cusan.*   3 in perpetuo ε   4 praeſti-
tum] conceſſum preſtitum λ *exc. Cusanum*   4 gratulamur] gr.
donum λ *exc. Cusanum* gr. honorĕ P_2 (*in margine*) gr. bonum *uulgo*
     6 diſpoſitioniſ ueſtrae [cl.] δ   6 profecerit ΠG proficerit
$A\mu$ profuerit δP   7 murorum] mutorŭ Π   7 elaborata GλδP
elabora α' elabora   Π   7 documentum A'λδP docu-
mentu M documento Π   8 capitolina arx Π   9 [ut] Π
9 poſſideret π' poſſiderit $A\mu P$ poſſederit G   13 in ordinĕ Π(?)λ
     13 dirigam V dirigam D Incipiunt capitula libri quarti
([l. q.] D) δ, *in quibus capitulatio et prologus transposita sunt.*
Post capitula enumerata V *addit* Expliciunt Capitula Incipit Liber Quartuſ Feliciter.
     Cᴀᴘ. I. 16 locorum edito (aedeto *corr. a* 2 *in* -ito L aedito Q)
uel abrupto εΠ l. editu uel abructu V l. editu aut abruptu D
l. editu uel abrupta (-o P_2) P loco edito uel abrupto *uulgo*

S. L.   tantum] tanto α'   4 humana menſ] humanam menſ
A'   8 capituline ε   8 archiſ ε   8 ſeruauit] ſeruabit α'
   9 orbiſ] urbiſ A   11 rationeſ] narrationeſ Π
   Cᴀᴘ. I.   15 muniuntur] minuuntur M

rum edito uel abrupto aut circumfuso mari siue paludibus
uel fluminibus; manu fossis ac muro. In illo naturali
beneficio tutissimo eligentis consilium, in plano quaeritur
fundantis industria. Videmus antiquissimas ciuitates ita
in campis patentibus constitutas, ut deficiente auxilio loco- 5
cum arte tamen et opere redderentur inuictae.

II. Ambitum muri directum ueteres ducere nolue-
runt, ne ad ictus arietum esset expositus, sed sinuosis an-
fractibus, iactis fundamentis, clausere urbes, crebriores-
que turres in ipsis angulis reddiderunt propterea, quia, si 10
quis ad murum tali ordinatione constructum uel scalas
uel machinas uoluerit admouere, non solum a fronte sed
etiam a lateribus et prope a tergo ueluti in sinu circum-
clusus obprimitur III. Murus autem ut numquam possit
elidi, hac ratione perficitur. Interuallo uicenum pedum 15
interposito duo intrinsecus parietes fabricantur. Deinde
terra, quae de fossis fuerit egesta, inter illos mittitur ue-
ctibusque densatur, ita ut a muro primus paries pro rata
inferior, secundus longe minor ducatur, ut de plano ciuitatis ad similitudinem graduum quasi cliuo molli usque 20
ad propugnacula possit ascendi, quia nec murus ullis

V. L. 1 circumfuſo Π 2 muro. In illo π' muroſ. In illo α'
muriſ. In illo G muro ſine illa corr. in muro ſiue illo L₁ muro.
ſi nullo QL₂ muro. ſine ullo P 3 tutiſſimo O tutiſſima Scriuerius tutiſſimum uulgo 3 conſiliū corr. in conſilio P
4 fundatiſ (-taſ L₁) AlP
Cap. II. 7 ducere] duci P uulgo 8 eſſet expoſituſ π
eſſediſpoſituſ A eſſe diſpoſitoſ G eſſet diſpoſituſ M eſſet diſpo-
ſitū λ 8 anfr.] ac fractibuſ MQ₁ 10 reddiderunt εΠVP
tradiderunt D ediderunt uulgo 13 uelut π 13 in ſinū P
13 circumclauſuſ δ Cap. III. 15 elidi] deleri δ 15 Interuallo uicenum pedum V Interuallo bicenum pedum Π I. uiceno-
rum p. D Interuallo uicenum plenum pedum α'P interuallum uicinum pedum μ 16 interpoſitam λ 16 deinde] ſed inde δ
17 [de] δ 18 pro rata αδP prolatuſ Π pro arte λP 20 cliuo
molliuſque εΠ 21 ulliſ A'λV ulluſ D ulluſ M illiſ ΠP

L. S. 1 padulibuſ M Cap. II. 9 crebrioreſ] creuioreſ α'
12 admouere] admonere α' 14 obp̄mitur A₁ obprimitur (corr.
ex opp.) G opprimitur μΠ Cap. III. 15 hac] ac A₁
17 mittitur] mittetur ε 20 cliuo] clibo Aμ

potest arietibus rumpi, quem terra confirmat, et quouis
casu destructis lapidibus ea, quae inter parietes densata fuerat, ad muri uicem ingruentibus moles obsistit.
IIII. Cauetur praeterea, ne portae subiectis ignibus ex-
5 urantur.   Propter quod sunt coriis ac ferro tegendae;
sed amplius prodest, quod inuenit antiquitas, ut ante portam addatur propugnaculum, in cuius ingressu ponitur
cataracta, quae anulis ferreis ac funibus pendet, ut, si
hostes intrauerint, demissa eadem extinguantur inclusi.
10 Ita tamen supra portam murus est ordinandus, ut acci-
piat foramina, per quae de superiore parte effusa aqua
subiectum restinguat incendium.   V. Fossae autem ante
urbes latissimae altissimaeque faciendae sunt, ut nec
facile possint coaequari replerique ab obsidentibus et,
15 cum aquis coeperint redundare, ab aduersario cuniculum
continuari minime patiantur.   Nam duplici modo opus
subterraneum peragi, earum altitudine et inundatione,
prohibetur. VI. Formidatur, ne multitudo sagittariorum de
propugnaculis exterritis defensoribus adpositisque scalis
20 occupet murum.   Aduersum quod catafractas uel scuta in
ciuitatibus debent habere quam plurimi. Deinde per propugnacula duplicia saga ciliciaque tenduntur impetumque

---

V. L.   2 deftructif π diftructif μG *Par.* 6503 diftructuf A
3 fuerat ΠV fuerit εP fuerint D Cap. IIII. 4 exurantur] noceantur *Schwebelius, qui G cod. eam scripturam praebere confirmat.*
Sed errauit homo doctus; contra in inscriptione capitis omnes mci
in noceantur *conspirant*   8 cataracta] cataracte Π catafracta λ
   11 fuperiori Π 12 reftinguat (reftingat D) $\pi\lambda$ reftringuat M
retinguat A_1 retinguat G Cap. V.   13 latiffimae altiffimaeque
$\pi' P_2$ latiffimaeque (-qūe G) α latiffimae λP_1 15 redundare δ
renundare α' redundari $G\lambda P$ inundari Π Cap. VI.   20 Aduerfuf Π 21 [per] propugnacula εP 22 duplicia] puplica Π
22 faga ciliciaque π faga[ci]liciaque ε faga cilicina P_2 *in l. er.*
     22 impetumq; $A\pi'$ impetumque G impetum quae M quae
impetum λP

S. L.   1 poteft] poft A 3 molef] molif $A\mu$ Cap. IIII. 8 anu-
lif] anullif $\Pi(Q)$ 9 demiffa] dimiffa μ 10 portam] por-
tem A_1 Cap. V.   16 menime A_1 16 paciantur M
18 prohibetur] perhibetur α Cap. VI.   19 appofitif Π
20 catafractaf] catafractif A_1 (catafracta G)

excipiunt sagittarum. Neque enim facile transeunt spicula quod cedit ac fluctuat. Inuentum quoque remedium est, ut de ligno crates facerent, quas metallas uocauerunt, lapidibusque complerent, ea arte inter bina propugnacula constitutas, ut, si per scalas ascendisset hostis et 5 partem aliquam ipsius contigisset, supra caput suum uergeret saxa.

VII. Multa defensionum obpugnationumque sunt genera, quae locis conpetentibus inseremus. Nunc sciendum est obsidendi duas esse species, unam, cum aduer- 10 sarius oportunis locis praesidiis ordinatis ***** uel aqua prohibet inclusos uel deditionem sperat a fame, quando omnes prohibuerit commeatus. Hoc enim consilio ipse otiosus ac tutus fatigat inimicum. Ad quos casus possessores, quamuis leui suspitione pulsati, omnem alimoniam 15 uictus intra muros debent studiosissime collocare, ut ipsis exuberet substantia, aduersarios inopia cogat abscedere. Non solum autem porcinum sed et omne animalium ge-

---

V. L.   2 [quoque] *M, addit. a* 2 *in margine*   3 metallaſ εΠ*VP* mactalaſ *D* metellaſ *uulgo* atque *in lexicis, quae solum nostrum locum laudant,* matellaſ *Oudendorpius et R. M. (qui sermone Germanico anno* 1800 *Vegetium interpretatus est)*   5 conſtitutaſ δ*P₂* conſtituaſ ε*P* conſtituta Π   5 per] ſuper ε (p *Q₁*)   7 uergeret] αQΠ*P* uergerent *L₁ uulgo* ucteret (*sic!*) *V* uerteret *D*

Cap. VII.   10 ſpecieſ eſſe π'   10 una π'   11 continuiſ inſultibuſ impugnat obſeſſoſ, alteram cum *supplet lacunam Parisinus* 7232 (XIV *saec.*); *quod supplementum uulgata adripuit*   12 [incluſoſ uel d. — hoc e. c. ipſe otioſuſ] Π incluſoſ δ   12 deditionem ſperat *a corr. ex* deditionem ſperata *G* deditione ſperata α' deditionem ſperata λδ dedicatione ſperata *P*   15 leui ſuſpitione pulſati omnem π' leuiſ ſuſpitionem pulſatioñ α' leuiſ ſuſpitioniſ pulſationem *G* leuiſ ſuſpitio ſit pulſationiſ λ leuiſ ſuſpitione (one *a* 2 *in l. er.*) pulſatione (-one *a* 2 *i. l. er.*) *P*   17 exſuperet Π   17 ſubſtantiam Π   18 ſed [et] π'

S. L.   Cap. VII.   8 obpugnationum *supra lineam intrusum M* oppugnationum Π   9 compet. Π   9 inferemuſ] *syllaba* muſ *in loco eraso M*   13 prohibuerit] prohibuerint α   13 commeatoſ α'   14 ocioſuſ μ   14 fatigat] faſtigat *A*   17 abſcedere] abſcidere *A₁*   18 porcinum] portinum *A₁*

nus, quod inclusum seruari non potest, deputari oportet
ad laridum, ut adminiculo carnis frumenta sufficiant.
Aues autem cohortales et sine inpensa in ciuitatibus nu-
triuntur et propter aegrotantes sunt necessariae.　Pabula
5 equis praecipue congerenda et quae adportari nequi-
uerint exurenda.　Vini aceti ceterarumque frugum uel
pomorum congerendae sunt copiae'nihilque, quod usui
proficiat, hostibus relinquendum.　Nam, ut hortorum cura
in uirdiariis domorum uel areis exerceatur, utilitatis ac
10 uoluptatis ratio persuadet.　Parum autem proficit plurimum collegisse, nisi ab exordio dimensione salubri per
idoneos erogatio temperetur.　Numquam periclitati sunt
fame qui frugalitatem inter copias seruare coeperant.　In
bellis quoque aetas ac sexus propter necessitatem uictus
15 portis frequenter exclusa est, ne penuria obprimeret armatos, a quibus moenia seruabantur.　VIII. Bitumen sul-
phur picem liquidam oleum, quod incendiarium uocant,
ad exurendas hostium machinas conuenit praeparari; ad
arma facienda ferrum utriusque temperaturae et carbones
20 seruantur in conditis; ligna quoque hastilibus sagittisque
necessaria reponuntur.　Saxa rotunda de fluuiis, quia pro
soliditate grauiora sunt et aptiora mittentibus diligentissime colliguntur; ex quibus muri replentur et turres;

V. L.　1 poteſt] poterit δ　2 laridũ εΠP laritũ V lardũ D
4 pabula equiſ π' pabulae quiſ α' pabula quiſ G pabulaque ſunt
λP₁ p. equiſ ſunt P₂　6 [ac.] δ　7 uſui εP [u.] Π de ſuiſ V
ſuiſ D　9 uirdiariiſ α uiridariiſ Π uiridiariiſ δP (in hoc una
cum hortorum cura in loco eraso) uirdiriariiſ λ　9 ac] aut δP
　　10 uoluntatiſ D [ac uoluptatiſ] R. M.　11 per idoneoſ] p.
i. procuratoreſ uulgo　14 copiaſ ſeruare GΠP copiaſ [ſeruare]
δ copia ſ. α' copiam ſ. λ Par. 6503　13 coeperunt πλ　15 por-
tiſ π fortiſ Aμ fortiſ G　CAP. VIII.　18 praeparare λ
23 replebuntur Π

S. L.　1 ſeruari] ſeruare A₁　2 adminiculo] aminiculo Π
　　3 impenſa Π　5 congerenda] conierenda Π　5 appor-
tari Π　12 pereclitati (-tate G₁) α　＇14 ſextuſ Π
15 opprimeret μΠ　CAP. VIII.　16 ſulphor A₁ ſulfur Π
17 incendiarium] incendiarum α　21 neceſſaria] neceſ-
ſariae α

minima ad fundas siue fustibalos uel manibus iacienda,
maiora per onagros diriguntur, maxima uero pondere
formaque uolubili in propugnaculis digeruntur, ut demissa
per praeceps non solum hostes obruant subeuntes sed
etiam machinamenta confringant. Rotae quoque de lignis 5
uiridibus ingentissimae fabricantur, uel intercisi ex ualidissimis arboribus cylindri, quas taleas uocant, ut sint
uolubiles, laeuigantur, quae per pronum labentia subito
impetu bellatores solent [equos quoque] deterere. Trabes
quoque et tabulata uel diuersae magnitudinis clauos fer- 10
reos esse oportet in promptu. Nam obpugnantium machinis per alias machinas consueuit obsisti, praecipue
cum subitis operibus addenda sit muris uel propugnaculis
altitudo, ne aduersariorum mobiles turres superemineant
et capiant ciuitatem. VIIII. Neruorum quoque copiam 15
summo studio expedit colligi, quia onagri uel ballistae
ceteraque tormenta nisi funibus neruinis intenta nihil
prosunt. Equorum tamen saetae de caudis ac iubis ad

V. L.   1 ad fundaſ ſiue fuſtibaloſ *π'λ* ad funda ſiue fuſtibaloſ *α'* funda ſiue fuſtibaliſ *G* fundiiſ ſiue fuſtibalioſ *P*   2 diriguntur [Maxima — digeruntur] *εΠV extant in DP, retinet uulgata*ˉ   3 digeruntur *P* diriguntur *D*   3 demiſſa] *δ* dimiſſa
εΠP   4 [hoſteſ] *uulgo*   4 obruantur *V*   5 conſtringant *Π*
6 [uel] *Π*   6 interciſi *π* intercⁱſiſ *MGQ* interteſiſ
(-ceſiſ 2) *L* interceſiſ *A*   7 cylindri *α* cilindri *δP* chilindriſ *λ*
cycli *Π*   7 taleaſ] galeaſ *δ*   8 laeuigantur] eligantur *Π*
9 ſolent [equoſ quoque] deterere *Lang* ſolent equoſ quoque deterere *α'* ſ. equoſ quoſque deterere *G* ſ. eoſque deterrere *Π* ſ. quoſque deterere (detreri *D*) *δ* ſ. equoſque deterere
P ſternunt equoſ q̃. (*punctum et* ˉ *er. a* 2) deterere (deterrent₂)
L ſternunt ſolent equoſ quoque deterre (deterrᵉʳᵉ 2) *Q* ſternunt
equoſque ſolent deterrere *uulgo*   10 tabulata] tabulaſ *π'*
11 [oportet] *Π*   11 i. promtu *λ*   12 obſiſti] obeſſe *Π*
15 [quoque] *δ*   Cᴀᴘ. VIIII.   18 ſaetae] ſetae *Gπ'* ſitẹ *μ* ſitae
A ſete *ex* ſite *corr. P*   18 caudiſ ac iubiſ] c. ≡et≡ iubiſ *G*

S. L.   8 leuicantur *M*   8 labentia] lauentia *α'*   9 traueſ *M*   10 diuerſae magnitudiniſ] diuerſaſ magnitudineſ *Π*
10 clauoſ] claueſ *A*   11 oppugnantium *μ* oppugnandum *Π*
Cᴀᴘ. VIIII.   16 honagri *A'*   16 baliſtae *μΠ*   17 coe-
teraque *A*₁   18 ac iubiſ] adiubiſ *A*₁ adiuuiſ *M*

ballistas utiles adseruntur. Indubitatum uero est crines
feminarum in eiusmodi tormentis non minorem habere
uirtutem Romanae necessitatis experimento. Nam in
obsidione Capitolii corruptis iugi ac longa fatigatione tor-
5 mentis, cum neruorum copia defecisset, matronae absci-
sos crines uiris suis obtulere pugnantibus, reparatisque
machinis aduersariorum impetum reppulerunt. Maluerunt enim pudicissimae feminae deformato ad tempus
capite libere uiuere cum maritis quam hostibus integro
10 decore seruire. Cornua quoque uel cruda coria proficit
colligi ad catafractas texendas aliaque machinamenta siue
munimina.

   X. Magna urbis utilitas est, cum perennes fontes
murus includit. Quod si natura non praestat, cuiuslibet
15 altitudinis effodiendi sunt putei aquarumque haustus funibus extrahendi. Sed interdum sicciora sunt loca, quae
montibus sunt saxisque munita; in quibus superposita
castella extra murum inferiores reperiunt fontium uenas
ac de propugnaculis uel turribus destinatis protegunt telis,
20 ut aquatoribus liber praestetur accessus. Quod si ultra
ictum teli, in cliuo tamen ciuitatis subiecta sit uena, ca-
stellum paruulum, quem burgum uocant, inter ciuitatem

V. L.   1 afferentur Π 1 indubitanter λ 1 eft π' et ε
[e.] P 3 r. neceffitatif experimento α r. nec. experimento
cognofcitur λP r. neceffitatif [e.] Π r. neceffitatif expedimento
V romana neceffitaf experimento D 10 profuit π'   11 catafra-
cta Π 11 texendaf δP texenda Π tegendaf ε 12 munimenta δ
   Cap. X. 13 [eft] Π 14 murif A 14 praeftet G_1 16 ficciora
(ex - re corr. A) A'ΠV'fictiora D fiociora M fi alciora λ fi altiora P
Schwebelius — In distinctione huius orationis membri (ficciora —
uenaf) editionem Coloniensem (1524) secuti sumus; uulgo poft ca-
ftella colon ponitur   18 extra m. i.] ad extrema muri inferiorif δ
   18 font.] montium δP 21 iactũ P 22 quem] quod $\lambda\pi$'P_2

S. L.   1 baliftaf $A\mu\Pi$ (baliftaf G)   4 obfidione] obfiditione
A'   4 capituli A_1 capitoli M 5 abfcifof] abfcifo Π
6 nirif] uiref A_1 10 cruda] crura α'
   Cap. X.   13 perennef] perhennif Π 15 hauftuf] auftuf
$A\mu$ 18 repperiunt ε 19 protegunt] prodegunt M
21 cliuo] clibo α'   22 paruolum α 22 burgum] uurgum Π

et fontem conuenit fabricari ibique ballistas sagittariosque constitui, ut aqua defendatur ab hostibus. Praeterea in omnibus publicis aedificiis multisque priuatis cisternae sunt diligentissime substruendae, ut receptacula aquis plu- uialibus, quae de tectis effluunt, praestent. Difficile sitis 5 uicit, qui quamuis exigua aqua ad potum tamen tantum in obsidione sunt usi. XI. Si maritima sit ciuitas et sales defuerint, liquor ex mari sumptus per alueos aliaque patula uasa diffunditur, qui calore solis duratur in sa- lem. Quod si hostis ab unda prohibeat, nam hoc accidit, 10 harenas, quas excitatum uento mare superfuderat, ali- quando colligunt et dulci aqua eluunt, quae sole siccata nihilominus mutatur in sales.

XII. Violenta autem inpugnatio quando castellis uel ciuitatibus praeparatur, mutuo utrimque periculo sed 15 maiore obpugnantium sanguine exercentur luctuosa cer- tamina. Illi enim, qui muros inuadere cupiunt, terrifico apparatu expositis copiis in spem deditionis formidinem geminant tubarum strepitu hominumque permixto; tunc,

---

V. L.   1 fagittariof[que] Π   2 conftitui ut *Gπ* conftituat *A*
conftituat ut μ   4 fubftruendae *ΠML* [2?] fubtruendae *Q* fubtra-
hendae *A'* fubftituendae *δP*   5 fitif uicit α fitif uincit eof *λ*
enim eof fitif uincit Π enim eof quif uicit *δP*   6 qui] quia *A*
  6 exiguam aquam ε   6 tamen tantum α*ΠVP* tamen hac *λ*
tamen *D* tantum *uulgo*   Cap. XI.   7 falef defuerint *Gπ* falif
defuerint *A* falif defuerit *M* fal defuerit *λ*   8 aliaque] ε atque alia π' atque *P*   9 qui π quia ε qui a *uulgo*   10 hoftef —
prohibeant Π   10 accidit] faepe accidit *λ*   11 excitatum
uento Π excitato uento *Q* exercitato uento *λ* exagitatum uentif
δP   12 colligant *λ*   12 eluunt] pfundunt *P* pfundant *λ*
13 falef *GMΠVP* Par. 6503 faléf (*ita ut ipse correxisse uideatur*)
A falem *λD*
  Cap. XII.   15 utrique π'   16 exerceantur δ   17 [enim] Π   18 in
fpem] fine fpe *δP*   19 tubarum] turbarum Π   19 hominum-
que] agminumque Π   19 tunc quia timor magif frangit infue-

S. L.   2 defendatur] fendatur *A₁*   Cap. XI.   8 alueof] albeof α   11 fuperfuderat] fuperfunderat α   12 dulci aqua]
dulcia aqua *M* dultia aqua *A*   13 nihilhominuf α
  Cap. XII.   14 impugnatio Π   16 oppugnantium *MΠ*
16 fanguine] fanguinem μ   17 illi en.] ille en. *A₁*   18 dedi-
cionif μ   19 ftrepitum α'

quia timor magis frangit insuetos, primo impetu stupentibus oppidanis, si discriminum experimenta non norunt,
admotis scalis inuaditur ciuitas. Quod si a fidentibus
siue militaribus uiris repellatur prima congressio, statim
5 clausis crescit audacia, et iam non terrore sed uiribus et
arte confligitur. XIII. Admouentur enim testudines arietes falces uineae plutei musculi turres; de quibus singulis, qualiter fabricentur, quo etiam pacto proelientur
uel repellantur, edisseram. XIIII. De materia ac tabulatis
10 testudo contexitur, quae, ne exuratur incendio, coriis uel
ciliciis centonibusque uestitur. Haec intrinsecus accipit
trabem, quae aut adunco praefigitur ferro et falx uocatur
ab eo, quod incurua est, ut de muro extrahat lapides, aut
certe caput ipsius uestitur ferro et appellatur aries, uel
15 quod habet durissimam frontem, quae subruit muros, uel
quod more arietum retrocedit, ut cum impetu uehementius feriat. Testudo autem a similitudine uerae testudinis
uocabulum sumpsit, quia, sicut illa modo reducit modo
proserit caput, ita machinamentum interdum reducit tra-
20 bem interdum exerit, ut fortius caedat.

V. L. -tof εP t. q. t. magnuf fr. inf. Π tunc quia timor eā infuetuf V tunc timor eā agit infuetuf D Ne codici Π credamus,
prohibemur loco Macrobiano (Sat. VII, 13. 10 Ian.) ubi, ut nostro,
magif pro potiffimum ponitur. Ceterum num interpolatoris manus
a toto nostro loco prorsus aliena fuerit dubitem   2 norunt M
    3 admotif GμδP admoritif A appofitif Π   3 [a] δ
4 uirif εδ uirib; P eminuf Π   5 claufif] oppidanif Π
Cap. XIII.   8 p̄lientur μδ(V?)P p̄ligentur A' proeliantur Π
9 edifferam] enarremuf δP   9 materia] materie Π materiea G
13 incurua (-ba A) A'P incuruata μ incuruatum Π curuatū δ
14 caput ipf.] caput ei V   15 quae] qua Π   15 fubruit δP fu-
bruet αΠ fubruat λ   19 proferit α proferit Π profert λδP
19 machinamentum hoc interdum Π   20 exerit Gπ exeret A'
effert λ

S. L.   2 obpidanif A'   4 reppellatur A   5 audatia Aμ
6 confligitur] confrigitur A   Cap. XIII. 6 admouentur] am-
mou. Π   7 plutei] putei A (pultei G)   8 qualiter] pariter Π
Cap. XIIII.   9 ac tabulatif] ac tauolataf A₁ (apte dolata A₂)
tauolatif M   10 contexitur] conteffitur α'   10 ne] nec α'
    12 trauem M   12 falf α   16 retrocaedit A₁   16 im-
petu] impetum M   19 trauem α'

XV. Vineas dixerunt ueteres, quas nunc militari barbaricoque usu causias uocant. ‚ E lignis leuioribus machina colligatur, lata pedibus octo, alta pedibus septem,
longa pedibus sedecim. Huius tectum munitione duplici
tabulatis cratibusque contexitur. Latera quoque uimine 5
saepiuntur, ne saxorum telorumque impetu penetrentur.
Extrinsecus autem, ne inmisso concrematur incendio, crudis ac recentibus coriis uel centonibus operitur. Istae,
cum plures factae fuerint, iunguntur in ordinem, sub
quibus obsidentes tuti ad subruenda murorum penetrant 10
fundamenta. Plutei dicuntur qui ad similitudinem absidis
contexuntur e uimine et ciliciis uel coriis proteguntur
ternisque rotulis, quarum una in medio, duae in capitibus
apponuntur, in quacumque parte uolueris admouentur
more carpenti; quos obsidentes applicant muris, eorum- 15
que munitione protecti sagittis siue fundis uel missibilibus
defensores omnes de propugnaculis ciuitatis exturbant, ut
scalis ascendendi facilior praestetur occasio. Agger autem ex terra lignisque extollitur contra murum, de quo
tela iactantur.   20

V. L. CAP. XV.   1 barbaricoque (-quae α') α barbari quoque π barbario (barbaro Q) quoque λ   2 causiaſ *uulgo* cau-
ciaſ δ cautiaſ P cautiuſ Π cautib; (cautibuſ G) ε cattoſ *Ed.
Bonon. Lipsius Pol.* I, 7 *Versio Germanica* 1511; *Vincentius Bello-
uacensis hunc locum exscripsit*, 'uineaſ dixerunt ueteref, quaſ
nunc cautibulaſ aliaſ chartoſ (cattoſ?) uocant' *Oudendorpius aut
uulgatam retentam aut* cautibulaſ *scriptum uult; Schwebelius* cattoſ *probare uidetur*   3 lata ped. octo alta A'π lata [p. o. a.]
μ alta ped. o. lata *uulgo*   5 tabuliſ δP *Scriuerius*   5 uimi-
ne] ΠVPλ uiminea MG Par. 6503 uinea A₁ uimina D uinee A₂
    7 concremetur αΠ concrementur VP cremetur λ cremen-
tur D   9 i. ordine λ   10 obſidenteſ] ſubſidenteſ δP
10 [tuti] Π   11 abſidiſ] ſudiſ Π   12 [e] uimine Π   14 apponuntur αV adponuntur D opponuntur (obp. P) λΠP   14 in]
et in Π   14 quacumque parte απ' quacumque partem λ
quamcumque partem P   15 quoſ] quod λ M₂ *in margine* [q.]
M₁   15 ſubſidenteſ δP

S. L. CAP. XV.   2 uocant] uocat A' uocaN M   7 immiſſo Π
    10 tuti] toti α'   11 plutei] putei α'   12 coriiſ] coriſ M
14 admouentur] ammouentur Π   17 ciuitatiſ] ciuitateſ α
18 agger] ager A₁

XVI. Musculos dicunt minores machinas, quibus protecti bellatores sudatum auferunt ciuitatis; fossatum etiam
adportatis lapidibus lignis ac terra non solum conplent
sed etiam solidant, ut turres ambulatoriae sine inpedi-
5 mento iungantur ad murum.   Vocantur autem a marinis
beluis musculi; nam quemadmodum illi, cum minores
sint, tamen ballenis auxilium adminiculumque iugiter exhibent, ita istae machinae breuiores [uel] deputatae turribus magnis aduentu illarum parant uiam itineraque prae-
10 muniunt.   XVII. Turres autem dicuntur machinamenta ad
aedificiorum speciem ex trabibus tabulatisque conpacta et,
ne tantum opus hostili concremetur incendio, diligentissime ex crudis coriis uel centonibus communita, quibus pro
modo altitudinis additur latitudo.   Nam interdum tricenos
15 pedes per quadrum interdum quadragenos uel quinquagenos latae sunt. Proceritas autem ipsarum tanta fit, ut non
solum muros sed etiam turres lapideas altitudine superent.
His plures rotae mechanica arte subduntur, quarum lapsu
uolubili magnitudo tam ampla moueatur.   Praesens au-
20 tem periculum ciuitatis est, si ad murum fuerit turris
admota.   Plures enim accipit scalas et diuerso genere
conatur inrumpere.   Nam in inferioribus habet arietem,
cuius impetu destruit muros, circa mediam uero partem

V. L.   Cap. XVI.   2 ſudatŭ auferunt εΠ ſudatĭ auferunt P_2
in l. er. ſi lutŭ offuent V ſi lutŭ obfuerit D et sine dubio P_1 ſude-
tum auferunt Lipsius (R. Mil. V, 5)   2 ciuitateſ[;] Π   5 mu-
rum] muroſ π   7 balleniſ O balaeniſ grammatici docent   8 [uel]
deputatae uulgo uel dep. εΠP_2 ualde put. δ ualde dep. P de uelut
cogitauit Oudendorpius   9 aduentu A'π' aduentŭ P aduentui μ
Cap. XVII.   11 [ex] uulgo   13 communita quibuſ πλ com-
munit a quibuſ α communitur quibuſ A_2 Stewechius   15 uel]
ac Π   17 [altitudine] Π   18 hiſ plureſ rotae] hiſ autem crateſ Π   18 quarum] quaſ Π   19 uolubili] immobili Π
19 moueatur] moratur Π

S. L.   Cap. XVI.   3 apportatiſ Π   3 complent Π   4 am-
bulaturiae A μ   4 impedimento Π   5 iungantur] iugantur A_1
6 beluiſ] ueluiſ Π   6 quemammodum Π   7 exibent Π
9 parant] parat Π   Cap. XVII.   10 turreſ] turriſ α'
11 trauibuſ A μ   11 compacta Π   15 tricenoſ] trecenoſ ε
18 rothae A_1 22 irrumpere Π   23 deſtruit] deſtruet ε
23 mediam] media α'   23 partem] parte M

accipit pontem, factum de duabus trabibus saeptumque
de uimine, quem subito prolatum inter turrem murum-
que constituunt et per eum egredientes de machina bellatores in ciuitatem transeunt et occupant muros. In
superioribus autem turris illius partibus contati et sagit- 5
tarii collocantur, qui defensores urbis ex alto contis missibilibus saxisque prosternant. Quo facto ciuitas capitur
sine mora. Quid enim auxilii superest, cum hi, qui de
murorum altitudine sperabant, repente supra se aspiciant
altiorem hostium murum? XVIII. Huic tam manifesto 10
discrimini multis occurritur modis. Primum, si confidentia uel uirtus est militaris, eruptione facta globus egredi-
tur armatorum et ui hostibus pulsis machinamentum illud
ingens direptis coriis de lignis exurit. Quod si oppidani
exire non audeant, ad maiores ballistas malleolos uel fala- 15
ricas cum incendio destinant, ut perruptis coriis uel centonibus intrinsecus flamma condatur. Malleoli uelut sagittae sunt, et, ubi adhaeserint, quia ardentes ueniunt,
uniuersa conflagrant. Falarica autem ad modum hastae
ualido praefigitur ferro; inter tubum etiam et hastile 20

sulphure resina bitumine stuppisque conuoluitur infusa
oleo, quod incendiarium uocant; quae ballistae impetu
destinata perrupto munimine ardens figitur ligno turri-
tamque machinam frequenter incendit. Depositi quoque
5 homines funibus, cum hostes dormiunt, in lanternis portant lucernas et incensis machinis rursum leuantur in
murum. XVIIII. Praeterea partem muri, ad quam machina
conatur accedere, caemento atque lapidibus uel luto siue
lateribus, postremo tabulatis extruendo faciunt altiorem,
10 ne defensores moenium desuper urbi uentura possit obprimere. Constat autem inefficax machinamentum reddi,
si inueniatur inferius. Verum obsidentes eiusmodi dolum adhibere consueuerunt. Primo talem extruunt turrem,
quae propugnaculis ciuitatis uideatur inferior; deinde
15 secreto aliam de tabulis intrinsecus turriculam faciunt et,
cum muris fuerit machina sociata, subito funibus troch-
leisque de medio turricula illa producitur, de qua egredientes armati, quia altior inuenitur, statim capiunt ciuitatem. XX. Interdum longissimas ferratasque trabes
20 obponunt machinae uenienti eamque a muri uicinitate
propellunt. Sed cum Rhodiorum ciuitas obpugnaretur ab
hostibus et turris ambulatoria supra murorum altitudinem ac turrium omnium pararetur, mechanici ingenio

---

V. L. 1 infuſo δP   Cap. XVIIII. 10 ne] ut π   11 inefficax π
efficax Gλ efficaſ α' 13 conſueuerunt] conſuerunt Π   13 turrem εΠ turrim VP murū D   15 tabuliſ] tabulatiſ Π uulgo
16 trochleiſ] trocleiſ O   Cap. XX. 20 [a] Π   22 ſupra m.
(muri P) a.] [ſ.] murorum altitudo λ   23 pararetur] ſuperaret λ
23 mechanici MV mecanici A' machanici Π mechanico Q
uulgo mechaneco corr. in mechanico L mechanici (sed a in l.
er. a 2; mechanico 2) P moechanicho D

S. L. 1 ſulfure Π uitumine Π 2 incendiarium uocant] in-
cendia cōnuocant Π 2 baliſte (-ae λ) μΠ 3 perrupto] per-
rumpto A' perrupta Π 4 machinam] machina M 4 quoque]
quodque α' Cap. XVIIII. 8 accedere] accidere M
10 maenium Π 10 opprimere Π 15 turriculum M₁ (L₁)
15 et] ut Π 16 fuerit] fuerint Π 17 torricula M
Cap. XX. 19 traueſ Aμ 20 opponunt μΠ 21 rodiorum O
21 oppugnaretur (opugn. Q) μΠ

inuentum est tale remedium. Per noctem sub fundamenta muri cuniculum fodit et illum locum, ad quem die
postero turris fuerat promouenda, nullo hostium sentiente
egesta terra cauauit intrinsecus, et, cum rotis suis moles
fuisset inpulsa atque ad locum, qui subtercauatus fuerat, 5
peruenisset, tanto ponderi solo cedente subsedit nec iungi
muris aut moueri ulterius potuit. Ita ciuitas liberata est
et machina derelicta. **XXI.** Admotis turribus funditores
lapidibus, sagittarii iaculis, manuballistarii uel arcuballi-
starii sagittis, iaculatores plumbatis ac missibilibus e muris 10
submouent homines. Hoc facto scalis adpositis occupant
ciuitatem. Sed qui scalis nituntur frequenter periculum
sustinent, exemplo Capanei, a quo primum scalarum ob-
pugnatio perhibetur inuenta, qui tanta ui occisus est a
Thebanis, ut extinctus fulmine diceretur. Et ideo sam- 15
buca exostra et tollenone obsidentes in murum hostium
penetrant. Sambuca dicitur ad similitudinem citharae; nam
quemadmodum in cithara chordae sunt, ita in trabe, quae
iuxta turrem ponitur, funes sunt, qui pontem de superiori

V. L. 1 tale rem.] latere med. Π 1 fundamenta] $\alpha\Pi$ fundamento λ fundamentis δP 2 fodit] fodi Π 2 [ad] Π
5 fubtercauatuf (fubt c. V)] fabtuf cauatuf *uulgo* 7 aut] ac δ
7 ciuitaf] et ciu. π 8 derelicta εVP deftructa Π deleta DP
CAP. XXI. 10 miffilibuf PD 11 hominef O hoftef *uulgo*
13 capanei a quo π' capenei a quo $A'P$ caueneiä quo M caue-
niani quo λ 13 primum] pr. haec *uulgo* 13 [fcalarum] δ
16 tollenone δ tollennone (-æ A) A' tollennonne M tollennonne Q tollen nonne L tolenone Π telle none P 16 [in] λ
17 ad fimilitudinem ε ad fimilitudine Π a fimilitudine δP; *hunc
locum probare putat Oudendorpius supra in c. IV huius libri* ad
fimilitudinem *pro* a fimilitudine *legendum esse; sed loci sunt dis-
similes* 18 cordae D cordae εPVP 18 [in] ε 19 turrem Π turre
α turref λ turrim δP 19 fuperiori] fuperiore δP fuperiora L

S. L. 2 die] due A 3 promouenda] promouendi A_1
4 molef] molif MG mollif AL 5 impulfa Π 6 ponderi folo]
ponderif folo α CAP. XXI. 9 manubal. $\mu\Pi$ 9 arcubal.
$\mu\Pi$ 10 e] et Π_1 11 fummouent Π 11 appofitif Π
13 fuftinent] fuftineant M fuftineant A 14 eft] ef M 14 a
Thebanif] ab euanif Π 17 cythare M 18 quemammodum Π
18 cythara μ 18 traue M träue A_1

parte trochleis laxant, ut descendat ad murum, statimque
de turri exeunt bellatores et per eum transeuntes moenia
urbis inuadunt.   Exostra dicitur pons, quem superius ex-
posuimus, quia de turre in murum repente protruditur.
5 Tollenon dicitur, quotiens una trabes in terram praealte
defigitur, cui in summo uertice alia transuersa trabes longior dimensa medietate conectitur eo libramento, ut, si
. unum caput depresseris, aliud erigatur.   In uno ergo capite cratibus siue tabulatis contexitur machina, in qua
10 pauci conlocantur armati; tunc per funes adtracto de-
pressoque alio capite eleuati inponuntur in murum.

XXII. Aduersum haec obsessos defendere consueuerunt ballistae onagri scorpiones arcuballistae fustibali sagittarii fundae.   Ballista funibus neruinis tenditur, quae,
15 quanto prolixiora brachiola habuerit, hoc est quanto maior
fuerit, tanto spicula longius mittit; quae si iuxta artem
mechanicam temperetur et ab exercitatis hominibus, qui

V. L. . 1 trocleiſ laxant π trocle (-ae M) inlaxant α trocĺea
inlaxant L troclaea nlaxant Q   2 de turre Gμ de turrae A de
turri π   2 eum] eam μD   4 quia] αΠ qui λδ que P
5 tollenon d. Mδ Tollennone d. A tollennone d. G tollenone d.
Par. 6503 tolenon d. Π tellennone d. P tollen dicitur nonne λ
    5 quotieſ λ   5 trabeſ GVP trabiſ Π trauiſ Aμ trabſ D (item 6,
ubi tamen D uocabulis tr. longior dim. caret)   5 i. terram
praealte Π in terram praealta GμV in terra praealta AP in
terram palta D   6 longior dimenſa] longior quidem ſed λ
7 conectitur A'Lπ' conuectitur M cognectitur Q ēnectitur P
9 cratibuſ] trabibuſ Π   10 per funeſ adtracto (attracto δ)
εδ'P ad funeſ ſacaq; attracto Π per funeſ uno attracto uulgo
    CAP. XXII.   12 Aduerſuſ Π   12 conſuerunt MD
13 [fuſtib. ſagitt.] δ   14 fundae. balliſta] fundeballiſte (-bal- M)
α'P [f.] baliſta δ   14 funibuſ neruiniſ π f. neruiſ α f. et neruiſ λ
    15 prolixa (prolexa L₁) ε   17 mechanicam μP₂V mecanicam
A' michanicam Π moechanicham D methanicam P₁   17 temperetur Πλ temperaretur α temperentur δP   17 hominum δP

S. L.   1 diſcendat M   2 męnia Π   6 tranſuerſa] tranſuerſia A₁
    7 librammento Π   8 aliut Π   10 collocantur Π   11 eleuati
imp.] eleuatim imp. Π   CAP. XXII.   12 obſeſſoſ] obſeſſuſ α'
    13 baliſtae MΠ   13 onagri ſcorpioneſ] onagriſ ſcorpioneſ A
 - 13 arcuballiſtae] arcoball. A'λ arcobal. MΠ   13 fuſtibali
ſag.] fuſtibaleſ ſng. Aμ   15 bracchiola A₁   16 artem] arcem α

mensuram eius ante collegerint, dirigatur, penetrat quodcumque percusserit. Onager autem dirigit lapides, sed
pro neruorum crassitudine et magnitudine saxorum pon-
dera iaculatur. Nam quanto amplior fuerit, tanto maiora
saxa fulminis more contorquet. His duobus generibus 5
nulla tormentorum species uehementior inuenitur. Scorpiones dicebant, quas nunc manuballistas uocant, ideo sic
nuncupati, quod paruis subtilibusque spiculis inferunt
mortem. Fustibalos arcuballistas et fundas describere
superfluum puto, quae praesens usus agnoscit, saxis ta- 10
men grauioribus per onagrum destinatis non solum equi
eliduntur et homines sed etiam hostium machinamenta
franguntur. XXIII. Aduersum arietes etiam uel falces
sunt plura remedia. Aliquanti centones et culcitas funibus chalant et illis obponunt locis, qua caedit aries, ut 15
impetus machinae materia molliore fractus non destruat
murum. Alii laqueis captos arietes per multitudinem hominum de muro in obliquum trahunt et cum ipsis testu-
dinibus euertunt. Plures in modum forficis dentatum
funibus inligant ferrum, quem lupum uocant, adprehen- 20
sumque arietem aut euertunt aut ita suspendunt, ut im-

V. L.   1 collegerint π colligerent α colligerant λ   1 diri-
gantur δP   1 penetrat quodcumque percufferit *(in contextu
omissum, in margine (a 1?) suppletum M)* εP penetrat quecumque
percufferit Π penetrant quęcumque percufferint V [p.] quaecumque percufferint D   2 fed] et?   4 maiora π maior α magif λ
7 quof π'   11 equi et hominef eliduntur Π   CAP. XXIII.   13 Aduerfuf Π   15 chalant *Turneb. Adu.* 24, 25 calant εΠ calcant
δP   15 qua εP quę V que Π quo D   15 caedit] cedit AμΠ
     18 trahunt furfum et Π   19 euertunt. pluref] euertunt
pluref. G eu. pluref. Alii Π   20 alligant Π   20 quod ΠD
     21 euertunt] auertunt P *Oudendorpius*   21 ita] modico Π

S. L.   3 craffitudine] craffitudinem α'   3 magnitudine]
magnitudinĕ (̄ er.) A   5 fulminif] fluminif Π (V)   5 contor-
quit α'   6 fcorpinef A fcorpineſ G   9 arcoballiftaſ ε arcu-
baliftaſ Π   13 franguntur] frangantur A₁
CAP. XXIII.   15 opponunt μΠ   16 fractuf] fractoſ α'
18 obliquum] oblicuum α'   20 appreh. Π

petum non habeat feriendi. Interdum bases columnaeque
marmoreae uibrato impetu iaciuntur e muris arietesque
confringunt. Quod si tanta uis fuerit, ut murus arietibus
perforetur et, quod saepe accidit, decidat, salutis una spes
5 superest, ut destructis domibus alius intrinsecus murus
addatur hostesque intra binos parietes, si penetrare temptauerint, perimantur.

   XXIIII. Aliud genus obpugnationum est subterraneum atque secretum, quod cuniculum uocant a leporibus,
10 qui cauernas sub terris fodiunt ibique conduntur. Adhi-
bita ergo multitudine ad speciem metallorum, in quibus
auri argentique uenas Bessorum rimatur industria, magno
labore terra defoditur cauatoque specu in exitium ciuitatis
inferna quaeritur uia. Quae fraus duplicibus operatur in-
15 sidiis. Aut enim penetrant urbem et noctu non sentien-
tibus oppidanis egrediuntur per cuniculum reseratisque
portis suorum agmen inducunt hostesque in ipsis domibus perimunt ignorantes aut certe, cum ad murorum
fundamenta peruenerint, suffodiunt eorum maximam par-
20 tem adpositis siccioribus lignis ruinamque muri tumultuario opere suspendunt; sarmenta insuper iungunt aliaque fomenta flammarum; tunc praeparatis bellatoribus
operi ignis inmittitur conbustisque columnis ligneis atque
tabulatis muro subito corruente inruptioni aditus reseratur.

V. L. 1 bafiſ α' 1 columnae[que] ε 2 de muriſ Π
4 decidat G decedat Aμ cadat π 5 deſtructiſ GδP diſtructiſ
Aμ diſtractiſ Π 6 hoſteque ſi intra Π 6 [ſi] Π 6 inter λ
   Cap. XXIIII. 8 obpugnationum A' oppugnationum Π op-
pugnationiſ δP pugnationum μ 9 a leporibuſ ſcilicet qui Π
   13 exitium] exitum ΠP₁ 20 adpoſ.] et app. uulgo
20 ruinam[que] uulgo 22 bellatoribuſ operi igniſ Π bellatoribuſ ſuper igniſ ε bellatoribuſ in opera igniſ δP bell. ſubter i.
uulgo 24 inruptioni λ irruptioni Π inruptioniſ VP irruptioniſ D
et rumptioni A et ruptioni MG 24 referatur] miſeratur A
(reſ. Par. 6503)

   S. L. 1 bafeſ] uafeſ Π 4 accidit] accedit A₁ cedit μ
7 peremantur A'
   Cap. XXIIII. 11 multitudine] -em α' 13 ſpecu] ſpecum α
13 exicium A₁ 16 obpidaniſ A' 19 fundamenta] -ā A
19 ſubfodiunt Π 20 appoſitiſ Π 23 combuſtique Π

XXV. Innumerabilibus declaratur exemplis saepe
caesos ad internecionem hostes, qui peruaserant ciuitatem. Quod sine dubio euenit, si oppidani muros ac turres retinuerint uel altiora occupauerint loca. Tunc enim
de fenestris ac tectis omnis aetas ac sexus inrumpentes 5
obruit saxis aliisque generibus telorum; quod ne sustineant obsidentes, portas ciuitatis aperire consuerunt, ut
resistere desinant fugiendi potestate concessa. Necessitas enim quaedam uirtutis est desperatio. In hoc casu
unum oppidanis auxilium est, siue per diem siue per no- 10
ctem hostis intrauerit, ut muros turresque teneant ac loca
superiora conscendant hostesque per uicos et plateas undique obruant dimicantes.

XXVI. Frequenter dolum excogitant obsidentes ac
simulata desperatione longius abeunt. Sed ubi post me- 15
tum murorum uigiliis derelictis requieuerit incauta securitas, tenebrarum ac noctis occasione captata cum scalis
clanculo ueniunt murosque conscendunt. Propter quod
maior est adhibenda custodia, cum hostis abscesserit, et
in ipsis muris ac turribus teguriola conlocanda, in quibus 20
uigiles hibernis mensibus ab imbri uel frigore, aestiuis

V. L.   2 internecionem Π internitionem εV internitionem
corr. in internetionem D internetionem P   2 peruaferant GλD
peruaferĩ V inuaferant Π peruaferant M perfuaferant AP
3 euenit] obuenit Π   4 retinuerint [uel altiora occupauerint]
Π   4 tunc] hinc Π   5 ac fexuf inrumpentef obruit omiss. in
contextu, suppletum (1?) in margine M   7 ciuitatif (-if in l. er.
L) Gλπ ciuitatif M ciuitatib; A   7 confuerunt εD confueuerunt
ΠP confueuerint V   8 neceffitatif λ   9 uirtuf μ   9 In
hoc cafu A' in occafu (-fũ D) μπ   10 uno ε   11 teneant]
optineant Π
     CAP. XXVI.   14 [dolum] Π   18 clanculum δP uulgo
20 teguriola (-ora A₁) ε tuguriola π; cf. Orelli Insc. 1773
21 imbribuf P uulgo

S. L.   4 retenuerint α'   6 irrump. Π   12 confcend.] con-
fcindant A₁
     CAP. XXVI.   15 fimulata] fimulta Π   15 difperatione ε
15 abeunt] habeunt α'   16 requieuerit] requieuerint Π
20 collocanda Π   21 hibernif] iuernif α'
VEGETIUS.   10

defendantur a sole. Illud quoque usus inuenit, ut acer-
rimos ac sagacissimos canes in turribus nutriant, qui aduentum hostium odore praesentiant latratuque testentur.
Anseres quoque non minore sollertia nocturnos super-
5 uentus clamoribus indicant. Nam ingressi Capitolinam
arcem Galli Romanum nomen eruerant, nisi clamore an-
serum excitatus Mallius restitisset. Mira diligentia siue
fortuna uiros, qui uniuersum orbem erant missuri sub
iugum, auis una seruauit.

10   XXVII. Non solum in obsidionibus sed in uniuerso
genere bellorum supra omnia ducitur hostium consuetudinem explorare diligenter ac nosse. Oportunitas enim insidiarum aliter non potest inueniri, nisi scias, quibus horis
aduersarius a laboris intentione discedat, quibus reddatur
15 incautior, interdum medio die, interdum ad uesperum,
saepe nocte, aliquando eo tempore, quo sumitur cibus,
cum utriusque partis milites ad requiem aut ad curanda
corpora disperguntur. Quod in ciuitate cum coeperit
fieri, obsidentes astu se a proelio subtrahunt, ut aduersa-
20 riorum neglegentiae licentiam tribuant. Quae ipsa inpunitate cum creuerit, repente admotis machinis uel adpo-

---

V. L.   1 defendantur $A\mu\delta$ defendáțur Π defendatur GP
3 odore] nidore π' 5 Nam] Nuper Π 6 eruerant $\alpha'\pi'$ eruerent $G\lambda P$ eruerant *corr. in* eruerent (a 1?) Q 6 anſeriſ λ *uulgo*
    7 malliuſ] ⹀malliuſ A maniliuſ P manliuſ *Florus uulgo*
8 ſub iugo ſuo auiſ Π
    Cap. XXVII.   11 ducitur $\mu G\delta P$ dicitur A lucrum eſt Π
·17 [cum] ε; *comma* cum — diſperguntur *uncis inclusit Scriue-*
rius   19 ut — tribuant] et — tribuunt π' 20 neglegentiae]
negligentia ſibi δP 21 admotiſ] amotiſ $A\mu$ ammonitiſ Π

S. L.   4 minore ſollertia] minoreſ ſolertia A (ſolertia *etiam* G)
    4 ſuperuentuſ] ·oſ α' 5 capitulina marcem A_1 capituli
nam arcem M capitulinam arcem λ 6 clamore] clamorem
A 8 uniuerſum orbem] uniuerſam urbem A_1 uniuerſum ur·
bem M 9 ſeruauit] ſeruabit Π
    Cap. XXVII.   13 horiſ] oriſ ε 15 incaucior M 17 utriuſ-
que] utriſque Π 17 partiſ] parteſ α 18 coeperit] cę-
perit Π 19 aſtu ſe a] aſtuſeã A 20 impunitate Π
21 appoſ. Π

sitis scalis occupant ciuitatem. Et ideo in muris saxa
ceteraque tormenta ponuntur in promptu, ut cognitis insidiis adcurrentes ad manum habeant quod supra caput
hostium euoluant atque iaculentur.   XXVIII. Cum neglegentia interuenerit, paribus insidiis subiacent obsidentes. 5
Nam siue cibo siue somno fuerint occupati siue otio aut
aliqua necessitate dispersi, tunc oppidani repente pro-
rumpunt, ignorantes perimunt, arietes machinas ipsosque
aggeres ignibus concremant omniaque in perniciem suam
fabricata opera subuertunt.   Propter quod obsidentes 10
ultra ictum teli fossam faciunt eamque non solum uallo   •
et sudibus sed etiam turriculis instruunt, ut erumpentibus
ex ciuitate possint obsistere, quod opus loriculam uocant.
[Saepe, cum obsidio describitur, inuenitur in historiis loricula urbem esse circumdatam.]   15
     XXVIIII. Sed ex alto destinata missibilia siue plum-
batae uel lanceae ueruta uel spicula in subiectos uehementius cadunt.   Sagittae quoque arcubus missae et saxa
manibus fundis siue fustibalis directa, quanto de excelsiore
loco exeunt, tanto longius penetrant.   Ballistae uero et 20
onagri, si a peritis diligentissime temperentur, uniuersa
praecedunt, a quibus nec uirtus ulla nec munimina pos-

V. L.   2 cognitif] incognitif *Π*   4 euoluant *GδP* et uoluant *Π*
euolant *α*' euolunt *λ* (a² above)   Cap. XXVIII.   5 fubiacent *π* fubi-
ciant *α* fubiciunt *λ*   9 in perniciem *π'λ* ad perniciem *P* inter-
niciem *α*   11 ictum̃] iactum *DP*   11 [teli] *Π*   11 uallo]
uallif *δ*   13 poffit *Π*   13 loriculam *δP* loricam *Π* loriull-
lam *α*' luriculam *Gλ*   14 faepe] et faepe *P*   faepe — circumdatam *uncis inclusit Lang*   14 loricula *π* luricula *GL* luriculam *α*' lurica *Q*
     Cap. XXVIIII.   16 miffilia *P*   16 plumbata *Π*   17 lan-
cea *Π*   17 ueruta *uulgo* uerruta (uerruta͞r *Q*) *εΠ* uel rota *V*
uel rotae *DP*   18 cadunt] -ent *Π*   22 praecedunt] praeci-
dunt *δP₂ uulgo ante Schwebelium*   22 munimina] munimenta *Π*

S. L.   2 promptu *A*'   3 accurr. *Π*   3 habeant] -at *α*
3 capud *A*   Cap. XXVIII.   4 negligentia *A*   5 op≡fiden-
tef *M*   11 fofam *A*   12 turriculif] terriculif *A₁*   14 ifto·
riif *A₁*   15 circumdatam] circumdata *A*
     Cap. XXVIIII.   fuftabalif *A₁*   20 baliftae *Π*
                                                                              10*

sunt defendere bellatores. Nam more fulminis quicquid
percusserint aut dissoluere aut inrumpere consuerunt.

XXX. Ad capiendos muros scalae uel machinae plurimum ualent, si ea magnitudine conpactae fuerint, ut
5 altitudinem exuperent ciuitatis. Mensura autem colligitur
duplici modo; aut enim linum tenue et expeditum uno capite nectitur in sagitta, quae cum ad muri fastigia directa
peruenerit, ex mensura lini murorum altitudo deprehenditur, aut certe, cum sol obliquus umbram turrium muro-
10 rumque iaculatur in terram, tunc ignorantibus aduersariis
umbrae illius spatium mensuratur itemque decempeda
figitur et umbra ipsius similiter mensuratur. Quo collecto
nemo dubitat ex umbra decempedae inueniri altitudinem
ciuitatis, cum sciatur, quanta altitudo quantum umbrae
15 mittat in longum.

Quae ad obpugnandas uel defendendas urbes auctores bellicarum artium prodiderunt uel quae recentium ne-
cessitatum usus inuenit, pro publica, ut arbitror, utilitate
digessi, illud iterum iterumque commonens, ut sollertis-
20 sime caueatur, ne quando aut potus inopia emergat aut

V. L.   2 confueuerunt *ΠVP*
CAP. XXX.   4 conpactae] conpectae *α'* confpectae *A₂ ant.*
confectae *Giss.*   5 exuperent *Πλ* exuberent *α* exfuperent *δP*
6 linum (linu *Par.* 6503) tenue (-em *Π*) et expeditum *GΠV*
Par. 6503 linum tenue expeditum *DP* linu tenue (-ae *A*) expeditum *α'* lino tenui et expedito *λ*   7 nectitur] necti *α*
7 in fag.] et fag. *δ*   11 illiuf] meliuf *Π*   12 collecto] c.
numero *λ*   13 decempedae] decempedef *α'D* decempeda *G*
decempedif *λ*   14 quanta] tanta *Πλ*   17 prodiderunt] ediderunt *Π*   17 recentium] recentior *δP uulgo*   19 [iterum]
iterumque *εP*   20 inmergat *δ*

S. L.   1 quidquid *A₁*   2 irrumpere *Π*
CAP. XXX.   4 ea] e *Π*   6 duplici] dupli *A₁*   7 fafti-
gia] faftidigia *A₁* faftidia *M*   8 peruenerit] -int *α'*   8 altitudo]
-dine *A₁*   9 obliquuuf *Π* (oblicuf *G₁*)   9 umbram] umbra *A₁Π*
10 terram] terra *Π*   11 fpacium *M*   11 itemque] idem-
que *α*   11 deecmpecda *M*   13 altitudinem] altitudine *α'*
16 Quae] Quem *Π*   16 oppugn. *μ*   17 rcentium *M*   20 inopia emergat] inopię mergat *A* inopie mergat *M*

cibi, quibus malis nulla arte succurritur; ideoque intra
muros tanto plura condenda sunt, quanto scitur clausurae
tempus in obsidentum potestate consistere.

XXXI. Praecepto maiestatis tuae, imperator inuicte,
terrestris proelii rationibus absolutis, naualis belli resi- 5
dua, ut opinor, est portio; de cuius artibus ideo pauciora
dicenda sunt, quia iam dudum pacato mari cum barbaris
nationibus agitur terrestre certamen.

Romanus autem populus pro decore et utilitate magnitudinis suae non propter necessitatem tumultus alicuius 10
classem parabat ex tempore sed, ne quando necessitatem
sustineret, semper habuit praeparatam. Nemo enim bello
lacessere aut facere audet iniuriam ei regno uel populo,
quem expeditum et promptum ad resistendum uindican-
dumque cognoscit. Apud Misenum igitur et Rauennam sin- 15
gulae legiones cum classibus stabant, ne longius a tutela
urbis abscederent et, cum ratio postulasset, sine mora, sine
circuitu ad omnes mundi partes nauigio peruenirent. Nam
Misenatium classis Galliam Hispanias Mauretaniam Africam Aegyptum Sardiniam atque Siciliam habebat in pro- 20
ximo. Classis autem Rauennatium Epiros Macedoniam
Achaiam Propontidem Pontum Orientem Cretam Cyprum

petere directa nauigatione consueuerat, quia in rebus bel-
licis celeritas amplius solet prodesse quam uirtus.

XXXII. Liburnis autem, quae in Campania stabant,
praefectus classis Misenatium praeerat, eas uero, quae
5 Ionio mari locatae fuerant, praefectus classis Rauennatium retinebat; sub quibus erant deni tribuni per cohortes singulas constituti. Singulae autem liburnae singulos
nauarchos, id est quasi nauicularios, habebant, qui exceptis ceteris nautarum officiis gubernatoribus atque remi-
10 gibus et militibus exercendis cotidianam curam et iugem
exhibebant industriam. XXXIII. Diuersae autem prouinciae quibusdam temporibus mari plurimum potuerunt,
et ideo diuersa genera nauium fuerunt. Sed Augusto
dimicante Actiaco proelio, cum Liburnorum auxiliis prae-
15 cipue uictus fuisset Antonius, experimento tanti certaminis patuit Liburnorum naues ceteris aptiores. Ergo
similitudine et nomine usurpato ad earundem instar classem Romani principes texuerunt. Liburnia namque Dal-
matiae pars est Iadertinae subiacens ciuitati, cuius exem-
20 plo nunc naues bellicae fabricantur et appellantur liburnae.
XXXIIII. Sed cum in domibus substruendis harenae uel

V. L.   1 confueuerat *Gπ* confueuerant *α'* confuerant *λ*
2 ampliuf] pluf *Π*
    Cap. XXXII.   4 mifenatium *ΠV* mifenantium *AμP* mefe-
nantium *G*   4 eaf *ε* haf *Π* eae *V* ea *P*   5 ionio mari *ε* in ionio
mari *Π* ionio in mari *VP*   5 praefectuf — retinebat *ε* prefectuf
— retinebant *Π* ad praefectum — pertinebant *VP*   5 rauen-
nantium *εP*   6 deni *απ* [deni] *λ* decem *Böcking Not. dign. II
p.* 997   8 nauarchof *uulgo* nauarcof *εVP* nabafthof *Π*
    Cap. XXXIII.   13 diuerfa] diuerfa eif *uulgo*   14 actiaco *π* attia-
co *αQ* atia *L*   16 patuit (patet *L*) *AμΠV* patuit effe *GP*
16 nauef] nauif *α'*   17 fimilitudine] et fimilitudine *Π* fimilitudinem *Aμ*   17 ufurpati *ε*   19 Iadertinae *uulgo* diadertine
(-ę *V* -ae *λ*) *ΠVμA₂* diatertinae *A₁* diadtertinae *G* dia≡dertinae *P*
    Cap. XXXIIII.   21 fubftruendif *ΠVμ* fubftrahendif *A'* fub-
ftrahendif ftruendif *P*

S. L.   1 directa nauigatione] directam (-am *ex* -um *corr. M*)
nauigationem *α'*   Cap. XXXII.   3 quae] qui *M₁*   4 claffif]
claffuf *A*   5 locatae] locante *A₁*   5 rabennatium *Π*   7 fin-
gulaf] if *A₁*   7 conftituti] conftituto *A*   10 cottidianam *μ*
Cap. XXXIII.   11 prouintiae *Aμ*   14 demicante *α*

lapidum qualitas requiratur, tanto magis in fabricandis
nauibus diligenter cuncta quaerenda sunt, quia maius
periculum est nauem, uitiosam esse quam domum. Ex ,
cupresso igitur et pinu domestica siue siluestri, larice et
abiete praecipue Liburna contexitur, utilius aereis clauis 5
quam ferreis configenda; quamlibet enim grauior aliquanto uideatur expensa, tamen, quia amplius durat,
lucrum probatur afferre, nam ferreos clauos tepore et
umore celeriter robigo consumit, aerei autem etiam in
fluctibus propriam substantiam seruant. XXXV. Obser- 10
uandum praecipue, ut a quintadecima luna usque ad uice-
simam secundam arbores praecidantur, ex quibus Liburnae contexendae sunt. His enim tantum octo diebus
caesa materies immunis seruatur a carie, reliquis autem
diebus praecisa etiam eodem anno interna uermium labe 15
exesa in puluerem uertitur, quod ars ipsa et omnium architectorum cotidianus usus edocuit et contemplatione
ipsius religionis agnoscimus, quam pro aeternitate his
tantum diebus placuit celebrari. XXXVI. Caeduntur autem trabes utiliter post solstitium aestiuum, id est per 20

V. L.   2 quaerenda] requirenda Π 2 quia] quam VP quanto
uulgo   4 cupreffo ΠA_2 quo preffo A_1 coepreffo M cipraeffo G
cypreffo λ cipffo P ciproffo V 4 pino εP 4 filŭri a 2 *in l. er. A*
4 [larice] π 5 utiliuf]. Meliuf enim Π 6 configenda AVP ,
configenda funt GM *Par.* 6503 configendaf λ configitur Π com-
pingenda *Stewechius*   6 quamlibet] quęlibet V quęlibet P_1
6 enim] effe εP 7 uidetur VP 7 durat] durando Π
8 tepore L (*luretus ad Symmachum p.* 9) tĕpore (˘ *er.*) Q tempore $\alpha \pi$ 8 [et umore] V 9 [celeriter] L 9 [etiam] λ
CAP. XXXV.   11 [luna] α 11 uicefimam fecundam ΠV uicefimam et fecundam A uigefimam (uigifimam M) fecundam $G\mu$
XX. II. P uicef. tertiam *uulgo*   13 octo] VII P 14 carie π
cariae α caria λ 16 quod praeter omnium architectorum
doctrinam cottidianuf λ CAP. XXXVI.   20 per] poft VP

S. L.   CAP. XXXIIII.   2 querenda A 4 fiue] fineΠ 4 la-
rice]-ae$A$'.   8 afferrae A_1 9 umore *sic recte* M humore$A'\lambda\Pi VP$
9 robigo *sic recte* Π rubigo εVP CAP. XXXV.   14 inmunif
μ 15 praecifa] -am α'   15 labe] laue α'   17 cotidianuf] co-
tidianif A_1 cottidianif M 17 contemplatione] -em ε 19 cę-
lebrari A CAP. XXXVI.   20 trauef ε 20 folfticium u

mensem Iulium et Augustum et per autumnale aequino-
ctium, id est usque in kł. Ianuarias. His namque men-
 ·sibus arescente umore sicciora et ideo fortiora sunt ligna.
Illud etiam cauendum, ne continuo, ut deiectae fuerint
5 trabes, secentur uel statim, ut sectae fuerint, mittantur in
nauem, siquidem et adhuc solidae arbores et iam diuisae
per tabulas duplices ad maiorem siccitatem mereantur
indutias. Nam quae uirides conpinguntur, cum natiuum
umorem exsudauerint, contrahuntur et rimas faciunt la-
10 tiores, quo nihil est periculosius nauigantibus [quam uire
• tabulata].

XXXVII. Quod ad magnitudinem pertinet, minimae
liburnae remorum habent singulos ordines, paulo maiores
binos, idoneae mensurae ternos uel quaternos interdum
15 quinos sortiuntur remigio gradus. Nec hoc cuiquam
enorme uideatur, cum in Actiaco proelio longe maiora
referantur concurrisse nauigia, ut senorum etiam uel
ultra ordinum fuerint. Scafae tamen maioribus liburnis
exploratoriae sociantur, quae uicenos prope remiges in

V. L.   1 menſem] menſe α' menſeſ *uulgo*   [et] *uulgo*   2 in] ad
uulgo   2 kł *A'μΠP* ɮ *G*   2 ianuariaſ] iañ *A'P* iunuariaſ *Q*
nſi *2 ant.*
6 [et iam] diuiſae etiam *Π*   8 con≡≡≡guntur *Π*   9 exudauerint *Πμ*   10 quo] quod (quod *A*) ε   10 [quam u. t.] *uulgo* quam
uire t. α' q. uigere t. *G* q. uirida (·da *ex corr. L*) t. λ q. uiridia
t. *Par.* 6503₂ quam minuare t. *Π* q. iare t. *V* q. hiare t. *(sed*
hiare *a* 2 in *l.* er. *P) P Giss.* quam uiridia t. *retentum uult Scri-*
uerius et antea scriptum Namque uirideſ ſi compingantur c.
n. h. exſ. contrahunt rimaſ et naueſ faciunt lentioreſ. quare
nihil *etc.*

ᴄᴀᴘ. XXXVII.   12 [Quod] *Π*   14 interdum π interno≡ ⌐2
A internoſ *Gμ*   15 remigio ε remigium *P* remigum *ΠV uulgo*
16 enormę *V* inorme (inor≡me *Q₁*) ε*PΠ*   16 actiaco π attiaco
(atiaco *L*) ε   17 concurriſſe] cucurriſſe ε   18 maioribuſ] πλ
maioriſ α' maioreſ *G*

S. L.   1 aequinotiũ *A*   3 humore *O*   3 ſicciora] ſitiora
A₁   4 ne continuo] nec continuo *Π*   5 traueſ *Aμ*   5 ut]
uel *M*   6 arboreſ] -iſ *A₁*   8 indutiaſ] induciaſ *μπ*   8 na-
tiuum] natibum α'   9 humorem *O*
  ᴄᴀᴘ. XXXVII.   14 binoſ] uinoſ α'

singulis partibus habeant, quas Britanni † picatos uocant.
Per has et superuentus fieri et commeatus aduersariorum
nauium aliquando intercipi adsolet et speculandi studio
aduentus earum uel consilium deprehendi. Ne tamen
exploratoriae naues candore prodantur, colore Veneto, 5
qui marinis est fluctibus similis, uela tinguntur et funes,
cera etiam, qua ungere solent naues, inficitur. Nautae-
que uel milites Venetam uestem induunt, ut non solum per
noctem sed etiam per diem facilius lateant explorantes.

XXXVIII. Quicumque exercitu armatis classibus ue- 10
hitur, turbinum signa debet ante praenoscere. Procellis
namque et fluctibus liburnae grauius quam ui hostium
saepe perierunt, in qua parte naturalis philosophiae tota
est adhibenda sollertia, quia uentorum tempestatumque
caelesti ratione natura colligitur. Et pro acerbitate pe- 15
lagi, sicut prouidos cautela tutatur, ita neglegentes extin-
guit incuria. Igitur uentorum numerum atque uocabula
ars nauigandi primum debet inspicere. Veteres autem

V. L.　1 habeant *λ* habebant *απ*　1 britanni ≡ (i *posterius
a* 2 *renouat.*) *Q* brittanni *VL*₁ britani *P* brittani *G* brittanii
*α'ΠL*₂　1 picatof *ε* pecatof *Π* pictaf *VP* uulgo picataf *Giss.*
pincaf *Stewechius; tale quid sane latere in illo* picatof *uidetur.*
3 fpeculandi] fpecula (fpic. *α'*) *ε*　3 intercipi adfolet] inter-
cipiaf. Solet *Π*　4 [Ne tamen — explorantef] *ε uncis incluse-
runt Scriuerius et Schwebelius*　7 ungeri folet *Π*　7 nauif *Π*
7 nautaeque] nautae quoque *uulgo*
XXXVIII.　10 Quicumque exercitu a. cl. uehitur *Π* Qui
cum exercitu a. claffibuf uehitur *α* Qui cum exercitu a. cl.
uehuntur *λ* Quicumque exercitum a. claffibuf *(sed* b; *in l. er. P)*
uehit *VP uulgo*　11 debent *ε*　12 ui] ui *Π*　13 tota]
tuta *Π*　14 quia *V* quia ad *P* quiad *α* qui *Π* qua *λ uulgo*
14 uentorum] neruorum *V*　14 tempeftatumque] tempefta-
tum[que] *V* temporatumque *A'*　15 [natura] *A'*　17 *Inde ab*
'Igitur' *incipit E*　18 nauigantum *Π*

S. L.　2 fuperuentof *α*　2 commeatof *α'*　5 candore] can-
doref *Π*
CAP. XXXVIII.　11 praenufcere *α'*　14 folertia *ε*
15 aceruitate *εΠ*　18 Veteref] Verum *E*

iuxta positionem cardinum tantum quattuor uentos
principales a singulis caeli partibus flare credebant,
sed experimentum posterioris aetatis XII conprehendit;
horum uocabula ad summouendam dubitationem non
5 solum Graeca sed etiam Latina protulimus, ita ut uentis
principalibus declaratis eos, qui ipsis dextra laeuaque
coniuncti sunt, indicemus. A uerno itaque solstitio, id
est ab orientali cardine, sumemus exordium, ex quo uentus oritur apheliotes, id est subsolanus; huic a dextera
10 iungitur caecias siue euroborus, a sinistra eurus siue
uulturnus. Meridianum autem cardinem possidet notus,
id est auster; huic a dextera iungitur leuconotus, hoc
est albus notus, a sinistra libonotus, id est corus. Occi-

V. L.　1 tantum] tamquam *Π*　2 [a] *μ*　2 [caeli] *Π*
2 experimentum poſterioriſ aetatiſ (-eſ, -eſ *α'*) duodecim *α* experimentum potioriſ aetatiſ XII *E* per experimentum poſteriora
(poſteriora *L*) aetaſ (etaſ *L*) d. *λ* per experimentum poſterior
aetaſ d. *P* experimento poſterior aetaſ d. *V uulgo* non ſolum poſterioriſ etatiſ [d.] *Π*　4 horum *εVP* quorum *E* [h.] *Π*, *qui punctum,
quod post* comprehendit *omisit, post* uocabula *ponit*　4 ad ſum-
mouendam *E* ad ſubmouendum *α'* (ad ſubmouendam *GλVP*)
ad diluendam uero *Π*　4 [ita ut] lingua *Π*　5 etiam] et *E*
6 [ipſiſ] a dextra *Π*　7 indicauimuſ *Π*　7 A uerno *EΠ* hiuerno *α*
hiberno *λP*　7 ſolſtitio] eqnoctio *Π* (ſed eqnoc *in l. er. a* 2)
ſolfatio *V*　8 ſumemuſ *EΠ* ſumimuſ *εVP uulgo*　9 aphelioteſ
EΠ afelioceſ *ε* αφιαιοτεc *V* απηλιώτης *uulgo; omnium codicum
consensus effecit, ut formam etymologiae ratione rectiorem formae
usu rariori praetulerim*　9 a] ad *E*　9 dextera *εΠVP*
　10 iungitur] adiungitur *V*　10 caeciaſ *EA'* ceciaſ *μ* celciaſ
Π κεκιαc *P* καικίας vulgo* [caeciaſ — iungitur] *V*　10 euro-
boruſ *EA'* eoroboruſ *μ* roboroſ quod latini uulturnum dicunt *Π*
ypoβopoyc *P* euroboreuſ *Oudendorpius* [ſiue euroboruſ] *uulgo*
10 euruſ] ευρος *uulgo et ita in sequentibus* [ſiue uulturnuſ] *Π*
11 notuſ *EΠλ* noctuſ *A'* notiſ *M* nothuſ *P*　12 a dextera *εΠ*
ad dexteram *E* ad dextra *P*　12 leuconotuſ (-iſ *M*) *εΠ* leuco-
nothuſ *D* λεογκονοτογc *P* λεογκονατοιc *V*　12 hoc] id *E uulgo*
　14 albuſ notuſ] albuſ auſter quod latini euroauſtrum uocant *Π*
　13 libonotuſ] λγβονοτοιc *P*　13 coruſ *uulgo* choruſ *EεP*
euruſ *V* auſtroafricuſ *Π*

S. L.　1 cardinum] -em *A₁*　1 quattuor] quartoſ *E*　1 uentoſ]
uentuſ *corr. in* uentoſ *M*　3 conpraehendit *EA₁* comprehendit *Π*
　5 greca *etiam E*　5 protulimuſ] pertulimuſ *E*　6 leuaque
etiam E　10 iungitur] iungit. *E*　12 iungitur] iungit. *E*

dentalem uero cardinem tenet zephyrus, id est subuespertinus; huic a dextera iungitur lips siue africus, a sinistra
iapyx siue fauonius. Septentrionalem uero cardinem sortitus est aparctias siue septentrio; cui adhaeret a dextra
thrascias siue circius, a sinistra boreas, id est aquilo. 5
Hi saepe singuli, interdum duo, magnis autem tempestatibus et tres pariter flare consuerunt; horum impetu maria,
quae sua sponte tranquilla sunt et quieta, undis exaestuantibus saeuiunt; horum flatu pro natura temporum uel
locorum ex procellis serenitas redditur et rursum in pro- 10
cellas serena mutantur. Nam secundo spiramine optatos
classis inuenit portus, aduerso stare uel regredi aut discrimen sustinere conpellitur. Et ideo difficile naufragium pertulit qui uentorum rationem diligenter inspexit.

    XXXVIIII. Sequitur mensum dierumque tractatus. 15
Neque enim integro anno uis atque acerbitas maris

V. L.   1 zephyruſ *EεV* zephiruſ *Π* zεφιροιϲ *P*   1 ſubue
ſpertinuſ] ſubueſpertinuſ ſiue ‚faboniuſ *Π*   2 a dextera *μ* ad
dexteram *E* ad dextra *P* a dextra *A'ΠV*   2 lipſ *αV* libſ *EΠ*
lypſ *λ* ΛιΠϲ *P* 2 [ſiue africuſ a ſiniſtra iapyx] *μ*   3 iapyx *E*
iΛpix *A'ΠV* ιΛΠιΞ *P*   4 ſiue fauoniuſ] ſiue fauoiuſ *E* id eſt
coruſ *Π*   4 *ἀπαρκτίας uulgo* aparciaſ *EAμ* aparkiΛſ *Π* apartiaſ
G ΛΠΑΡΤιΑϲ *P* apartiuſ *V*   4 ſeptemtrion *Π*   4 adhaeret] aderit
α eſt *E*   4 a] ad *E*   5 thraſciaſ *EμG* traſciaſ *A₁* thraſkeaſ *Π*
ΤΡΑϲΚιΑϲ *P* traſchiaſ *V*   5 circiiuſ *λ*   5 aquilo]aquiluſ *Π* aquib;
L   7 etiam treſ *uulgo*   7 [pariter] *V*   7 conſuerunt *Eε* conſueuerunt *ΠVP*   8 exaeſtuantibuſ *EV* exeſtuantibuſ *ΠλPM₂G₂*
exaeſtuantibuſ *A* ex extuantibuſ *M₁G₁* aeſtuantibuſ *uulgo*   9 horum] quorum *E*   10 rurſuſ *VP nulgo*   in procellaſ] procelliſ *E*
11 ſecundo] in tertio *E*   11 ſpiramine] inſpiramine *Aλ* inſpiratione *M*   11 optatoſ *EΠ* obtatoſ *λ* optataſ *V* obtatoſ *(posterius* o *in l er.) P* optate *α*   12 portaſ *V*   12 auerſo *E*
12 gredi *V*   12 aut] haud *Π*   14 inſpexit] intellexit *Π*
    Cap. XXXVIIII.   15 *Inſcriptionem habet etiam E*   15 ſequitur] queritur *Π*   15 menſum *E* menſuum *α* menſium *ΠVPλ*
16 Neque] que *Π*   16 acerbitaſ] tranquillitaſ *Π*   16 *totum locum*
λ sic praebent: uim *(etiam P₂)* atque acerbitatem *(etiam P₂)* pa-

S. L.   3 ſeptemptrionalem *ε* ‘ſeptentr. *Par.* 6503.)   4 ſeptemtrio *ε*   7 impetu] impetum *Aμ*   11 ſerena mut.] ſerenã ut. *A₁*
  12 aduerſo ſtare] aduerſoſ ſtare *ΠM*   13 compellitur *Π*
14 rationem] -e *α'*
    Cap. XXXVIIII.   16 aceruitaſ *Eα*   16 mariſ] moriſ *E*

patitur nauigantes, sed quidam menses aptissimi, quidam dubii, reliqui classibus intractabiles sunt lege naturae. +Pach-
nitae decurso, id est post ortum Pleiadum, a die VI. kal.
Iunias usque in Arcturi ortum, id est in diem VIII. deci-
5 mum kal. Octobres, secura nauigatio creditur, quia aesta-
tis beneficio uentorum acerbitas mitigatur; post hoc tempus usque in tertium idus Nouembres incerta nauigatio
est et discrimini propior propterea, quia post idus Septem-
bres oritur Arcturus, uehementissimum sidus. Et VIII.
10 kal. Octobres aequinoctialis euenit acerba tempestas, circa
nonas uero Octobres aeduli pluuiales, V. idus easdem
Taurus. A Nouembri autem mense crebris tempestatibus

---

tiuntur [patitantur L]   1 patiantur P   reliqui] quidam Π
2 intractabilef funt] *hic desinit V, etiamsi spatium supersit in
ipso uersu;* intractabilef. fed E   2 lege naturae. pachnitae
decurfo E legẽ *lacuna* tepagnite decurfo Π lege naturae phagnite decurfo M *Bernensis*₁ l. n. phagnite decurfu A'P [l n. P.
d.] λ l. n. Pharmuti decurfu *Turnebus* l. n. Pauni *uel* Paunitae
decurfu *Scriuerius* l. n. Pachone decurfo *Mommsenus* (*Hermes II*
p. 131) l. n. Phaenitae decurfu *uulgo*   3 pleiadum E *uulgo*
pliadum εΠP *nescio an reponendum, cum E correxisse uideatur*
3 VI E fexto εΠP   3 kal. iuniaf E kalendarum iuniarum
MP kalendarum(kalend.A₂) ianuarum A kalandarum (-end- G₂)
iuniarium G kalendarum maiarum Π [a die VI—iuniaf λ
4 [in Arcturi — eft] λ   VIII E octauum εΠP   5 kal. octobref E kalendaf octubref Π kalendarum octubrium α'L kalendarum octobrium QP kalandarum octobrium G   5 fecura]
ut fecura *uulgo*   6 poft] ita poft *uulgo*   7 in tertium εP in
tertio EΠA₂   7 iduf [Nouembref—iduf] Π   nouembref E nouembrif ε noub̃ P   8 propior] G proprior AμP peraptior E
    8 feptembref EΠ feptembrif αQ fept̃b L fepb̃ P   9 ue-
hementiffimuf Eμ   9 VIII E octauo ε octauum Π   10 kal.
octobref E kalendaf octubref Π kalendarum octubrium μ kalandarum octobrium A'P   11 octobref E octubref Π octo-
brif A'Q octubrif ML octõb P   11 aeduli E hedi Π edi QP
edi α [aed.] L hoedi *uulgo*   11 V E quinto ΠG quintum A₁
quintam μ   11 eiufdem Π *uulgo*   12 Tauruf. A *uulgo* tau-
rora. E taurura. εΠP   12 nouembrio Π

S. L.   3 ortum] ortu Π   4 diem] die α'   5 nauigatio]
nauigio A'   6 aceruitaf EαΠ   7 nauigatio] nauigio A
9 arcturuf] acturuf A₁ (aċturuf G)   10 acerua α

nauigia conturbat Vergiliarum hiemalis occasus.   Ex die
igitur tertio idus Nouembres usque in diem sextum idus
Martias maria clauduntur.   Nam lux minima noxque
prolixa, nubium densitas, aëris obscuritas, uentorum
imbri uel niuibus geminata saeuitia non solum classes 5
a pelago sed etiam commeantes a terrestri itinere deturbat.   Post natalem uero, ut ita dicam, nauigatio-
nis, qui sollemni certamine publicoque spectaculo mul-
tarum urbium celebratur, plurimorum siderum ipsiusque
temporis ratione usque in idus Maias periculose maria 10
temptantur, non quo negotiatorum cesset industria,
sed quia maior adhibenda cautela est, quando exercitus nauigat cum liburnis, quam cum priuatorum mercium festinat audacia.   XL. Praeterea aliquorum or-
tus occasusque siderum tempestates uehementissimas 15
commouent; in quibus licet certi dies auctorum adtesta-

V. L.   1 conturbantur λ   1 uergiliarum *EΠP* uirgilia-
rum *L* uigiliarum *αQ (sed fortasse in hoc erat* uigiliarum*)*
1 hiemalif occafuf *EΠα* hiemaˆt occafuf *P* hiemali occafu λ
2 tertio *ΠGP* tertiu *E* tertium *Aμ*   2 id. nouembref *E* idum
nouembrium *Π* iduum nouembrium *εP* iduum nouembrif *uulgo*
   2 VI *E* fextum *εP* fextam *Π*   2 iduf Martiaf *Lang* id. martiarum *E* iduum martiarum *εΠP*   4 prolixa *ΠPG* plixa *E*
prolifa *α'* poli λ   5 imbri uel niuibuf (nibibuf *A'*) *εΠP* imbrium nubibuf *E* imbrium uel niuium *Schwebelius*   5 gemi-
natif *A₁*   6 deturbat *EΠPG* deturbata *α'* deturbant λ
7 natalem uero] octauo igitur kalendaf ianuariaf *(sic correctum a* 1*) Π*   9 urbium *EΠ* gentium *εP*   10 periculofa *P*
11 temptantur *εP* tempeftantur *Π* teftantur *E*   11 quod *E*
12 maiuf *Aμ*   13 nauigat] pergat *Π*   13 priuatorum mercium *εP* priuatarum mercium *E* priuf commercium *Π*
   CAP. LX.   14 *In inscriptione* quomodo *pro* quemadmodum *E*
14 aliquorum *E Giss. uulgo ante Schwebelium* aliorum *εΠP*
16 certi dief] certa [d.] *Π*

S. L.   2 diem] die *A₁*   3 marciarum μ   5 feuicia μ
6 pelago fed] pelagorum *E*   8 follemni *EΠ* folemni *Aμ* (folempni *G*)   8 publicoque] publiquoque *M*   9 celebratur]
caelebratur *E* celebrantur *A*   10 ratione] rationem *EAμ*
10 maiaf] magiaf *A₁*   10 pericolofe *E*   11 induftria fed]
induftriarum *E*   14 audatia *A*   CAP. XL.   16 autorum *E*
16 adteftatione] atteftatione *Π*

tione signentur, tamen, quia diuersis casibus aliquanta
mutantur et, quod confitendum est, caelestes causas
humana condicio ad plenum nosse prohibetur, ideo
nauticae obseruationis curam trifariam diuidunt. Aut
5 enim circa diem statutum aut ante uel postea tempestates
fieri conpertum est. Vnde praecedentes προχειμάζων, na-
scentes die sollemni χειμάζων, subsequentes μεταχειμάζων
Graeco uocabulo nuncuparunt. Sed omnia enumerare
nominatim aut ineptum uideatur aut longum, cum aucto-
10 res plurimi non solum mensum sed etiam dierum rationem diligenter expresserint. Transitus quoque siderum,
quos planetas uocant, cum praescripto cursu Dei arbitrio
creatoris suscipiunt signa uel deserunt, frequenter as-
solent serena turbare. Interluniorum autem dies tempe-
15 statibus plenos et nauigantibus quam maxime metuendos
non solum peritiae ratio sed etiam uulgi usus intellegit.
XLI. Multis quoque signis et de tranquillo procellae

V. L.   1 fignentur] fignantur λ firmentur P   1 quia] quod
E   1 aliquanta EεP aliquando Π uulgo ante Schwebelium
2 quod] quia E   3 noffe] fcire λ   4 obferuationef E
4 diuidemuf Π   5 ftatutum] ftatum uulgo   6 προχειμάζων
etc.] scripsi, cum omnes libri in terminatione -on consentiant; habent
autem prochimazon Π procymazon E progymnazon εP₁ — chimazon Π cymazon E gymnazon εP₁ — metachimazon εP metacyma-
zon E et chimazon antecedente fubfequentem Π; προχείμασιν —
ἐπιχείμασιν — μεταχείμασιν uulgo; προχειμάζειν, ἐπιχειμάζειν
(hoc = μεταχ.) reperitur apud Plin. N. H. 18,57   8 nuncuparunt]
nuncuparent E nuncuparent G   9 aut ineptum uideatur aut
longum E a. i. uidetur aut longum Π [a. i. u.] aut longum αP₁
[a. i. u.] eft longum λP₂ [a. i. u.] longum eft uulgo   10 menfum E
menfuum Aμ menfium ΠGP uulgo   11 tranfitum E   11 quoque]
que εP   12 dei EA₂ dĩ Π diei A'P die M dief L dierum uulgo de
Scriuerius Oudendorpius   15 plenaf Π post hoc caput in E ex
cerptum ex II 2 et 6 sequitur (uide praef.)   CAP. XLI.   17 et
[de] M   17 tranquilla Π Par. 7232 procella α' procellae GP
ferena uulgo; totum locum λ hunc in modum praebent 'fignif ex
tranquillo et de tempeftatibuf procellae produntur'

S. L.   1 quia diuerfif] quiaduerfif M   2 confitendum] confiden-
dum α'   3 conditio A   6 compertum Π(P)   6 die foll.] dief foll.
E   7 follemni EΠMG follempni (-if L) λ folemni P folempni A
    7 fubfequentef] -if α' |8 greco etiam E   12 planetaf]
planeta α'   13 affolent E adfolent εΠP   16 ratio fed] ratiorum E

et de tempestatibus tranquilla produntur, quae uelut in
speculo lunae orbis ostendit.   Rubicundus color uentos
caeruleus indicat pluuias ex utroque commixtus nimbos
et furentes procellas.   Laetus orbis ac lucidus serenita-
tem nauigiis repromittit, quam gestat in uultu, praecipue 5
si quarto ortu neque obtusis cornibus rutila neque infuso
fuerit umore fuscata. Sol quoque exoriens uel diem con-
dens interest utrum aequalibus gaudeat radiis an obiecta
nube uarietur, utrum solito splendore fulgidus an uentis
urguentibus igneus neue pallidus uel pluuia sit inpendente 10
maculosus.   Aër uero et mare ipsum nubiumque magnitudo uel species sollicitos instruit nautas. Aliquanta ab
auibus aliquanta significantur a piscibus, quae Vergilius
in Georgicis diuino paene conprehendit ingenio et Varro
in libris naualibus diligenter excoluit. Haec gubernatores 15
si se scire profitentur, sed eatenus, quatenus eos imperitiae
usus instituit non altior doctrina formauit.

V. L.   2 orbif lune *Π*   2 oftendit] oftendit. Oftendit *εP*
     4 [ac luciduf] *λ*   6 obtufif *α'* optufif *Π* obtunfif *GλP*
   6 neque] non *Π*   6 rutila] mutila *Π*   7 fuerit] fit *Π*
7 uel diem] noctemque *Π* [u. d.] *λ*   7 caudenf *λ*   8 gau-
deat] reniteat *Π* candeat *Scriuerius*   9 uarietur] rutiletur *λ*
   9 folito *O* folido *uulgo*   9 an] ac *μ*   10 neue] ne uel
Π Giss.   10 uel] aut *Π Giss.*   11 [Aër uero] *Π*   12 uel]
cuiuf *Π*   12 Aliquanta] portenta *Π*   12 ab auibuf aliquanta fignificantur a pifcibuf *ε* ab a. a. f. et a pifcibuf *Π* ab
au. aliquanta a pifcibuf fignificantur *P uulgo*   13 uergiliuf *A*
uirgiliuf *μΠP* uergiliuf *corr. ex* uirgiliuf *G*   14 diuino paene]
fummopere *Π*   16 [fi] fe fcire profitentur fed eatenuf quatenuf eof ([eof] *Π*) imperitie ufuf inftituit non altior doctrina
formauit *Π Par.* 7232 fi fe fcire p. fedeactenuf quatenuf eof
imperitiae (inp. *MG*) ufuf inftituit non altior doctrina firmauit
(-bit *α'*) *α* fi f. f. profitenturperitiae magif ufuf inftituit quam
altior doctrina firmauit *λ* |[fi] fe fcire p. f. e. q. e. imperitiae
magif
ufuf inftituit q altior doctrina firmauit *P* fefe fc. p. f. e. q. e. i.
u. inftruit non a. d. firm. *Ed. Col.* 1524

S. L.   Cap. XLI.   2 orbif] urbif *A₁*   3 commixtof *εP*
     4 procellaf] prouellaf *A'*   5 geftat] geftant *Π*
6 hortu *A'*   7 umore *recte G* humore *AμΠP*   10 palliduf]
paludif *A'*   14 Varro] barro *Π*

XLII. Elementum pelagi tertia pars mundi est,
quae praeter uentorum flatu suo quoque spiramine mo-
tuque uegetatur.   Nam certis horis, diebus pariter ac noctibus aestu quodam, quod rheuma uocant, ultro citroque
5 percurrit et more torrentium fluminum nunc exundat in
terras nunc refluit in altitudinem suam.   Haec recipro-
cantis meatus ambiguitas cursum nauium secunda adiuuat
retardat aduersa.   Quae dimicaturo magna sunt cautione
uitanda. Neque enim auxilio remorum rheumatis impetus
10 uincitur, cui interdum cedit et uentus; et quoniam in diuersis regionibus, diuerso lunae crescentis minuentisque
statu certis horis ista uariantur, ideo proelium nauale ge-
sturus consuetudinem pelagi uel loci ante congressum
debet agnoscere.   XLIII. Nauticorum gubernatorumque
15 sollertia est loca, in quibus nauigatur, portusque co-
gnoscere, ut infesta prominentibus uel latentibus scopulis,
uadosa ac sicca uitentur; tanto enim securitas maior
est, quanto mare altius fuerit.   In nauarchis diligentia, in
gubernatoribus peritia, in remigibus uirtus eligitur pro-
20 pterea, quia naualis pugna tranquillo committitur mari
liburnarumque moles non uentorum flatibus sed remo-

V. L.   Cap. XLII.   2 quae] *A'λΠP* qua *M* quod *uulgo*
2 flatu fuo *α' Giss.* flatuf fuo *Π* flatum fuo *GλP*   3 uegetatur]
mitigatur *Π*   4 rheuma] reuma *O*   5 percurrit *εΠ Giss. Par.*
7232 praecurrit *P* procurrit *uulgo*   5 torrentium] torpentium *Π*
      6 reciprocantif *MQGA₂P₂* reciprocanf *L* recuprocantif *A₁*
recprocantif *P₁* recurrentif *Π*   8 dimicaturo *ΠP* dimicatur.
O α dimicantur. Quae *λ*   9 auxilio *QΠ Giss. Par.* 7232 ab
exilio *GP* ad exilio *α'* auilio *L₁*   9 rheumatif] reumatif *O*
14 agnofcere] cognofcere *Schwebelius*   Cap. XLIII.   15 na-
uigatur] nauigaturi funt *Π*   15 portuf] fituf *Π*   17 uadofa]
uada *Π*   17 tanto *Π* tantum *εP Giss. Par.* 7232   17 fecuri-
taf] f▬▬▬ *Π*   18 quanto] quantum *Giss. Par.* 7232
18 nauarchuf] nauarcif *M* nautarchif *Π*   19 eligatur *Π*
21 [flatibuf] *Π*

S. L.   Cap. XLII.   2 motu] mutu *α'*   3 uegitatur *Aμ*
7 adiubat *A'*   11 minuentif] inuentif *α'* miuentif *G₁*
12 nabale *A₁*   Cap. XLIII.   14 nauticorum] nautiquorum *Aλ*
    15 folertia *A'*   15 portofque *M*   15 cognufcere *M*
16 fcopolif *μ*   21 molef] molif *Aμ*

rum pulsu aduersarios percutit rostris eorumque rursum
impetus uitat, in quo opere lacerti remigum et ars clauum
regentis magistri uictoriam praestat.

XLIIII. Multa quidem armorum genera proelium
terrestre desiderat; sed nauale certamen non solum plures 5
armorum species uerum etiam machinas et tormenta flagitat, tamquam in muris dimicetur et turribus. Quid
enim crudelius congressione nauali, ubi aquis homines
perimuntur et flammis? Praecipua ergo esse debet tegminum cura, ut catafracti uel loricati galeati etiam et ocreis 10
muniti sint milites. De onere namque armorum nemo potest
conqueri, qui stans pugnat in nauibus. Scuta quoque ua-
lidiora propter ictus lapidum et ampliora sumuntur, praeter falces et harpagones aliaque naualia genera telorum.
Sagittis missibilibus fundis fustibalis plumbatis onagris 15
ballistis scorpionibus iacula inuicem diriguntur et saxa et,
quod est grauius, qui de uirtute praesumunt, admotis
liburnis iniectis pontibus in aduersariorum transeunt naues ibique gladiis manu ad manum, ut dicitur, comminus
dimicant. In maioribus etiam liburnis propugnacula tur- 20
resque constituunt, ut tamquam de muro ita de excelsio-
ribus tabulatis facilius uulnerent uel perimant inimicos.

V. L.   1 aduerfarioſ] aduerfa Π   1 rurfuſ Giss. Par. 7232
2 impetuſ] uirtuſ Π   2 remigum et arſ] remi locus uacuus
arſ Π
Cap. XLIIII.   4 quidem] quedã Π   8 aquiſ] et aquiſ
uulgo   9 precipuæ Π   10 catafracti μPΠ Giss. catafracta
A catafractati GQ₂ Par. 7232   [uel] Π   11 namque] quoque
Π   11 poteſt] debet uel poteſt post Scriuerium Schwebelius
13 praeter] propter λP₂ uulgo   14 harpagoneſ uulgo arpago-
neſ A'ΠP arpaconeſ μ arpagonaſ A₂   15 miſſilibuſ P
15 fuſtibaliſ] fundibaliſ εP   18 iniectiſ] ingectiſque Π inie-
ctiſque Giss. uectiſque Par. 7232   19 manum ad manum Giss.
20 [In] Π   22 [faciliuſ] fuiſ Π   22 [per]imant G

S. L.· 1 aduerfarioſ] aduerfariuſ A₁   2 clauum] clabum α'
Cap. XLIIII.   5 nabale A₁   5 non folum] non ſum M
8 crudeliuſ] crudeliſ A₁   16 baliſtiſ A baliſtaſ μΠ baliſtiſ G
17 admotiſ] admonitiſ A₁ ammotiſ Π

Oleo incendiario stuppa sulphure et bitumine obuolutae
et ardentes sagittae per ballistas in hosticarum nauium
alueos infiguntur unctasque cera et pice et resina tabulas
tot fomentis ignium repente succendunt. Alii ferro inter-
5 imuntur et saxo, alii ardere coguntur in fluctibus; inter
tanta tamen mortium genera qui acerrimus casus est, absumenda piscibus insepulta sunt corpora. **XLV.** Adin-
star autem terrestris proelii superuentus fiunt ignorantibus
nauticis, uel circa oportunas insularum angustias conlo-
10 cantur insidiae. Idque agitur, ut imparati facilius delean-
tur; si longo remigio fatigati sunt hostium nautae, si uento
urguentur aduerso, si pro rostris est rheuma, si nihil suspicantes dormiunt inimici, si statio, quam tenent, exitum non
habet, si dimicandi optata euenit occasio, fortunae bene-
15 ficiis iungendae sunt manus, et ex oportunitate proelium
conserendum. Quod si cautela hostium euitatis insidiis
publico Marte confligat, tunc liburnarum instruendae sunt
acies, non directae ut in campis sed incuruae ad similitudinem lunae, ita ut productis cornibus acies media sinu-
20 etur, ut, si aduersarii perrumpere temptauerint, ipsa

V. L.   1 Oleo incendiario] ex incendiario *Π*   1 fulphure
et *λ Giss. Par.* 7232 fulphur (-or *A*) et α' fulphore *G* fulphure *ΠP*
    1 inuolute *Π*   2 [alueof] *Π*   3 unctaf] inunctaf *uulgo*
    3 [et] pice oleo *Π*   3 et] uel *Giss. Par.* 7232   4 [ignium]
Π   4 interimuntur] opprimuntur *Π* interimunt *εP*   5 [alii]

εP   5 intra tanta *P*   6 mortium] artium *Π*   6 abfumen-
da] abfumuntur *λ (ceterum de Q non liquet, cum dimidia pars
ultimi folii desit)*   CAP. XLV.   8 fiunt] fiant *Π*   10 imparati *GΠP* inparati *μ (Q?)* imperati *A* imperiti *Par.* 7232 imparati uel imperiti *Giss.*   11 defatigati *Π*   12 pro roftrif]
ΠP Giss. λ (Q?) p. noftrif α pronum *Par.* 7232   12 reuma *O*
    12 [fi] nihil *εP*   13 fi ftatio *Π Par.* 7232 [fi]ftatio α et
ftatio *λ Giss. P*   14 dimicandi *Π Giss. Par.* 7232 dimicando
α*P* dimicandum *μ* ad dimicandum *L₂*   14 optata euenit *Π Par.*
7232 optate (obt. *L*) uenit ε optata uenerit *Giss.*   18 ut]
ficut *Π*

S. L.   1 uitumine *Π*   2 ofticarum *M*   2 albeof α'   6 ab-
fumenda] aufumenda *A₁* abfumendi *M*   CAP. XLV.   9 collocantur *Π*   18 incurbe (-æ *G*) α   19 finuetur] finetur α

ordinatione circumdati deprimantur. In cornibus autem
praecipuum robur et liburnarum conlocatur et militum.
XLVI. Praeterea utile est, ut alto et libero mari tua semper classis utatur, inimicorum uero pellatur ad litus, quia
pugnandi impetum perdunt qui detruduntur in terras. In 5
eiusmodi certamine tria armamentorum genera plurimum
ad uictoriam prodesse compertum est, asseres falces bi-
pinnes. Asser dicitur, cum trabes subtilis ac longa ad
similitudinem antemnae pendet in malo utroque capite
ferrato. Hunc, siue a dextra siue a sinistra parte aduer- 10
sariorum se iunxerint naues, pro uice arietis ui inpellunt;
qui bellatores hostium siue nautas sine dubio prosternit
ac perimit ipsamque nauem saepius perforat. Falx autem
dicitur acutissimum ferrum curuatum ad similitudinem
falcis, quod contis longioribus inditum *chalatorios* funes, 15
quibus antemna suspenditur, repente praecidit conlapsis-
que uelis liburnam pigriorem et inutilem reddit. Bipinnis
est securis habens ex utraque parte latissimum et acutis-

V. L. 2 conlocatur] conlocantur *M* conlocantur *G* collocantur *P* collocetur *uulgo* CAP. XLVI. 3 *hoc caput antecedenti
adnectit uulgata* 3 alto et libero] altiſſimo *Π* 4 utatur]
conſiſtat *Π* [uero] *Π* 4 quia] ut *Π* 5 qui detruduntur]
cum truduntur *Π* 6 eiuſmodi] huiuſmodi *Par.* 7232 *uulgo*
6 genera] g. ſolent *uulgo* 7 prodeſſe compertum eſt *Π Giss.
Par.* 7232 prodeſſe [c. e.] *εP uulgo* prodeſſe ſolent *A₂* 7 aſſe-
reſ] id eſt a. *λ* 7 bipinneſ *A'Π* bipenneſ *μP (sed hic scriptu-
rus erat* bipinneſ) (*Q?*) 9 antemne *MP* antempne *A'* autem
prę *L* antennae *Π Par.* 7232 *uulgo* 10 [hunc] *λ* (*Q?*) 11 iunxerit (t *in l. er.*) *Π* iunxerit *A₁* 12 qui] quia *αP Giss.*
15 inditum] indutum *Π* 15 chalatorioſ funeſ *Pelisser* (*cf.
Turneb. Adu.* 24, 25) calatorioſ f. *Schwebelius* collatorioſ funeſ
Π collatorio ſub funeſ *α* collatorioſ ubi funeſ *L* collatorioſ ſibi
f. *Giss.* collocatorio f. *Par.* 7232 16 antemna] antempna *A₂*
antenna *Π Par.* 7232 17 liburnarum pigrioreſ (ſ *in l. er.; subest* m) *Π* 17 inutileſ (ſ *in l. er.; subest* m) *Π* 17 bipinniſ *A*
bipenniſ *GμΠ* 18 ſecuriſ] ſecurem *A*

S. L. 2 praecipuum] praecipium *A'* 2 collocatur *Π*
CAP. XLVI. 6 tria arm.] trea arm. *A* triarm. *μ* 8 traueſ *μ*
trabiſ *Π* 8 ſubtiliſ] ſubtileſ *α'* 11 impellunt *Π* 16 col-
lapſiſ *Π*

11*

simum ferrum.   Per has in medio ardore pugnandi peri-
tissimi nautae uel milites cum minoribus scafulis secreto
incidunt funes, quibus aduersariorum ligata sunt gubernacula.   Quo facto statim capitur tamquam inermis et
5 debilis nauis; quid enim salutis superest ei, qui amiserit
clauum?

   De lusoriis, quae in Danubio agrarias cotidianis
tutantur excubiis, reticendum puto, quia artis amplius in
his frequentior usus inuenit, quam uetus doctrina mon-
strauerat.

  V. L.   2 nautae uel militeſ cotidianiſ (cottid. *μG*) utantur
(utuntur *λ*) *intermediis omissis* ε*P lacunam indicant A'*, *nam in
utroque codice post* militeſ *reliqua linea est uacua; cod.* 7230A
. *uoce* militeſ *prorsus desinit*.   2 [cum minoribuſ ſcafuliſ] *Stewechius locum de urinatoribus intellegens*   5 ei qui] ei que *Π*
7 de luſoriiſ *Giss. Par.* 7232 de roſtriſ *Π*   7 quae *Giss.* que
Par. 7232 queſ *Π* queiſ *uulgo*   .7 agrariaſco *lacuna* iſ *Π* agra-
rienſeſ *latere opinatur Oudendorpius*   8 tutantur *Π* utantur ε
Giss. tantorum *Par.* 7232   8 excubiaſ *Par.* 7232   7 puto
quia] p. de reliquiſ quia *λ* p. quia de reliquiſ *P*   7 in hiſ]
huiuſ *λ*   8 monſtrauerit *uulgo*

   Fl. Eutropiuſ Emendaui Sine Exemplario Conſtantino|po-
lim Conſul Valentiniano Aûg. VII Et Abieni | *fol.* 53 *r.* Flauii
Vegati Renati Viri Inluſtriſ Liber IIII expſc Feliciter | Lector
Memento Scriptore *A* FℒS. Eutropiuſ Emendaui Sine Exem-
plario Conſtantino|polim ConſutS Valenti|niano Auguſt. VII.
Et Abieni | Flauii Vegati (-eti 2) Renati Viri Inluſtℝ Lib. IIII.
Explicit Feliciter *M* F|L. eutropiuſ Emendaui Sine exempla-
rio | Conſtantinopolim Conſulatu ualentiniani Auguſti V̇II *G*
Fℒeutro Piuſ Emendaui Sine explario Conſtantino polico Con-
ſulS Valentiniano Augῑ Septet' Abieno *lacuna unius lineae* Fla-
uii Vegeti Renati Viri Inluſtriſ | Liber IIII. | Explicit Feliciter
Amen *L* Explῑc̄ Libri Quattuor Flauii Vegeti Renati Viri Illuſtriſ Comitiſ Ad Theodoſῑn Impr̄e̅ *Π* Flauii Vegetii Renati Lib.
Quartuſ Explicit *P (a* 2 *quaedam adscripta erant sed postea sunt
erasa). In Q prorsus nulla subscriptio comparet. De adsutis a* 2
quibusdam in cod. Π uide praefationem.

  S. L.   5 ſalutiſ ſup.] ſaluti ſup. *Π*

Index uerborum.

A.

A *littera* 106, 22.

a (ab) *praepositio passim;* ab eiusmodi conprobatus industria 36, 14; ab *sequente littera* s 19, 17. 104, 16. ab *seq. l.* c 52, 19? campidoctoribus (= a campidoctoribus) traditur 16, 3. *cf. V. L.* 71, 17. 104, 10. [si ab insolitis uideatur 114, 9.] ab hoste — ab aquis discrimen incurrit 14, 7.

abbreuiare 63, 17.

abditus 75, 13.

abduxerat 9, 11.

aberat 91, 20.

aberrare 45, 9. -arent 50, 4.

abeunt 145, 15. -ire 86, 13.

abiciuntur 71, 15. -ieceris 115, 13. -iecerunt 115, 11.

abiete 151, 5.

abluebat 7, 21.

aboleuit 12, 3.

abrupta 33, 16. 70, 25. 109, 13. 113, 9. -is 67, 17. 81, 17. -o 129, 1.

abruptum (*gen.* -uf) 85, 8.

abscedebant 111, 17. -ndi 110, 8, 12. -ntibus 118, 14. -re 131, 16. -rent 149, 17. -cessi 33, 3. -cesserit 145, 19.

abscidi 23, 9. 82, 11. -scidit 116, 2. -scisos 134, 5.

absente 42, 14. -ibus 26, 1.

absidis 137, 11.

absolutis 149, 5.

absque 80, 8. 114, 8. 117, 5. 118, 13.

absumenda 162, 6. -mi 52, 19.

abundant 16, 18. -ntibus 101, 13. -dat 101, 19. -det 86, 7.

ac *passim.*

accedat 7, 17. -dendi 97, 2. -dente 95, 5. -dere 109, 14. 140, 8. -dit 108, 21. accesserit 20, 12. 26, 18. 103, 1. -sserint 117, 9. *uide* adc.

accensi 52, 10. -sos 98, 8.

accessus 134, 20.

accidere 28, 1. 45, 4. 67, 19. -derit 104, 3. 118, 12. -disse 29, 2. -disset 98, 13. -dit 118, 1. 135, 10. 144, 4.

accincti 48, 9.

accipere 16, 13. 22, 14. 23, 19. 39, 6. 80, 19. -iat 130, 10. -iebant 49, 3. -iendi 87, 14. -it 136, 11. 138, 21. 139, 1. -iunt 82, 17. [-ceperat 121, 8.] -erint 94, 14. -erit 52, 2. -cepit 34, 1. 37, 20. 55, 13. 92, 2, 8.

aceti 69, 16. 132, 6.

acerba 156, 10.

acerbitas 155, 16. 156, 6. -tate 153, 15.

acerrimus 162, 6. -os 146, 1.

Achaiam 149, 22.

acies *passim.* -em *passim.* -e *passim.* acies, *n. pl.* 48, 22.

bases 144, 1.
basilicae 57, 7.
bebras 23, 12.
bellandi 15, 13. 16, 9. 50, 19.
-o 28, 14.
bellator 7, 21. 13, 17. -em 8,
10. 116, 9. -es (nom.) 94, 11.
96, 12. 99, 7. 138, 2. 139, 3.
142, 2. -es (acc.) 9, 18. 18,
14. 39, 7. 79, 14. 106, 5. 107,
15. 110, 1. 133, 9. 148, 1.
163, 12. -ibus 98, 10. 144, 22.
-um 101, 19.
bellicae (rei —) 6, 1 et 58, 3
et 63, 3. (artis —) 85, 1. (disciplinae —) 111, 3. -ae (pl.)
150, 20. -am artem 55, 17.
86, 19. 88, 20. (-arum artium)
148, 17. -is (rebus —) 150, 1.
bellicosus 102, 20. -um 47, 1.
-os 28, 15. 37, 10. 45, 10.
bellum passim. -i 8, 12. (in
quocumque — genere) 59, 22.
67, 11. (dux —) 73, 8. 81, 3.
(necessitas —) 85, 14 et 91,
20. (ars —) 103, 20. 149, 5.
-o (dat.) 37, 1. 114, 9. 119, 1.
-o (abl.) 29, 6. (commisso-)
45, 3 et 49, 8. 149, 12. in bello:
6, 9. 24, 3. 27, 4. 57, 16. 89,
11, 17. 115, 4. [120, 1, 10].
-a (nom.) 14, 8. -a (acc.)
(ad —) 6, 19. 19, 7. -orum 6, 3.
11, 2. 12, 6. (disciplina —)
32, 13. (necessitate—) 42, 10.
63, 4. 118, 12. (in uniuerso
genere —) 146, 11. -is (dat.)
51, 6. -is (abl.) 65, 22. 118,
1. 132, 13.
beluae 116, 5. -as 116, 14. -is
(dat.) 117, 14. -is (abl.) 117,
2. 138, 6.
bene 6, 2. 44, 21. 46, 13. 50, 9.
57, 18. 90, 20. 101, 22. 102,
15. 108, 19.
beneficiarii 40, 11.
beneficiis 162, 14. -o 40, 12.
109, 8. 129, 3. 156, 6.

Bessorum 44, 6. 144, 12.
bestiae 117, 9.
bibentibus 67, 6.
bidentes 59, 14.
bini 116, 2. -ae 42, 11. -a 47,
19. 131, 4. -as 23, 12. 36, 24.
40, 16. -os 100, 22. 144, 6.
152, 14. -is 48, 21. 117, 8.
bipinnis 163, 17. -es 163, 7.
bitumen 132, 16. -ine 140, 1.
162, 1.
bonā 128, 1. [-ā 121, 2]. -arum
4, 1. -i 17, 24. 28, 1. 85, 8.
[123, 1]. -os 4, 7. 39, 6. 102,
21. -is 88, 15. 97, 10. -um
81, 10. 95, 10.
boreas 155, 5.
brachiola 142, 15.
brachium 15, 22. -a 22, 11
-is 10, 6. 116, 8. -o 98, 6.
breuiatos 85, 2.
breuibus (subst.) (dat.) 52, 1.
(abl.) 52, 3.
breue (adi.) 50, 17. 87, 12.
breuiorem 101, 20. -es 138, 8.
breuitas 5, 13.
breuiter 32, 8.
Britanni 153, 1.
bubus 59, 4.
bucinā 72, 24. -ā 40, 15. -am
72, 23. -is 118, 5.
bucinatores 40, 14. 54, 14, 21.
burgum 134, 22.

C.

cadere 65, 17. -unt 24, 12.
147, 18.
caecias 154, 10.
caedat 136, 20. -ere 57, 13.
70, 25. 109, 3. -it 143, 15.
-itur 43, 9. -untur 151, 19.
-sa (part.) 151, 14. -sis 118,
4. -sos 145, 2.
caedem 6, 5.
caelestes 158, 2. -i 153, 15.
caeli 6, 10. 154, 2.
caemento 140, 8.

commixtus 159, 3.
commoditas 79, 4,
commodius (— ut) 80, 4.
commodum 103, 7. -a 41, 12.
54, 6.
commonendi 76, 15. -ens 148,
19.
commorari 84, 4. -morandum
24, 16. -rantur 90, 18 -ren-
tur 7, 13. 66, 19.
commori 110, 10.
commouent 157, 16.
communis 113, 13. 127. 13. -e
73, 16. 85, 9. -i 58, 10.
communione 127, 11.
communita 138, 13.
commutare 105, 3. -antur 118,
19. -atur 105, 5.
compellant 77, 20. -itur 108, 7.
uide conp.
compertum 163, 7. uide conp.
complementum 128, 10.
complent 94, 14. -erent 131,
4. -eta 52, 11. uide conpl.
computandi 51, 13.
conamur 5, 1. -atur 138, 22.
140, 8.
conbustis 144, 23.
concaedes 113, 11.
concludat 106, 7. -atur 82, 1.
-dit 104, 15. 113, 19.
concessa 145, 8.
concinnitas 4, 13.
concipere 32, 6.
concordia 54, 13.
concremant 147, 9. -etur 137,
7. 138, 12. -auit 92, 7.
concurrisse 152, 17.
condant 69, 4. -antur 68, 7. 128,
14. -atur 139, 17. -ebatur 53,
10. -enda 149, 2. -ens 157, 7.
-untur 144, 10. -ditā 21, 6.
-ditae 127, 20. -ditam 7, 18.
-ditas 127, 16. in conditis
132, 19.
condicio 94, 5. [119, 12.] 158,
3. -one 103, 19. 118, 3. -onis
118, 12.

conditores 5, 4.
condiscant 7, 11. 56, 10. -ere
14, 3. 24, 1. 29, 9. -erent
20, 4.
conducere 29, 11.
conectitur 142, 7. -nexi 33,
12. -nexis 91, 15.
conficerent 27, 16. -ficienda
13, 4. -fecit 64, 6. -fecta
19, 7.
conferebat 53, 11. -ferendum
69, 3. -ferre 128, 5. -ferret
36, 11. -fert (— ut) 101, 1.
conferti 93, 18. 99, 16.
confestim 17, 4.
confidas 94, 9. -entes 97, 5.
-it 6, 2. [122, 1, 8, 10.] -unt
89. 5.
confidentia 139, 11. -am 11,
21. 103, 4.
configenda 151, 6 -fixas 59,
13. -fixum 115, 12.
confirmat 130, 1. -ment 28, 16.
confitendum 158, 2.
conflagrant 139, 19.
conflictus 18, 22. 85, 4. -ūs
(gen.) 92, 18. -um 65, 19. 88,
12. 94, 6. (— hostium) 95, 2.
111, 9. -u 11, 25. 13, 16. 67,
22. 74, 6. 87, 19. 90, 15. 93,
7. (aperto —) 103, 20.
confligat 162, 17. -ere 106, 5.
107, 7. 118, 11. -is 109, 16.
-itur 109, 7. 136, 6. -unt 105,
8. [123, 2.]
conformatione 9, 16.
confringant 133, 5. 144, 3.
confundi 26, 17. 45, 4. -ndit
95, 3. confusi 90, 14. -sas
114, 7.
confusio 56, 7. 105, 5. -ne 73, 15.
congerebant 116, 16. -enda
132, 4. -endae 132, 6. -geri-
tur 25, 21. congessi 28, 5.
congestus 96, 2.
conglobent 26, 13. -bati 77, 2.
congressi 21, 12.
congressio 136, 4. -ne 161, 8.

D.

deligantur 10, 19. -legerunt 14, 10. -lectus 11, 17.
delinquentes 25, 10.
demetiuntur 40, 17.
demissa 130, 9. 133, 3.
demonstranda 12, 2.
demum 7, 13. 29, 8.
denas 9, 7. -i 150, 6. -is 42, 3.
deuegantur 69, 8. -entur 51, 7.
denique (*singulari cum signi-ficatione*) 34, 9 *et* (pr. d.) 63, 5. 34, 21. 53, 8. (aqua d.) 65, 15. 66, 7. 77, 5. (cum ipsis d.) 92, 6.
densatur 129, 18. -ta fuerat 130, 2.
densitas 157, 4.
dentatum 143, 19.
denudabis 101, 19.
deponeret 14, 12. -depositos 53, 5. -positi 140, 4. -positis 74, 3
deposcit 6, 6. 46, 20. 68, 12.
deposita 53, 17.
deprehenderis 10, 9. -i 153, 4. -itur [122, 14.] 148, 8. -unt 75, 17. -ensā 78, 6.
deprimantur 163, 1. -primit 96, 1. -presseris 142, 8. -presso 142, 10. -pressos 65, 5.
deprompsit 64, 14.
depugnandi 85, 3. -aturos 87, 19. [-aturus 122, 1 123, 5.]
depugnatio 105, 8. 106, 7. 107, 5, 21. 108, 10, 17. 109, 8. -onis 105, 11. -onum 105, 7.
deputabantur 52, 5, 10. -abatur 42, 19. -andus 10, 4. -antur 58, 19. 83, 19. -ari 132, 1. -tet 71, 14. -atae 138, 8. -atos 83, 16.
derelicta 141, 8. -is 145, 16.
derisere 15, 18.
derisui 115, 6.
descendat 142, 1. -ere 27, 21. -unt 95, 15.
describere 143, 9. [-itur 147, 14.] descripta 74, 16. -ā 81, 1.

descriptio 37, 4.
deserat 8, 19. -endo 53, 5. -ere 36, 1. -erti 78, 1. -erunt 86, 14. 158, 13. -erturos 38, 2.
desides 5, 22.
desidiā 21, 8.
desiderat 32, 6. 34, 6. 38, 20. 39, 3. 57, 3. 64, 10. 128, 3. 161, 5. -es 10, 9.
desiderio 86, 12.
desilire 20, 4.
desinant 68, 20. 70, 17. 145, 8. desierunt 87, 15.
desperandum 117, 16. -ant 108, 19. antes 110, 21. -antibus 87, 5. -are 111, 13. -arunt 118, 2. desperet 91, 7.
desperatio 145, 9. -one 78, 1. 110, 8. 145, 15. -onem 86, 13.
destinant 139, 16. -at 113, 17. -atur 39, 18. -ata 113, 7. 140, 3. 147, 16. -ati 18, 15. -is 56, 18. 116, 19. 134, 19. 143, 11. -ato 8, 20. 17, 12. 18, 13.
destinata (ad — peruen.) 66, 21 *et* 79, 3.
destitutam 108, 10.
destratis 90, 10.
destruat 143, 16. -uit 138, 23. -structis 130, 2. 144, 5.
desuetudine 29, 5.
desuetum 89, 13.
desuper 140, 10.
detectis 21, 12. 22, 4.
deterere 133, 9.
deterior 107, 6. -ores 107, 15.
deterret 13, 18.
detinendi 7, 15. 70, 21.
detrimenti 66, 6. -o 80, 15. 118, 13.
detrudantur 71, 2. -endo 106, 17. -untur 163, 5.
deturbat 157, 6.
deuerticula 74, 16.
deuiis 81, 17.
deuotio 32, 10. 37, 21. -one 41, 22. -onem 42, 24. 70, 14. -onis 28, 3.

Deus (nobiscum) 72, 18. -o 37,
20, 22, 23. -um 4, 3. 37, 17,
18. -i 158, 12.
dextra 17, 20. 23, 19. -terae 56,
14. -trā 102, 6. 106, 12. 109,
4. [122, 2.] 155, 4. 163, 10.
dextrā laeuāque 75, 22. 154,
6. -erā 151, 9, 12. 155, 2.
-tro 38, 21. 100, 3. 47, 10. 48,
15. 104, 1. 107, 7. 108, 13. 109,
19. [121, 13.] -tram 106, 2, 14.
107, 13 bis. 108, 21. [121, 17.]
-trum 15, 23. 107, 20. 108, 14.
-tris 22, 13. -tros 23, 17.
dicam 49, 15. 94, 4. 157, 7.
-antur 59, 21. -at 91, 7. -atur
68, 4. -ebant 143, 7. -ebantur
22, 22. 97, 14. -ebatur 22, 9.
dicenda 94, 17. 149, 7. dicere
12, 13. dicerentur 66, 1. diceret 92, 4. -eretur 141, 15. dicit 9, 21. -itur 40, 7. 46, 2. 47,
21. 48, 5. 64, 20. 72, 17. 86, 7.
96, 9. 97, 22. 104, 8, 16, 18. 141,
17. 142, 3, 5. 161, 19. 163, 8,
14. dicimus 48, 8. -unt 6, 14.
53, 15. 59, 9. 99, 14. 104, 3.
118, 5. 138, 1. -untur 18, 11.
33, 8. 37, 16. 39, 20. 72, 16.
137, 11. 138, 10. dixerim (ut
ita —) 5, 19. dixerunt 137, 1.
diximus 44, 10. 99, 7. 107, 3.
dixit 110, 11. dictum est 55,
12.
dicione 28, 18.
dictaturam 7, 23.
dies (pl.) 24, 4. 157, 16. 158, 14.
die 55, 15. (masc.) 70, 20. 78, 15.
(fem.) 94, 7 et 112, 1. 96, 5.
(masc.) 141, 2. 146, 15. 156, 3.
157, 1. 158, 7. diem 73, 19. 78,
21. 84, 9. 92, 18. [122, 13.] 145,
10. 153, 9. 156, 4. 157, 2. 158,
5. 159, 11. dierum 52, 3. 155,
15. 158, 10. diebus 55, 19.
57, 10. 67, 15. 75, 24. 151, 13,
15, 19. 160, 3.
differat 88, 12. -atur 93, 14.

-erre 94, 11. dilatus fuerit
86, 11.
difficile (adu.) 52, 3. 84, 22.
115, 6. [120, 16.] 135, 5. 155,
13. (adi.)
difficilior 102, 20.
difficilis 57, 16. 81, 18. -e 20,
12. 51, 3. -es 79, 1.
difficillimis 67, 17.
difficultas 65, 12. 69, 15. -ate
99, 12. 107, 8. -ati 37, 5.
-ates 13, 15. 90, 7. -atum 65, 19.
diffunditur 135, 9. -unt 82, 3.
digeram 128, 13. -geruntur 82,
8. 133, 3. -gessi 148, 19.
-gestā 55, 11. -gestă (pl.) 123,
11. -gestis 111, 1.
digitis 10, 6.
digmata 50, 5.
dignabitur (cum inf.) 85, 2.
dignitas 88, 21. -ate 38, 6. 43, 2.
-em 42, 14. -atis 83, 11. -ates
39, 16. 58, 5. 69, 12. 100, 4.
dilabatur 83, 3.
dilectu 4, 17. 28, 6. 33, 2. -ui
51, 5. -um 8, 5. 9, 15. 64, 14. -ūs
(pl.) 119, 3. -ūs (gen.) 10, 20.
dilectis 90, 19.
diligenda 37, 19. -git 37, 23.
53, 5.
diligens 4, 14. 28, 7. 42, 23.
-entibus 93, 2.
diligenter 15, 4. 17, 23. 18, 9.
36, 17. 37, 11. 50, 17. 51, 6.
64, 11. 88, 3. 89, 15. 92, 4.
94, 8. 146, 12. 151, 2. 155, 14.
158, 11. 159, 15.
diligentia 67, 10. 160, 18. -am
34, 7. -ā 11, 15. 51, 16. 74,
10. 146, 7.
diligentissime 76, 18. 132, 22.
135, 4. 138, 12. 147, 21.
diligentissimus 12, 16.
dilueret 14, 11.
dimensa 142, 7.
dimensione 132, 11.
dimicabant 45, 20. 49, 16.
-ndi 6, 1. 23, 22. 58, 3. 107, 1.

162, 14. -dum 15, 25. 95, 11.
-ans 35, 16. -nte 150, 14.
-ntem 109,8. -ntes 47,14. 145,
13. -ant 97, 14. 100, 14. 107,
9. 161, 20. -antium 26, 18.
-are 46, 9. 94, 12. -ari 86,10.
-at 53, 6. 108, 6. -ent 34, 21.
-es 95, 5. 103, 10. -et 64, 12.
121, 12. -etur 56, 4. 161, 7.
-aturis 89, 5. -aturo 160, 8.
dimicatione 6,24. 13,17. 27,9.
dimidia pars 52, 17.
diminutiuo 84, 20.
dimitti 35, 25. -missis 35, 24.
dinoscatur 73, 9.
directa 72, 24. 101, 9. 104,
16. 109, 13. 147, 19. 148, 7.
150, 1. -ae 162, 18. -um 23,
10. (in —) 96, 17 et 109, 1.
129, 7.
direptis 139, 14.
dirigat 17, 13. -atur 143, 1.
-ebant 48, 13. 116, 4, 13.
-enda 70, 18. -endi 26, 20.
56, 14. -endum 58, 18. -ere
57, 4. 114, 8. -it 143, 2.
-unt 114, 7. -untur 133. 2.
161,16. directum (part.)48,2.
discalciatos 90, 9.
discant 13, 1. 56, 5. -ebant 8,
13. 15, 17. 56, 1. -enda 18,
20. 32, 9. 72, 4. -endi 8, 15.
-ere 91, 17. -i 17, 23. -untur
8,7. didicerant 65,20. -cerit
46, 10. -cerunt 74, 4. 91, 18.
94, 4. -cisse 6, 2. -cissent
28, 2. didicit 12, 4.
discedat 146, 14. -unt 83, 8.
113, 4, 8. -cesserit 118, 7.
disciplina 9, 20. (exercitii) 16,
10 et 44, 22. (bellorum) 32,
12. 36, 6. (armorum) 50, 19.
64, 1. -ā 5, 10. (militari)
12, 14 et 18, 1. 34, 18. -am
(armorum) 4, 15 et 11, 20.
(militarem) 12, 9 et 36, 10 et
64, 15. 28, 4. 46, 12. 63, 8. 70,
13. 91, 21. -ae 42, 21. 64, 18.

92, 3. (militaris) 19. (bellicae) 111, 3.
discordiarum 91, 1.
discrepant 34, 21. -are 54, 11.
discreuit 127, 12.
discrimen 14, 7. 27, 7. 75, 6.
112, 11. 118, 18. 155, 12. -inis
81, 5. -ini 139, 11. 156, 8.
-inum 136, 2.
discurrentes 111, 16.
disperguntur 146, 18. -persā
4, 16. 12, 19. 63, 16. -si 70, 1.
77, 1. 90, 1. 147, 7. -sis 81, 7.
[121, 8.] -os 49, 18. 114, 13.
118, 16.
dispersio 81, 9.
disponantur 84, 17. -at 90, 7.
-is 5, 3. -itur 96, 11. 97, 9.
-positos 26, 12. -tis 82, 18.
dispositio 36, 20. [123, 3.]
-one 49, 21. 50, 15. 101, 8.
124, 1. -onibus 128. 6.
[dissimulare 119, 15.] -ari 29,
1. -etur 93, 15.
dissimulatio 12, 3. 36, 21. 79,
5. -onem 11, 13. -one 19, 19.
47, 1.
dissoluere 148, 2.
distantia 95, 17.
distare 97,2. distat 57,21. -et
26, 22.
distendit 12, 12. -tentis 10, 7.
districte 19, 17.
diu 24, 6. 89, 13. 91, 19.
diuersa 25, 11. 50, 4. 115,20.
150, 13. -ae 133, 10. 150,
11. -arum 63, 3. -as 53, 23
bis. 54, 4. -is [34, 17.] 34,
17. 35, 3. 36, 1. 50, 4. 66,
8. 70, 3. 71, 5. 87, 16. 89,
20 bis. 123, 12. 128, 12. 158, 1.
160, 10. -o 138, 21. 160, 11.
-os 4, 15. 63, 15. 66, 8.
diuidentibus 82, 16. -itur 33,
7. -unt 158,4. -untur 77,10.
-uiserunt 45, 5. -sus 13, 3. 79,
21. -si (— per) 27, 16. 34, 2.
80, 14. -sae 45, 16. 73, 18.

84, 1. 152, 6. -sa 108, 9. -sis
103, 13
diuina 38, 10. 128, 5. -ā 100,
14. -o 127, 20. 159, 14.
diuinitatis 50, 15. 53, 19.
diuinitus 52, 15.
dini (Gratiani) 21, 6. (— Augusti atque Hadriani) 27, 10.
-o (Traiano) 36, 14. (— Ve-
spasiano) 39, 23.
diuitiarum 68, 16. -is 5, 16.
sub diuo 7, 4, 12.
diurni 91, 10. -o 24, 7.
diutius 24, 16. 67, 23.
doceantur (= dicantur) 19, 11.
88, 4. -at (?) 17, 22. -emur
91, 21. -etur (= traditur) 48,
6. *similiter* 53, 1 *et* 78, 21 *et*
-ebatur 15, 5. -endus (*cum
abl.*) 67, 20. -entes 4, 16. -ere
5, 19. 8, 18. 12, 4. -eret 43,
14. doctos 56, 6.
doctissime 46, 9, 19.
doctissimis 6, 11. -orum 9, 20.
doctor (armorum) 17, 11. -em
64, 7. -es (— armorum) 16, 10.
17, 17.
doctrina 4, 5. (armorum —)
12, 2. 57, 21. (pugnandi —)
93, 4. 123, 10. 159, 17. 164, 9.
-inis 89, 1.
documentum 35, 15. 128, 7.
dolabras 59, 16.
dolatoriis 78, 12.
doleat 8, 14.
dolum 140, 12. 145, 14. -o 69,
21. -is 5, 16.
[domare 120, 6.] domuit 64, 5.
domesticus 89, 17. -a 151, 4.
dominatur 93, 4.
domini 11, 14. -o 32, 11.
domitori 32, 11.
domum 151, 3. -orum 132, 9.
-ibus 144, 5, 17. 150, 21.
donatiuo 52, 16. -is 53, 3.
dormientes 90, 8. -ibus 103, 15.
113, 19. -iunt 140, 5. 162, 13.

draconarii 21, 20. -is 45, 2.
-os 40, 5.
dracones 25, 8. 45, 1. 73, 5.
drungos 100, 12. 104, 3.
dubii 156, 1.
sine dubio 95, 2. 109, 3. 110,
10. 145, 3. 163, 12.
dubitant 103, 5. -antem 87, 10.
-ari (numquam — *cum acc. c.
inf.*) 7, 3. -at (nemo — *cum
acc. cum inf.*) 148, 13. *et* -auit
5, 17. -et (quis — *cum acc. c.
inf.*) 88, 20.
dubitatione *V. L.* 99, 12. -onem
154, 4.
ducatur 17, 20. 70, 5. 129, 19.
-ebant 65, 25. -ebat 41, 13.
-enda 101, 12. -endi 88, 8. -ere
7, 7. 8, 20. 129, 7. -it 89, 13.
-itur 101, 13. 128, 16. 146, 11.
-unt 39, 21. -untur 34, 16.
duxerunt 12, 15. 77, 4. -xisse
36, 24. -xisset 36, 9. ductis
24, 6. 26, 4. 79, 20. 83, 2. 91,
11. -cto 44, 7.
ducenarium 41, 13.
ducentis 77, 7.
ductor 73, 6.
dudum 19, 4. 33, 2. 149, 7.
dulciarios 10, 13.
dulcis 94, 10. -i 135, 12.
dum *cum praes. ind.* 4, 9, 10.
11, 5, 11 *bis*, 12. 15, 22. 22, 7.
32, 16. 70, 11. 93, 9. 101, 8.
114, 1. — *cum impf. coni.* 20, 1.
dummodo 101, 20.
dumos 70, 25.
dumtaxat 13, 4.
duo 33, 13. 66, 5 *bis*. 129, 16.
155, 6. duae 19, 4. 37, 1. 79,
15. 137, 13. -orum 75, 6.
-arum 85, 4. -obus 97, 4, 16.
143, 5. -abus 139, 1. -as 15, 20.
34, 2. 41, 2, 12. 108, 7. 131,
10.
duo milia 65, ⸲3. 99, 4.
duodecim 154, 3.
duplares 40, 16, 19. 41, 2, 3.

eo *(adu.)* 73. 6. *uide* usque.

epistolam 39, 17.

epitomata 12, 20.

Epiri(?) 28, 12. -os 149, 21.

equestris 46, 20. -em 27, 18.

equi 19, 20. 42, 20. 80, 3. 116, 2. 143, 11. -orum 19, 17. 47, 5. 81, 9. 84, 10. 116. 6. 123, 8. 133, 18. -is 9, 19. 65, 11. 73, 8. 75, 21. 90, 10. 116, 13 *bis.* 117, 8. 132, 5. -os 14, 13. 19, 14. 47, 3. 67, 18. 86, 2. 93, 20. 95, 8. 112, 12. 115, 16. [133, 9]. -o 17, 22. 115, 8. -um 46, 17.

equitandi 123, 14. -are 46, 18.

equitatus 109, 17. -u 59, 11. 86, 4. [122, 8]. 123, 7.

equitem 8, 17. 79, 20. -es *passim in libris* I. II. III.

erat, erant, erit, erunt *uide* esse.

ergo *passim.*

erigatur 142, 8. -gendi 119, 1. -gitur 83, 4.

erecta 10, 5. -is 74, 2. -o 115, 14.

eripit 95, 24.

erogant 52, 20. -atur 65, 15.

erogatio 69, 9. 132, 12.

errant 88, 4. -ntium 89, 19. -atum est 17, 2. -auerit 83, 6.

error 45, 13. 56, 7. 75, 6. 94, 15. -rem 17, 4. -re 114, 8.

erudiantur (— ad) 7, 14. -ebatur (— armis) 57, 9. -ire 29, 11. (— ad) 46, 20. -iuerant (— ad) 14, 9. -iuit 92, 12. -iti 16, 8, 18. 55, 15. 71, 3. 88, 7. -itos (— armis) 65, 21. 103, 21. -itus 44, 22.

eruerant 146, 6.

erumpentibus 147, 12.

eruptione 139, 12.

escae 93, 6.

esse *passim; omittitur* 7, 3, 18. 8, 5. 9, 6. 24, 9. 33, 7. 36, 10. 38, 1. 42, 10. 53, 20. 71, 18. 76, 11. 77, 4. 93, 16. 141, 14. 150, 16. 164, 8. — essent, esset, erant,

erat *passim;* erat *omittitur* 7, 21. erant *omittitur* 48, 9. — est *passim, uide* qui, quae, quod; *omittitur: iuxta gerund.* 23, 13. 24, 17, 19. 26, 23. 27, 1. 75, 5. 77, 15. 78, 2. 81, 13. 85, 20. 103, 21. 105, 2. 119, 5. 151, 11. 152, 4. *antecedente* sunt 132, 8. 162, 16. quid audacius 32, 11. perniciosa 118, 9. — erit 9, 4. [119, 18.] erunt 75, 3. — sunt, sit, sint *passim;* sunt *omittitur* 17, 18. 76, 17. 94, 17. (*antecedente* est) 145, 20. — fuerant (missi —) 92, 10. (locatae —) 150, 5. fuerat 18, 3. 113, 5. (destinata —) 7. (densata —) 130, 3. (subtercanatus —) 141, 5. fuere 115, 6. fuerint *et* fuerit (= ἄν *cum coni.*) 25, 20. 26, 8. 39, 12. 57, 17. 58, 20. 71, 4. 76, 2. 79, 12, 18. 80, 16, 18. 82, 11. 83, 8. 85, 6. 86, 11. 87, 13. 88, 6. 95, 14. 97, 20, 22. 99, 12, 17. 100, 16. 108, 8. 110, 16. 112, 7. 118, 14. 129, 17. 138, 20. 140, 16. 142, 16. 143, 4. 144, 3. 148, 6. 152, 4, 5. 159, 7. 160, 18. ut — fuerint 152, 18. fuerunt 19, 4. 35, 2. 150, 13. fuimus 5, 16. fuisse [9, 15.] 28, 15. 119, 9. fuisset (postea — quam —) 52, 11. 91, 9. (uictus —) 150, 15. fuit 4, 1. 21, 15. 41, 1. 63, 4. — futura sunt 17, 9. futurum esse 18, 6.

et *passim;* = etiam 5, 14. 13, 7. 14, 13. 33, 11. 36, 4. 38, 19. 39, 6. 50, 8. 57, 1. 73, 8. 112, 16. 131, 18 (?). 155, 7. 160, 10. et — et *passim;* easdem et — et 36, 17. quod et nobis uitandum est et hosti pernicies inferenda 112, 14; *cf.* 18, 1, 2. 53, 17. et — et non 6, 21, 22. et quidem 8, 4. *uide* nec, que.

extruendo 140, 9. -unt 140, 13.

exturbant 137, 17.

exuberet 131, 17.

exudauerint *V. L.* 152, 9.

exultare 118, 5. -antibus 118, 17.

exundare 14, 6. -dat 160, 5.

exuperent 148, 5.

exurantur 130, 4. -atur 136, 10. -enda 132, 6. -endas 132, 18. -it 139, 14.

F.

fabricanda 43, 17. -andis 151, 1. -antur 129, 16. 133, 6. 150, 20. -ari 135, 1. -entur 136, 8.

fabricas 44, 1.

fabrilis (libellae —) 106, 22.

fabros 10, 15. 43, 15. -ûm 44, 9.

fabulae 28, 16.

facere 6, 1. 13, 10. 20, 9. 41, 6. 56, 10. 70, 25. 80, 1, 12. 84, 8. 99, 5. 103, 2. 109, 21. [119, 15.] 149, 13. -erent 43, 20. 131, 3. faciant 21, 21. 67, 2. 70, 16. -as 101, 12. 102, 1. [120, 9.] -at 21, 19. 36, 17. 37, 9. 60, 2. 102, 16, 18. -ebant 20, 6. 56, 20. -enda 24, 15. 25, 3. 46, 11. 59, 14. 72, 10. 75, 11. 81, 7. 85, 7. 132, 19. -endas 55, 1. -endae 130, 13. -endum 55, 10. 75, 21. -endus 119, 5. -endis 92, 4. -ens 86, 13. -entes 88, 15. -et 94, 1. facit *cum inf.* 11, 5. -unt 51, 19. 52, 15. 59, 20. 70, 5. 78, 4. 82, 6. 83, 21. 84, 11. 91, 14. [122, 21.] 140, 9, 15. 147, 11. 152, 9. fecerant 56, 20. -erint 102, 17. -eris 87, 7. -erit 107, 2. -erunt 36, 13. 52, 1. -isset 43, 14. [fecit 119, 17.] facta sunt 91, 7. factam esse 22, 19. factae fuerint 137, 9.

factus sum 32, 16. factus est 84, 7. factā 100, 1. 139, 12. quo facto 27, 2. 100, 19. 104, 15. 139, 7. 164, 4. hoc f. 141, 11. facto 77, 22. factum 139, 1. factis 25, 20. 98, 5. [facturus sis 122, 17.] facturos 38, 1. 78, 17.

faciem 15, 10. 95, 24. 96, 9.

facile (*adu.*) 15, 17. 23, 10. 28, 8. 50, 2, 21. 70, 2. 74, 11. 79, 21. 81, 7. 83, 3. 94, 14. 130, 14. 131, 1.

facile (*adi.*) 26, 1. -es 114, 12.

facilior 137, 18. -us 92, 15.

facilius (*adu.*) 13, 12. 27, 8. 45, 11. 55, 7. 105, 6. 110, 17. 111, 11. 153, 9. 161, 22. 162, 10.

facillimum 20, 13.

factis 32, 7.

[factitauisse 20, 14.]

facultatem 113, 12.

falarica 139, 19. -as 139, 15.

falcatus 115, 6. -as 115, 2.

fallitur [9, 13.] 99, 13.

falx 136, 12. 163. 13. -cis 163, 15. -ces 59, 13. 136, 7. 143, 13. 161, 14. 163, 7.

fames 68, 5. 86, 7. -e 68, 20. [123, 3] 131, 12. 132, 13. -em 70, 1.

famulatus 37, 21.

famulus 33, 2.

fasces 56, 16. 80, 1, 4.

fascicularia 52, 12.

fastidium 63, 17.

fastidiunt 11, 14.

fastigia 148, 7.

fatalem 92, 18.

fatigarentur 93, 7. -igat 65, 13. 131, 14. -igati sunt 162, 11. -igatis 103, 12. -igatos 90, 16. -igatum 93, 20.

fatigatione 66, 20. 134, 4. -em 84, 10.

fauerit 4, 4.

fauonius 155, 3.

fauorem 57, 23.
felicitate 63, 8. 119, 6. 127, 21. -tis 51, 1.
felicius 16, 17.
feminae 134, 0. -arum 134, 2.
fenestris 145, 5.
ferarum 127, 11.
ferentarii 22, 22. 48, 7. 49, 9. [-is 121, 21.] -os 35, 9. 97. 11. 109, 15.
feriat 136, 17. feriendi 56, 3. 144, 1. -endo 70, 20. -ire 15, 16. 56, 14. -undum 17, 20.
ferociā 118, 19.
ferocissimis 66, 4.
ferramenta 43, 8. -is 59, 18. 82, 8. -orum 58, 14.
ferrarios 10, 15. 43, 16.
ferratas 140, 19. -to 163, 10.
ferre 7, 8, 11. 22, 4. ferret 64, 4. ferri 73, 6. ferunt 40, 1. -untur 45, 2. tuleris 101, 18.
ferreus 49, 15. -eas 22, 13. 49, 5. 59, 13. -is 59, 8. 80, 8. 130, 8. 151, 6. -os 59, 12. 133, 10. 151, 8.
ferrum 7, 7. 117, 11. 132, 19. 143, 20. 163, 14. 164, 1. -i 71, 9. -o 23, 7. 47, 20. 48, 3. 68, 5. 86, 8. 116, 5, 9. [121, 11. 123, 4.] 130, 5. 136, 12, 14. 139, 20. 162, 4.
festina 107, 14. -inant 38, 7. -inantibus 77, 16. -inat 157, 14. -ato 114. 2.
festinanter 80, 10.
festis diebus 55, 19.
fiat 83, 9. fieri 12, 24. 32, 13. 50, 6. 54, 24. 55, 9. 89, 16. 91, 7. 96, 8. 104, 7. 105, 10. 110, 2. 111, 8. 112, 13. 113, 1. [122, 17] 146, 19. 153, 2. 158, 6. fit 21, 16. 24, 13. 25, 15, 21. 68, 19. 82, 9. 105, 14. 138, 16. -unt 36, 12. 79, 23. 162, 8.
fidelis 4, 14. 37, 21. 69, 8. -es 53, 16.

fidelissime 12, 13.
fidelissimos 75, 20. [-is 122, 18.].
fideliter 36, 16. 37, 22.
fidentibus 136, 3.
fides 86, 16. -ei 28, 3. 63, 18. 75, 4. 87, 1. 89, 8. -em 34, 7. 74, 16. 123, 13. [-e (cum —) 120, 11.]
fiducia 37, 1. 94, 8. -ā 118, 6. [120, 12.] -am 6, 15. 71, 7. 90, 11. 103, 4. 111, 6. 118, 7.
figant 40, 18. -enda 55, 5. -ere 9, 1. -itur 140, 3. 148, 12. fixerit 60, 1. fixum 20, 9. fixis 79, 22.
filios 18, 12.
finiri 86, 11. -itis 84, 3.
finis 24, 13. -e 12, 12. -em 54, 8. -ibus 12, 10.
firmantur 63, 6. 82, 16. 84, 19. -entur 74, 19. -et 102, 14. -auit V. L. 159, 17. -ata 69, 2. 92, 1.
firmissimis 98, 9.
firmius 16, 17. 117, 10. 128, 16.
fixa 17, 19.
flagello 73, 10.
flagitat 161, 6.
flamma 139, 17. -arum 144, 22. -is 73, 19. 161, 9.
flammulae 73, 5. -is 33, 10.
flare 154, 2. 155, 7.
flatibus 160, 21. -u 155, 9. 160, 2. -ūs (pl.) 73, 1 sed fortasse hoc loco flatum legendum est. V. L. 160, 2.
Flauiales 39, 23.
flectitur 72, 25.
florentiorem 9, 11.
fluctuat 131, 2.
fluctus 79, 19. -ibus 151, 10. 153, 6, 12. 162, 5.
flumen 109, 11. -ina 14, 3. 33, 15. 59, 10. 74, 16. -inibus 57, 14. 65, 9. 129, 2. -inum 80, 11. 103, 13. 160, 5.

1. 161, 19. -orum 70, 20. -os
20, 5. 47, 16.
globus 101, 15. 104, 18. 105, 2.
139, 12. -um 101, 17. -is 104,
1. 117, 4. -os 100, 12.
gloria 89, 9. 93, 2. -am 127, 14.
gloriosa 58, 4.
gloriosius 128, 9.
gnaris 74, 22.
Gnei Pompei Magni 13, 20.
Gothorum 21, 4. -os 21, 12.
gradŭs 84, 7. -um 12, 22. 53,
. 24. -u (militari) 13, 3, (pleno)
5. (militari) 20, 9 et 27, 14.
54, 2. (pleno) 57, 14. 83, 17.
111, 19. -ūs (pl.) 4, 18. 152,
15. -uum 129, 20.
grandes 10, 10. 66, 10.
Graeca 154, 5. -o 158, 8. -i 34,
9. -orum 5, 17. 12, 8.
gratiă 128, 5. -ā 90, 18. -am
11, 13. 16, 20. 35, 21.
Gratiani 21, 6.
gratulamur 128, 4.
grauior 151, 6. -ore 16, 1. -oris
17, 8. -ores 18, 16. -ibus 27, 5.
143, 11. -a 36, 5. 132, 22. -us
22, 6. 112, 10. 161, 17.
grauis 21, 22. 23, 4. 47, 15. 49,
14, 17. 58, 22. 79, 11. -e 27,
7. -em 35, 8. -i 118, 13. -ia
21, 9.
grauissimum 13, 2.
grauius (adu.) 153, 12.
gubernabat 41, 10, 15, 18.
-nant 21, 20. -nantur 42, 12.
46, 5. -nare 45, 12. -atur
102, 7.
gubernacula 164, 3.
gubernatores 159, 15. -ibus
150, 9. 160, 17. -um 160, 14.
gynaecea 10, 14.

H.

habeant 18, 1. (necesse — cum
inf.) 71, 6. 76, 16. 85, 17. 147,
3. 153, 1. -as 87, 12. 101, 16.

106, 3. 109, 12. -at 8, 15.
11, 21. 26, 21. 53, 7. 85, 20.
87, 2. 101, 3. 144, 1. -atur
18, 22. -ebant 44, 1. 47, 16.
49, 4. 150, 8. -ebat 42, 4. 45,
15. 149, 20. -endi (procul) 7, 15.
80, 9. -ens 42, 13. 163, 18. -ent
24, 12. 34, 14. 68, 7. 100, 8.
152, 13. -ere passim. -erent
44, 6. 97, 2. -eret 14, 19. -et
passim. -eri 25, 25. habueris
107, 10. -erit 106, 5. 107,
20. 142, 15 -erunt 19, 5.
34, 10. 75, 12. 115, 4, 19.
-uisse (libenter —) 4, 7. 74,
19. -uit 149, 12. habiti (sunt
—) 118, 2.
habitatores 18, 10.
habili 46, 14.
Hadriani 12, 17. 27, 10.
Hannibal 64, 7. 115, 18. -i
29, 6.
harena 15, 3. -ae 150, 21. -as
135, 11. -is 114, 6.
harenosa 91, 12.
harpagonas 59, 12. -es (acc.)
161, 14.
hastae 139, 19. -as 21, 20.
46, 8.
hastatus (primus —) 41, 12.
(secundus —) 41, 17. -i 22,
15, 20. 48, 15. -orum 48, 5.
-os 35, 8. 96, 16.
hastile 17, 11. 139, 20. -i 47,
20. 48, 3. -ia 17, 8. -ibus
132, 20,
haustibus 67, 25. -tūs (nom.)
134, 15.
herbarum 82, 9.
Herculianos 19, 10.
†hiat 105, 13.
hiatus? 105, 13 V. L. -u 67,
17.
hibernis 57, 10. 145, 21.
hibernorum (subst.) 43, 17.
hic 41, 10. 102, 7, 10, 15, 21.
haec (f. et n.) passim. hoc

inmanibus 117, 14.
inmergitur 15, 22.
inminere 111, 4. -net 20, 10. 25, 17. *uide* imm.
inmittitur 105, 2. 144, 23. in- miserunt 116, 7. -misso 137, 7.
inmōta 23, 1. 49, 8.
innumerabilem 92, 13. -es 65, 3. 127, 19. -ibus 118, 1. 145, 1.
inopiā 68, 9. 131, 17. 148, 20. [-ā 121, 5.] -am 67, 2.
inordinatus 13, 3.
inpar 18, 3. 94, 5. [-em 121, 14.] -es 100, 16. *uide* imp.
inparatis 112, 11. *uide* imp.
inpediens 13, 14. -irent (*cum dat.*) 77, 2.
inpedimentum 114, 11. -o 26, 15. *abl.* 115, 7. 138, 4. -a 76, 38. 77, 4, 8. 79, 13, 17. -orum 24, 21. 65, 10. -is 43, 5. 77, 9.
inpedita 86, 6. *uide* imp.
inpellunt 163, 11. inpulsus 98, 3. -a (fuisset —) 141, 5.
inpendendus 37, 21.
inpendente 159, 10.
inpensa 132, 3.
inperitiam 94, 3. *uide* imp.
inperite 96, 11. *uide* imp.
inperitorum 102, 26. *uide* imp.
inpleant 17, 19.
inpolitior 37, 4.
inpossibile 83, 21. 91, 20.
inponunt 80, 2. -untur 142, 11.
inportat 46, 23. *uide* imp.
inpressione 100, 1.
inprimis 46, 16.
inprobabiles 11, 22.
inprouisi 44, 8. -o 79, 10. -os 108, 3.
inpugnare 77, 13. *uide* imp.
inpugnatio 135, 14.
inpune 33, 4. 72, 22.
inpunitatem 71, 18. -e 146, 20.
inputari 37. 6.

inquinari 92, 5.
inquirere 12, 10.
inruant 111, 15.
inrumpentes 145, 5. -ere 138, 22. 148, 2. -i 108, 13. -itur 105, 14. -rupissent 117, 2.
inruptionem 69, 4. -i 144, 24.
insecuntur 113, 2. -quens 14, 4. -quentium 110, 15. -ibus 111, 11. 112, 6. -qui 112, 4.
insepulta 162, 7.
inseremus 131, 9. -seruntur 27, 15. 52, 2. insertos 19, 12.
insidentes 116, 3.
insidiae 81, 8. 111, 12. 112, 9. 162, 10. -arum 103, 18. 113, 5. 146, 12. -as 75, 23. 80, 11. 88, 15. 112, 18. 113, 10, 15. 119, 5. -is 87, 6. 144, 14. 147, 2, 5. 162, 16.
insidiatores 76, 8.
insigne 38, 9. 54, 22. -ia 89, 7.
insilire 20, 4. -iret 15, 12.
insinuare 32, 12.
insistit 101, 5.
insitos 35, 11.
insoliti 70, 7. [-is 114, 9.]
inspectionem armorum 70, 15.
insperatos 90, 17.
inspicere 153, 18. -itur 26, 7. -spexit 155, 14.
instauratione (armorum —) 119, 2.
instinctu 53, 20.
instituendus 26, 9. -ui 51, 6. -uit 72, 1. (*pf.*) 159, 17. -utam 50, 9. -uti 33, 13. 52, 5. -utis 18, 3. -uto 9, 3. -utum (est, ut) 52, 15.
instituta 32, 1. 34, 19. 36, 15. 63, 14. -is 92, 9.
institutione 38, 6. [121, 2.] -em 64, 15.
instructionis 96, 12.
instruant 27, 4. -struas 103, 2. -struat 35, 13. -enda 47, 6. -ae 162, 17. -endi 21, 1.

leuantur 140, 6. -ata fuerit 25, 20. -ati sunt 25, 15.

leuconotus 154, 12.

leuiora 15, 27. -em 82, 5. -ibus 65, 22. 92, 17. 100, 23. 137, 2.

leuis 8, 16. 22, 22. 35, 5. 48, 7. 49, 10, 20. 97, 15. 112, 2. -e 10, 21. -em 35, 9. 108, 11 *et* [121, 20.] -i 76, 11. 79, 9. 102, 3. 108, 16. 112, 4. 115, 7. 116, 12. 131, 15. -ibus 100, 17.

leuissimā 86, 6.

leuiter 113, 4.

lex (— est ut) 96, 13. lege 156, 2. legibus 54, 24. 89, 19.

libellae fabrilis 106, 22.

libello 5, 4. -um 28, 5. 33, 1.

libenter (— habuisse) 4, 7. (— cupit) 110, 10.

līber 64, 14. -bris 12, 5. 14, 17. 18, 1. 32, 6. 91, 18, 23. 123, 9. 159, 15. -bros 4, 2. 12, 9, 16. 40, 13. 63, 16.

līber 102, 8. 134, 20. -ero 163, 3.

libere 134, 9.

liberet 118, 13. -ata 141, 7. -atus 16, 1.

libertas 88, 21. -ate 58, 10.

libonotus 154, 12.

libralia (— saxa) 57, 2.

libramento 142, 7.

librarii 40, 12.

libras 20, 8.

liburna 151, 5. -ae 150, 7, 20. 151, 12. 152, 13. 153, 12. -am 163, 17. -arum 33, 14. 160, 21. 162, 17. 163, 2. -is 150, 3. 152, 18. 157, 13. 161, 18, 20.

Liburnia 150, 18.

Liburnorum 150, 14, 16.

licentiam 146, 20.

licere 110, 22. -eret 34, 1.

licet (— sit) 4, 13. (— profecerint) 21, 4. (— superet) 108, 4. (— prosit 112, 16. (— signentur) 157, 16. — *ab-*

solute (*ut* quamuis) 19, 19. 43, 2. 104, 1. 110, 20.

ligatur 98, 3. ligata sunt 164, 3.

lignarios *V. L.* 43, 15.

lignatio 84, 14.

ligneas 14, 21. 43, 17. -i 19, 20. 82, 7. -is 17, 16. 144, 23.

lignum 52, 12. 81, 15. 83, 16. -i 80, 6. -o 131, 3. 140, 3. -a 43, 10. 132, 20. 152, 3. -orum 24, 15. 67, 2. 69, 14. -is 25, 22. 133, 5. 137, 2, 19. 138, 3. 139, 14. 144, 20.

ligones 25, 24. 59, 14.

linea (sub —) 25, 19.

linquentes 12, 8.

linteones 10, 13.

linum 148, 6. -i 148, 8. -o 98, 5.

lips 155, 2.

liquidam 132, 17.

liquor 135, 8.

litterae (*sing.*) 106, 22 *et* 109, 6. -am 104, 14. -arum 4, 11. 38, 7. -is 4, 2. 28, 5. 32, 8. 44, 11. 45, 7. 63, 15. -as (in — conferre) 36, 11.

litterati 53, 6. -os 51, 10.

litus 163, 4.

lixas 14, 14.

locabantur 22, 23. 48, 21. -cantur 47, 8. -catae fuerant 150, 5.

locus 21, 1. 99, 13, 14. 102, 7. [121, 1.] -i 24, 16. 25, 2. 81, 20. 109, 8, 16. 160, 13. -o 6, 11. 24, 15. 60, 1. 95, 13, 16. (primo —) 97, 17. 101, 13. 105, 14. 106, 8. 147, 20. -um 8, 19. 11, 24. 25, 5. 36, 2. 40, 11. 42, 10. 71, 1. 81, 10. 95, 11. 104, 11. 111, 11. 112, 5. 141, 2, 5. -a 13, 9. 40, 18. 75, 9, 21. 78, 8. 83, 18. 84, 15, 23. 86, 2, 5. 95, 18, 21. 97, 21. 101, 6. 113, 3, 9. [122, 8, 10.] 134, 16. 145, 4, 11. 160, 15. -orum 74, 14, 21. 77, 11. 78,

M.

11. 46, 7. 107, 5. -o 144, 12.
-um (nihil —) 86, 13. 106, 3.
115, 5.
Maias 157, 10.
maiestate 83, 14. -em 37, 18.
-i (uestrae) 32, 8. -is (tuae)
36, 19 *et* 149, 4. (uestrae)
128, 10.
maior 17, 18. 24, 22. 33, 18.
36, 8. 39, 11. (tribunus —)
39, 17. (comes —) 66, 3. 82,
20. 93, 2. 110, 17. 112, 9. 142,
15. 145, 19. 157, 12. 160, 17.
-ore 13, 8. 51, 16. 54, 2. 82, 15.
95, 15. 135, 16. -orem 67, 9. 85,
16. 127, 14. 152, 7. -ores 47,
16. 58, 19. 65, 13. 79, 2. 117,
6. 139, 5. 152, 13. -ora 116,
14. 117, 11. 133, 2. 143, 4.
152, 16. -oribus 84, 19. 152,
18. 161, 20. -us 47, 19. (—
est, ut) 56, 4. 93, 2. 111, 4.
118, 18. 151, 2.
maiores 16, 9. -orum 32, 1.
71, 20.
malā 96, 12. -ae 67, 6.
male 67. 10. 90, 20.
malis 149, 1.
Mallius 146, 7.
Mallii 92, 11.
malleoli 139, 17. -os 139, 15.
mālo 163, 9.
maluerunt 134, 7.
mancipare 75, 2.
mancus 107, 8. -ā 102, 21.
mandabantur 52, 6. mandan-
dum 10, 21. -are (litt.) 4, 2.
-auerunt (litt.) 28, 5.
mandatis 32, 14.
mane 14, 22. 50, 18. 55, 13. 84, 9.
manendum est 81, 2, 16. -tibus
93, 13. 111, 19. mansurum 91, 8.
manibus 18, 8. 45, 19. 58, 2.
76, 16. 133, 1. 147, 19. -u 21,
20. 57, 1. 70, 19. 73, 10. 98,
3, 7. 116, 9. 127, 20. 128, 16.
129, 2. -u ad manum 23, 16.
115, 2. 161, 17. -um (prius-

quam ad — potuerit perue-
niri) 19, 15. (— conserturus)
95, 12. 116, 1. (ad — habeant)
147, 3. -ūs (iungendae sunt
—) 162, 15.
manicis 22, 11.
manifesta 55, 9. -o 131, 10.
-um est *cum acc. cum inf.* 5,
15. 19, 19. 28, 15.
manipulus 45, 18. 46, 1.
Manlius *uide* Mall.
Manlii *uide* Mall.
mansione 103, 15. -em 81, 3.
Mantuanus auctor 9, 21.
manus (*militum*) 51, 5. 113,
2, 6. -um 65, 24. -u 76, 8.
manuballistarii 97, 24. 141, 9.
manuballistas 48, 13. 143, 7.
marcidus 94, 1.
mare 70, 23. 109, 11. [122, 6.]
135, 11. 159, 11. 160, 18. -is
155, 16. -i 57, 13. 129, 1. 135, 8.
149, 7. 150, 5, 12. 160, 20. 163,
3. -ia 33, 15. 155, 7. 157, 3, 10.
marinis 138, 5. 153, 7.
Marius 92, 12.
maritima 135, 7.
maritis 134, 9.
marmoreae 144, 2.
Marsos 28, 10.
Marte (aperto —) 78, 9. (publico —) 92, 15 *et* 118, 11 *et*
162, 16. -em 28, 16. -is (aperti —) 92, 20.
Martias 157, 3.
Martius calor 28, 9. -ii operis 63, 14. -o operi 10, 4.
-um (campum —) 14, 10.
materiā 136, 9. 143, 16.
materies 43, 9. 59, 16. 151, 14.
-em 70, 25.
matres 18, 11.
matriculae (*sing.*) 26, 20. -as
39, 16. -is 35, 11. 37, 15.
matronae 134, 5.
Mattiobarbuli 19, 6. -os 19, 9.
mattiobarbulis 97, 13. -os 19,
2, 11.

opponenda 117,14. -oni 70, 10.
optabile 71, 14.
optāre 71, 6. 86, 4. -at 64, 11.
 -uit 128, 2.
optata 162, 14. -os 155, 11.
optimates 86, 18.
optime 116, 13.
optimus 87,16. -a 100, 24. 108,
 17. -um 105, 11. [-am 121, 20.]
 -i 96,12,15. -is 106,15. -o 78,
 13.
optiones 40, 2.
opus 25, 24. 26, 6. 33, 4. 40, 7.
 51, 3. 54, 18. 55, 2. 83, 5. 130,
 16, 138, 12. 147, 13. -eris 63,
 14. 128, 10. -eri 10, 4. 11, 18.
 144, 23. -ere 33, 19. (tumultuario) 79, 13 et 82, 12 et 144,
 21. 91, 6. 92, 3. 127, 17. 129,
 6. 161, 2. -era 59, 14. 88, 17.
 147, 10. -eribus 42, 24. 133,
 13. opus est (cum acc. cum
 infin.) 17, 23.
opusculo 4, 13. 12, 13.
orbis 128, 9. 159, 2, 4. -i 128,
 4. -em (— terrarum) 5, 10 et
 50, 20. 146, 8. in — 53, 23.
 54, 4. 82, 18. 91, 15. -es 27, 4.
ordinandā 41, 16. 77, 4. -andā
 88, 6. -andus 130, 10. -antem
 103, 8. -antur 26, 3. 38, 22. 79,
 15. 82, 6. 96, 3, 19. -are 78, 20.
 99, 2. -ari 38, 14. 47, 9. 99, 13,
 16. 100, 3. 103, 6. 117, 8. -entur
 96,16.110,4. -es 95, 5. 109,14.
 110,1. -auerint 108,19. -aue-
 ris 99, 8. 106, 9. 107, 22.
 -auerunt 116, 11. -aturus 95,
 22. -atus 36,18. -atae 53,21.
 -atis 131, 11. -atum 101, 14.
ordinarii 39, 20. 47, 14. -is 39,
 22. 41, 19.
ordinatio 104, 12. -onis 98, 16.
 -onem 37, 2. 49, 18. -one 34,
 5. 39, 14. 42, 9. 55, 11. 96, 12.
 129, 11. 163, 1.
ordo 6, 6. 26,24. 58,5. 68,3. 97,
 12. 98, 8. 104, 14. -inis 42, 14.

-inem (in —) 12,20,24. 26,20.
 (per —) 82, 7. 97, 1 bis, 16.
 (in —) 137, 9. et V. L. 128,13.
 -e 64, 18. 96,15. 98, 8. (in —)
 128,13. -es 8,19.26,12.39,21.
 45, 3. 56, 5. 93, 17. 96, 7. 97,
 7. 104, 10. 105, 3. 152, 13. -um
 152, 18. -ibus 97, 4, 16. 98,13.
orientali 154, 8.
Oriente 115, 18. -em 149, 22.
orientem 25, 4.
oritur 154,9. 156,9. orta112,1.
ortu 159, 6. -um 156, 3, 4. -ūs
 pl. 157, 14.
ossibus 15, 20.
ostendendus 94, 16. -ere 5, 1.
 -issent 16, 15. -it (pl.) 18, 2.
 (pr.) 159, 2.
ostentatione 75, 2.
otiose 70, 6.
otiosus 131, 14.
otium 71, 7. -i 28, 20. -o 29,
 5, 55, 9. [121, 4.] 147, 6.

P.

pabula 65, 11. 68, 11. 79, 9.
 83, 17. 132, 4. -i 24, 15. 69,
 15. 90, 18. -o 68, 3.
pabulatio 68, 6. 81, 15. 84, 14.
pacato 149, 7.
†Pachnitae 156, 2.
Paelignos 28, 11.
pacto (quo —) 136, 8.
paene 12, 11. 36, 2. 95, 1. 100,
 14. 113, 12. 159, 14.
paganus 57, 21.
palas 59, 14.
pali 15, 6. 59, 16. -orum 15, 1.
 -is 115, 12. -os 15, 1. 17, 17.
 56, 14. -um 15, 7, 13. 17, 8,
 9, 12. 56, 8.
pallidus 159, 10.
palma 72, 17. -am 54, 5. 127,
 18.
paludes 66, 17. 79, 2. 109, 11.
 -um 90, 6. -ibus 86, 5. 95, 22.
 103, 13. 129, 1.

pecuniae 51, 15. 53, 1.
pedali 23, 8.
pedaturas 82, 17.
pedem 82, 10 *bis*. -es 9, 7. 23,
14, 17. 25. 16 *bis*, 18, 19, 21.
56, 9. 82, 12. 96, 17. 97, 1. 99,
1, 6, 8, 9. 138, 15. -ibus 10, 7.
15, 11. 25. 13. 56, 17. 82, 20.
83, 1. 98, 2. 137, 3 *bis*, 4. -um
47, 20. 48, 4. 129, 15.
pedes (— sagittarius) 21, 18.
-iti 21, 22. -item (— sagittarium) 8, 17. 79, 19. -ite 86, 5.
-ites, -itum, -itibus *passim*.
pedestris exercitus 21, 7. 22,
9. 23, 6. -es copiae 77, 14.
pedestribus (*subst.*) 21, 16.
pelagi 153, 15. 160, 1, 13. -o
157, 6.
Pelignos *uide* Pael.
pellaris 107, 5. [-at 121, 15.]
-atur 163, 4. -endi 19, 1. -en-
dos 10, 14. -ere 106, 19. 107,
14. -it 95, 15. pulsi 97, 19.
pulsis 139, 13.
pellibus 23. 3. 49, 3.
pendebat 98, 14. -det 130, 8.
163, 9.
penetrant (ad —) 137, 10. (in
—) 141, 17. (— urbem) 144,
15. (longius) 147, 20. -are
144, 6. -at 143, 1. -entur 137,
6. -et 15, 21. -arunt (usque
ad —) 28, 14.
penitus 10, 11. 21, 3.
penuria 68, 4. 78, 25. 132, 15.
-ā 66, 12.
per 4, 18. 8, 12. 11, 13. 12, 1. 16,
6. 25, 10. 35, 19, 21, 22. 37, 17
bis. 39, 17. 40, 6. 45, 1. 52, 18.
53, 9, 23. 54, 3, 4, 11, 21. 58,
16. 59, 4. 63, 15. 67, 1. 68, 23.
69, 1, 12. 70, 25. 72, 14, 23. 73, 2,
19. 75, 21. 77, 5. 78, 21 *bis*. 79,
16, 20. 81, 13. 82, 7. 83, 16. 84, 9,
15. 86, 13. 87, 17. 88, 20. 89, 4, 6.
93, 9. 94, 3. 108, 22. 109, 21. 110,
2. 112, 20. 113, 3, 8, 21. 116, 19.

119, 4. [122, 9, 11, 13.] 123, 12.
130, 11, 21. 131, 5. 132, 11. 133,
2, 4, 8, 12. 135, 8. 138, 15. 139,
3. 141, 1. 142, 2, 10. 143, 11,
17. 144, 16. 145, 12. 150, 6. 151,
6. 152, 1, 7. 153, 2, 8, 9. 162, 2.
164, 1.
peragebant 27, 17. -enda sunt
13, 6. -i 130, 17. -unt 24, 4.
percipiat *V. L.* 90, 1.
percipere 36, 7. *V. L.* 75, 1.
-untur 72, 14. -ceperint 27,
8. -ceptā 37, 9. -cepto 8, 9.
percommodum est *cum inf.* 14,
15. 56, 8.
percurrit 160, 5.
percutit 161, 1. -itur 82, 12.
-cusserint 148, 2. -cusserit
143, 2. -cussissent 18, 13.
-cussis 80, 18.
perdeleri 91, 3.
perdiscat 74, 15.
perdoctis 18, 3.
perducta (in obliuionem —)
29, 1.
perdunt 26, 14. 163, 5. perdiderunt *V. L.* 94, 4.
perennes 134, 3.
perennitas 33, 1. 51, 2.
pereunt 17, 5. -ierunt 115, 9.
153, 13.
perfecta 35, 13. -i 44, 18. 88, 5.
perfectius 8, 6.
perficitur 129, 15. -fecta (fuerint —) 83, 8. -fectae sunt
127, 19.
perfidiae 75, 4.
perforat 163, 13. -oretur 144, 4.
perfossis 44, 7.
pergant 13, 12. 73, 7.
perhibetur 75, 14. 141, 14.
perhorrescunt 90, 14.
periclitati sunt 132, 12.
periculose 157, 10. periculosius
101, 18.
periculosius (*adi.*) 112, 6. 152, 10.
periculosum 108, 6.
periculum 13, 2. 78, 13. 85, 9.

praeterea *passim*.
praeterisse 8, 15. 113, 5.
praetermissus 81, 12.
praetores 65, 24.
praetoria (porta) 25, 4.
praetorium 25, 9. 83, 14. -o 54, 7.
praetulisse 19, 11.
praeuenerint 69, 6.
premebantur 49, 13. premit 25, 12.
in primis 9, 8.
primiscrinius 54, 7.
primo (*adu.*) 20, 1. 21, 11. 26, 20. 28, 21. 104, 9. 115, 5. 140, 13.
primum (*adu.*) 7, 10. 53, 1. (— omnium) 58, 14. 74, 12. 82, 4. (quam —) 85, 2. 90, 13. 106, 15. 111, 8, 21. 139, 11. 141, 13. 153, 18.
primus 39, 20. (— hastatus) 41, 12. 64, 14. 115, 17. [121, 13.] 129, 18. -a 26, 5. 38, 5, 13, 20. 44, 10. 48, 5. 49, 8. 97, 21. 114, 1. 127, 12. 136, 4. -a (*pl.*) 83, 12. -ā 6, 7. 10, 20. 22, 14. 38, 22. 41, 10. 47, 9, 13. 53, 24. 54, 5. -ae 41, 14, 19. (*pl.*) 25, 7 *et* 48, 22. -am 54, 3. 97, 20. 107, 12. 108, 12. -i 18, 10. 39, 21. (—pili) 41, 8 *et* 54, 3. 42, 14. 63, 5. 76, 2. 101, 7. -o (— principe) 41, 7. 47, 19. 97, 17. 108, 8. 136, 1. -um 29, 3. 44, 23. 95, 12. -is 12, 21. 97, 16. 98, 13. (a —) 111, 18. in primo 96, 13.
princeps (*militare uocabulum*) (—secundus) 41, 14. -ipe (primo —) 41, 8. -ipes 22, 15. 35, 8. 47, 14. -ipum 48, 5.
principale 35, 6. -es (— milites) 41, 4. 47, 15. (uentos —) 154, 1. -ibus (uentis —) 154, 6. -ium (— militum) 39, 14. 52, 9.
principem (= imperatorem) 4, 5. -es 7, 4. 127, 14. 150, 18. -i 32, 11. 44, 14. -is 37, 14. -ibus 4, 2.

principia legionum (*locus*) 22, 26.
principiis = militibus principalibus 71, 10. 82, 17. -orum 16, 15. 39, 15. 67, 9. 70, 12.
prior (triarius —) 41, 18. 103, 2. 107, 1. 118, 4, 5. -ores 22, 20.
prisci 63, 2.
priuatus 37, 22. -a (*adi.*) 52, 5. -orum 157, 13. -is (*adi.*) 52, 8 *et* 135, 3.
priuilegiis 41, 4. -o 83, 10.
prius (— quam *cum coni. praes.*) 13, 19 *et* 103, 16. 18, 3. (— quam (*cum fut. ex.*) 24, 12 *et* 102, 25. 78, 5. 91, 23. 96, 16.
priusquam *uide* prius. (*cum fut. exact.*) 19, 15. (*cum coni. praes.*) 79, 3.
pro 4, 16. 5, 3. 14, 21. 16, 12. (— merito) 19, 9. 24, 20. 36, 12. 38, 3. 51, 2. 53, 6, 7. 58, 7, 10. 65, 7. 69, 10. (— similitudine) 70, 19. 71, 11 *bis.* 72, 9, 17. 80, 6. 81, 20. 83, 17. 87, 14. 89, 9. 100, 5. 109, 15. 118, 1, 11. 119, 6, 17 *bis.* 123, 18. 129, 18. 132, 21. 138, 13. 143, 3. 148, 18. 149, 9. (— rostris) 162, 12. 151, 18. 153, 15. 155, 9. (— uice) 163, 11. *uide* parte.
probandis 11, 8. -ant 34, 7. 51, 11. -antium 11, 13. -arentur 9, 9. -ari 38, 17. -atur 151, 8. -auit 15, 4. -ata 123, 12. -atam 43, 13. -atos 90, 2.
probatissimis 75, 21. 85, 2. 106, 16. -os 84, 4. 108, 22.
procedit 93, 10. 104, 9.
procellae 158, 17. -as 155, 10. 159, 4. -is 153, 11. 155, 10.
procerā 46, 7.
proceritas 138, 16. -atem 5, 13. 9, 6. 10, 9.
processionibus 55, 6.
procinctu (in —) 83, 11.

pugnatores 98, 18. -um 85, 17.
pulchriora 81, 22.
[pulset 122, 3.] -ati 131, 15.
pulsu 161, 1.
puluis 73, 17. 96, 2. -erem 7,
11. 14, 11. 95, 23. 151, 16.
-ere 114, 7.
puluerulentā 91, 13.
puncta *(subst.)* 15, 20, 23.
punctim 15, 16. 70, 20.
punctis *(n.* punctum) 11, 16.
37, 15.
Punico (secundo — bello) 29,
6. -cum (primum — bellum)
29, 3.
puta (ut —) 72, 17. putamus
78, 17. -ant 89, 3. 93, 16. -at
119, 8. -etur 10, 21. -o 143,
10. 164, 8. -aris 68, 19. -aue-
runt 67, 13. 127, 15.

putei 134, 15.
Pyrrhus 115, 17, 18.

Q.

quā *(adu.)* 84, 16. 143, 15.
quadragenos 138, 15.
quadraginta duo 99, 9.
quadrata 25, 1. 81, 21. [-ā 121,
12.] -am 27, 1.
quadrigae 115, 11. -as 115, 3.
quadringentos 107, 22.
quadro 105, 8.
per quadrum 138, 15.
quaedam *(pl. f.)* 57, 7. *(sing.)*
145, 9. quādam 127, 16.
quendam 53, 23. quidam 156,
1 *bis.* quibusdam 51, 13. 77,
4. 150, 12. quodam 27, 19.
160, 4. quosdam 4, 18.
quaerantur 75, 6. [-at 122,
8, 11.] -enda 118, 10. 151, 2.
-endum 85, 19. -entes 79, 10.
-imus 12, 7. -is 95, 20. -it
38, 7. -itur 65, 1. 67, 10. 129,
3. 144, 14. -unt 51, 10. -un-

tur 119, 3. -siuit 64, 8. 91,
19.
quaestuosum 54, 8.
qualis 86, 17. -es 11, 14.
qualitas 25, 2. 151, 1. -tate 74,
15. 100, 5.
qualiter 47, 6. 98, 15. 136, 8.
qualos 25, 24.
quam (= *η̄*) *passim. uide* ante,
postea, prius. — maxime
158, 15. — plurimi 130, 21. —
primum 85, 2.
quamdiu 80, 20. *(cum coni.* =
dum) 88, 4.
quamlibet *(cum coni.)* 151, 6.
quamuis 11, 21. 36, 3. 49, 2.
91, 2. *(c. coni. pr.)* 96, 11.
(c. fut. ex.) 100, 19. 108, 19.
131, 15. 135, 6.
quando 52, 2. 96, 3. (= aliquando) 107, 10 *et* 117, 12.
115, 2. 131, 12. 135, 14. (ne
—) 148, 20 *et* 149, 11. 157,
12.
quanta *(pl.* = quot) 55, 17.
(pl.) 78, 22. *(sing.)* 148, 14.
-tos 37, 9. (= quot) *V. L.* 85,
10 *et* 99, 14.
quantamlibet 35, 14.
quantitatem 82, 1.
quantolibet 65, 14.
quantouis 45, 8.
quantum 11, 9. 16, 7. 17, 24.
35, 17. 52, 21. 63, 18. 85, 10.
89, 17. 107, 13. (tantum —)
128, 4, 6. 148, 14. *uide* in. -o
(— tanto) 58, 19. (tanto —)
65, 15. 67, 20. 88, 19. (tanto
—) 93, 1 *et* 95, 13. (— tanto)
110, 16 *et* 142, 15 *bis. et* 143,
4 *et* 147, 19. (tanto —) 149,
2 *et* 160, 18.
quantumuis 113, 21.
quapropter 37, 3.
quartus 97, 11. [121, 19.] -a
17, 15. 38, 18. 42, 5. 47, 12.
107, 21. -ae 108, 10. -o 115,
14. 159, 6. -um 97, 16.

quasi 15, 9, 12. 24, 4. 45, 17.
48, 22. 50, 9. 53, 2. 87, 19. 94,
14. 106, 6. 107, 7. 109, 1. (*c.
plsqf.coni.*) 117, 2. (*c.pf.coni.*)
118, 7. 129, 20. 150, 8.

quassata 44, 1.

quatenus *c. praes. coni.* 59, 9.
90, 11. 104, 4. *c. imperf. coni.*
45, 11. 124, 1. *c. ind. pf.* 159,
16.

quaterni 83, 20 *bis.* -os 152, 14.

quattuor 37, 13. 41, 9. (— milibus) 66, 2. 83, 22. 98, 2. 115,
12. 154, 1.

que *passim.* que — et: seque
et milites 13, 23. seque et
equos 67, 18. seque et sua
69, 4.

quemadmodum (— ita) 46, 1
et 57, 18. 66, 14. (— ita) 75,
12, 18. 88, 1. 111, 2. (uidere
— abscedebant) 111, 17. (—
ita) 138, 6 *et* 141, 18.

quempiam 54, 1.

quemquam 4, 4. cuiquam 21,
15. 152, 15.

qui, quae, quod, cuius *etc. passim*, *cf.* 34, 1. 72, 24. 91, 8.
104, 16, 18. 123, 15. 137, 1,
11. 143, 7. est quae 8, 9. hoc
est in quo 10, 17. subita (*scil.*
sunt) quae 76, 17. hoc tempus est quo 93, 1 *et* 112, 8.
hic locus est in quo 102, 7.
assimulatum V. L. 47, 17. 97,
14. *V. L.* 97, 14. 133, 7. 134,
22. 143, 7, 20. 158, 12. qui =
quis 85, 22 *bis.*

quia 4, 2. 6, 16. 18, 20. 33, 10.
38, 17, 20, 24. 39, 4, 7, 19, 21.
40, 9. 41, 5. 45, 2. 47, 15. 50,
2. 51, 1? 54, 22, 24. 57, 3. 66,
10. 75, 16. 83, 13, 21. 86, 15.
91, 12, 19. 98, 18. 102, 20. 103,
2, 4, 7. 104, 6, 10. 105, 11.
108, 6, 16. 109, 1, 5, 16. 110,
21. 111, 7, 9. 112, 9, 19. [120,

12.] 129, 10, 21. 132, 21. 133,
16. 136, 1, 18. 139, 18. 140,
18. 142, 4. 149, 7. 150, 1. 151,
2, 7. 153, 14. 156, 5, 8. 157,
12. 158, 1. 160, 20. 163, 4.
164, 8.

quicumque 153, 10. quodcumque 143, 1. quocumque 59,
21. 118, 19. quacumque 68,
21. 72, 18. 137, 14. quaecumque 5, 20. quibuscumque 10,
21.

quidem 5, 14. 6, 8, 14, 18. (Et
—) 8, 4. [9, 14.] 12, 8. 18, 4.
51, 11. 55, 13. 72, 4. 76, 6. 95,
21. 161, 4.

quiduis 51, 6.

quieta 155, 8.

Quinctio Cincinnato 7, 23.

quingentaria (cohors —) 38,
15.

quingentos 107, 22.

quinos 9, 8. 19, 11. 152, 15.
-as 47, 18.

quinquagenos 138, 15.

quinquaginta quinque 42, 6.
59, 2.

quinque 13, 4. 38, 21. 41, 19.
42, 5. 47, 20. 48, 3. 82, 13.

quinta decima 151, 11.
[quintus 121, 21.] -a 38, 19,
20, 21. 47, 12. 108, 10. -ā 97,
23. -o *V. L.* 156, 11.

quippe 24, 3.

quique 11. 12. 93, 18. 118, 15.

quis (*interr.*) 46, 23. 86, 1 *bis.*
88, 19. 89, 16 *bis*, 17 *bis.* [122,
17 *bis.*] -em 12, 3. quid 5,
11. 12. 11, 6. 21, 18, 19. 32,
10. 34, 15. 79, 7. 87, 20. 88,
1. 94, 1, 7. 98, 13. 139, 8.
161, 7. 164, 5.

quis (*indef.*) 28, 6. 50, 14. 51,
20. 52, 2, 12. 118, 11. 119,
7. 129, 11. quā 80, 15. 84, 5.
quid 14, 15. 17, 2. 66, 6. 89,
11. 94, 4. quem 18, 12. quā

rursus 45, 15. 54, 2. 55, 3. 56,
11. 113, 10.
rusticam 7, 3. -o 7, 12.
rusticitas 75, 7.
rutila 159, 6.
rutra 59, 15.

S.

saccus 53, 10. -i 53, 9. -o 53,
13. -os 91, 13.
sacram 39, 17.
sacramenta 36, 7. 37, 16. -o
58, 8.
sacrilegii 32, 15.
saeculi 127, 10. -is 36, 19. 93,
4.
saepe *passim.*
saepibus 25, 20. 83, 2.
saepiuntur 137, 6. -ptum 139, 1.
saepius 37, 6. 56, 19. 68, 4. 85,
15. 86, 8. 91, 23. 103, 22. 111,
7. 163, 13.
saetae 133, 18. -is 98, 5.
saeua 67, 1.
saeuior 68, 5.
saeuitia 157, 5.
saeuiunt 155, 9.
saga 130, 22.
sagacissimos 146, 2.
sagittā 148, 7. -ae 44, 2. 106,
13. 139, 17. 147, 18. 162, 2.
-arum 131, 1. -as 46, 18. 48,
13. 70, 17. -is 18, 16. 48, 11.
49, 20. 56, 18. 59, 6. 69, 19.
97, 17. 117, 9. 132, 20. 137,
16. 141, 10. 161, 15.
sagittandi 123, 13. -do 88, 5.
-are 17, 22.
sagittarius (*adi.*) 21, 18. -i 17,
24. 24. 22, 14. 48, 10. 49, 10.
56, 15. 96, 15. 100, 8. 139, 5.
141, 9. 142, 13. -is (*adi.*) 76,
12. 78, 18. 86, 1. 97, 10, 12.
108, 16. 116, 5. -orum 19, 13.
21, 13. 130, 18. -os 18, 7. 35.
10. 108, 11. 135, 1. -um (*adi.*)
8, 17.

sagmarii 43, 8. 76, 3. -is 76,
19. 77, 7.
sales 135, 7, 13. -em 135, 9.
-is 69, 16.
salitio 19, 17.
Sallustius (sicut ait —) 8, 11.
(— memorat ' — ') 13, 21.
saltus 8, 8. -ūs (*pl.*) 56, 10.
-um 13, 13. -u 13, 17, 21. 56,
12. 70, 22. 97, 3.
salubris 81, 14. -i 132, 11.
salubritas 24, 16.
salus 10, 17. 89, 9. -tis 144, 4.
164, 5. -tem 128, 8. -te 5, 3.
51, 2. 58, 10. 72, 6.
salutare 24, 2.
sambuca 141, 15, 17.
sameare *V. L.* 46, 22.
Samnites 28, 11.
sanctum Spiritum 37, 17.
sanguine 6, 19. 92, 5. 135, 16.
-inem 6, 16. -inis 6, 14, 21.
18, 17.
sanitas 66, 15. -atis 47, 4.
-ati 67, 3. -atem 67, 13. 67,
22.
sapere 6, 14.
sapientes 75, 5. -ibus 85, 14.
-is 91, 2.
sapienter 79, 4. 96, 10.
sapientissimo 110, 3.
Saracenus 123, 16.
sarcinis 57, 15. 82, 18.
Sardiniam 149, 20.
sarisas 116, 3.
sarmenta 144, 21.
satis 94, 9. 102, 19.
saxum 57, 1. -o 162, 5. -a 57,
2. 98, 4, 6. 132, 21. 143, 5.
147, 1, 18. 161, 16. -orum 137,
6. 143, 3. -is 59, 6. 69, 19.
134, 17. 139, 7. 143, 10. 145, 6.
sauciat 15, 24.
scaenici 58, 7.
scafae 152, 18. -as 59, 6.
scafulas 80, 5. -is 164, 2.
scalae 148, 3. -arum 141, 13.
-as 129, 11. 131, 5. 138, 21.

16. 122, 2.] -is 20, 3. -o 38,
21. 100, 3. 103, 22. 107, 6, 9.
119, 20. -os 23, 14. -um 39,
7. 48, 18. 102, 12, 23. 107, 4,
21. 108, 13. [121, 14.]
sinuetur 162, 19.
sinuosis 129, 8.
sinus 105, 13. -ūs (pl.) 26, 21.
-um 106, 6. in -u 129, 13.
siquidem cum coni. praes. 32,
3. 55, 8. 72, 5. 152, 6. cum
coni. impf. 52, 6.
sitis 135, 5. -i 114, 7.
situ 47, 1.
siue 19, 1. 23, 8. 42, 17. 51, 18.
57, 14. 70, 23. 71, 9. 77, 14.
89, 14. 90, 3. 129, 1. 133, 1.
134, 11. 136, 4. 137, 16. 140,
8. 142, 9. 146, 7. 147, 16, 19.
151, 3. 154, 10 bis. 155, 2, 3,
4, 5. 163, 12.
siue — siue 98, 7. cum coni.
praes. (— siue) 8, 16. 17, 21.
cum ind. pr. 55, 1. cum fut.
ex. 57, 17. 99, 11. 145, 10.
163, 10. cum coni. praes. 84,
12, 17. 93, 8.
siue — siue — siue 51, 14. cum
fut. exacto 55, 7. 71, 3. 109,
19. 147, 6.
sobrius 42, 23. 46, 10. 88, 9.
socialium 66, 12.
sociantur 11, 14. 152, 19. -ari
10, 16. -ata 140, 16.
sociis 34, 3. 73, 19. -orum 36,
24. 104, 5. -os 80, 4.
sol 95, 24. 148, 9. 159, 7. -is
6, 18. 7, 4. 12, 11. 66, 20. 96,
5. 135, 9. -i 6, 13. -em 7, 11.
95, 23. -e 135, 12. 146, 1.
soleant 54, 10. -eat 81, 16.
-ebant 22, 16. 23, 1. -ent 5,
8. 14, 6. 26, 24. 37, 16. 40, 4,
15. 59, 3. 76, 17. 77, 13. 96,
4. 133, 9. 153, 7. -ere 74, 5.
-et 79, 14. 105, 10. 112, 10.
118, 18. [120, 6, 10.] 150, 2.

solidant 138, 4.
soliditate 132, 22. -tem 80, 10.
solidus 40, 20. solidae 152, 6.
-o (uide V. L. 159, 9.
solitā 96, 6. -o 159, 9.
sollemni 157, 8. 158, 7. -ibus
35, 3.
sollers 68, 10.
sollerter 5, 18.
sollertiă 17, 18. 51, 7. 153, 14.
160, 15. -ā 146, 4.
sollertiores 74, 17.
sollertissime 148, 19.
[sollicitandis 120, 11.]
sollicite 79, 6.
sollicitudo 44, 20.
sollicitus 89, 11. -i 93, 1. -os
159, 12.
sŏlo 141, 6.
solstitio 154, 7. -tium 151, 20.
soluerint 93, 17.
sōlus 64, 4. 72, 11. 106, 4. -ā
57, 1. 63, 7. 72, 8. -am 89,
3. -um 101, 9. 119, 15. -o 16,
20. 109, 19. -i 54, 18.
solutior 82, 10.
somni 81, 8. -o 147, 6.
sonat 64, 16.
sonis 73, 2.
sortiuntur 152, 15. -itus est
155, 3.
spargere 99, 6. [120, 15.] -itur
79, 21. -sis 103, 14.
spathas 47, 17. 97, 22.
spatium 8, 15. 13, 7. 50, 17.
81, 23. 96, 20. 97, 2. 117, 3.
148, 11. -o 26, 22. 93, 19.
105, 12. -a 26, 14.
species (sing.) 143, 6. 159, 12.
(annonariae —) 68, 12. (acc.)
131, 10 et 161, 6. -e (in —)
11, 22. -em 138, 11. (ad —)
144, 11. -erum 84, 13.
spectaculo 157, 8.
spectare 25, 4. -at 96, 10.
specu 144, 13.
speculandi 153, 3.

superesse 75, 4. -est 111, 2. 139, 8. (una spes — ut) 144, 4. 164, 5.

superfluā 10, 7. -is 102, 15. -os 101, 11, 16. -um 143, 10.

superfundenda 100, 11. -fuderat 135, 11.

superiectis 59, 10.

superior 79, 17. 88, 12. 95, 13. 128, 2. -orem 18, 6. 64, 13. -ore 29, 2. 94, 2. 130, 11. -ori (abl.) 141, 19. -ora 145, 12. -orum 35, 19. -oribus (ex —) (subst.) 81, 18. (pro —) 118, 1. (in —) (subst.) 139, 5.

superius 142, 3.

supernumerariis 102, 11. -os 52, 12. 102, 22. 106, 3. 107, 2.

superposita 134, 17. -as 117, 7. -is 79, 22.

superstites 119, 1.

superueniat 90, 17. -iens 113, 7. -ire 78, 16. 113, 21.

superuentus 76, 7. 83, 9. -ūs gen. 74, 9. 91, 10. pl. 80, 11. 88, 15. 90, 7. 112, 13. 146, 4. 153, 2. 162, 8. -u 24, 8. 77, 21. 104, 18. -um 50, 12. 65, 8. 112, 18. -ibus 70, 2. 81, 9. 91, 16. [103, 10. 120, 5.]

suppetat 6, 21. 11, 3. 24, 16. 67, 3.

supplicia 75, 5. -orum 72, 2.

supra adu. 12, 19. 25, 19. praep. 20, 1. 25, 14. 22, 78, 10. 82, 6. 83, 4. 130, 10. 131, 6. 139, 9. 140, 22. 146, 11. 147, 3.

surgit 73, 17.

suris 10, 7.

suscipere 39, 13. [-piendis 120, 11.] -piet 98, 18. -pit 38, 8. -piunt 158, 13. -cepisset 92, 12. -cepti 128, 11.

suspenditur 163, 16. -unt 143, 21. 144, 20.

suspicantes 90, 10. 162, 12.

-antibus 112, 12. -antur 75, 15.

suspitione 131, 15. -ibus 75, 17.

sustententur 53, 2. -et 102, 14.

sustineant 106, 4. 145, 6. [-ebit 120, 2.] -ent 141, 13. -ere 22, 5. 70, 8. 78, 14. 80, 16. 109, 10. 155, 13. -eret 149, 12. -et 13, 2. 67, 10. 78, 6. 97, 22. 102, 5.

T.

tabernacula 43, 4. 83, 15.

tabulas 162, 3. -is 140, 15.

tabulata 133, 10. [152, 11.] -is 59, 10. 79, 22. 80, 7. 136, 9. 137, 5. 138, 11. 140, 9. 142, 9. 144, 24. 161, 22.

tacticos 63, 9.

taedio 86, 14.

taleas 133, 7.

talis 81, 11. 106, 10. 107, 21. 113, 1. [119, 12.] -e 112, 12. 141, 1. -em 94, 14. 140, 13. -i 129, 11. -es 11, 13. -ibus 48, 6.

taliter 9, 3.

tamdiu — quamdiu 80, 20.

tam 10, 22. 20, 7. 24, 2 bis. 117, 14. 138, 19. tam — quam 27, 11. 47, 4. 59, 11. (— etiam) 64, 20. 78, 10. 102, 9. 107, 3.

tamen passim.

tamquam 12, 7. 15, 7. 17, 10. 22, 18. 33, 2. 35, 5. 37, 20. 39, 23. 40, 3. 41, 11. 42, 14. 49, 15. 88, 9. 98, 8. 161, 7, 21. 164, 4.

tangerent 56, 19.

tanta 20, 2. 36, 24. 37, 1. 41, 22. 44, 15. 56, 7. 138, 16. 144, 3. (pl. = tot) 162, 6. -ā 71, 15. 141, 14. -ae 89, 7. -arum 21, 14. -as 64, 8. -i 32, 14. 150, 15. -is 56, 5. -o 11, 18. 141, 6. -um 138, 12.

tantum 27, 17. 35, 17. 52, 20.
(— est ut) 110, 2. 128, 3. *uide*
in. -o 4, 12. 58, 20. 65, 14.
93, 1. 95, 13. 110, 17. 142, 15.
143, 4. 147, 20. 149, 2. 151, 1.
160, 17.
tantum (*adu.*) 7, 22. 12, 6. 56,
21. 135, 6. 151, 13, 19. 154, 1.
tardior 65, 7.
tardius 34, 20. 66, 19. 77, 16.
Taurus 156, 12.
tectum 137, 4. -o 19, 20. 57,
9. 67, 15. -is 135, 5. 145, 5.
[tecum 122, 19.]
tegendae 130, 5. -erentur 57,
7. tectas 49, 4. -to 15, 23.
tegminum 161, 9.
tegulis 57, 5.
teguriola 145, 20.
telum (unum est et maximum
—, ut) 68, 9. -i 117, 9. 134,
21. 147, 11. -a 9, 2. 23, 11.
58, 20. 95, 14. 96, 1. 97, 4.
104, 11. 107, 17. 110, 19. 137,
20. -orum 13, 17. 102, 27.
137, 6. 145, 6. 161, 14. -is 19,
5. 22, 17. 27, 14. 134, 19.
temerarii 86, 18.
temere 86, 20. 88, 7.
temeritatem 32, 17.
temperatioribus 6, 20.
temperaturae 132, 19.
temperentur 147, 21. -etur 132,
12. 142, 17. -et 90, 8. -atum
73, 1.
tempestas 156, 10. -ate 57, 8.
-ates 157, 15. 158, 5. -atibus
81, 16. 155, 6. 156, 12. 158,
14. 159, 1. -atum 153, 14.
temptabit 87, 20. -anda 85, 7.
90, 19. -audus 8, 8. -ant 113,
4. -antur 157, 11. -aret 15,
13. -at (*cum inf.*) 114, 1.
-emus 21, 2. -es 51, 4. -aue-
rint 144, 6. 162, 20. [-aueris
119, 18.]
tempus 21, 6. 87, 13. 90, 12.
92, 20. 112, 8. 149, 3. 156, 6.

-oris 50, 17. 157, 10. -ore 11,
8. 57, 5. 66, 16. 67, 23. (in —)
68, 6. 69, 17. 70, 23. (ex —)
79, 9. (in —) 80, 10. 81, 3.
105, 3. 146, 16. (ex —) 147,
11. *V. L.* 151, 8. -orum 35,
19. 155, 9. -oribus 4, 1. 123,
12. 150, 12.
tendant 83, 19. -ere 99, 4.
-itur 105, 12. 142, 14. -untur
25, 8. 130, 22.
teneant 17, 19. 145, 11. -ean-
tur 70,13. -eat 35,11. -eatur
80, 20. -ebat 48, 17. -ebatur
98, 11. -ebit 99, 10. -emus
128, 1. -ent 162, 13. -entes
20, 4. -ere 21, 19. -et 155, 1.
tenuit 41, 7.

tenebrarum 145, 17.
tenebrarum 145, 17.
tentoria 40, 18. [122, 13.] -is
66, 18.
tenue 148, 6.
tenuetur 77, 17.   -ata 99, 17.
tepore 151, 8.
ter 27, 11.
teretes 18, 15.
tergere 46, 22.
tergum 65, 17. a -o 75, 22. 76,
7. 84, 24. 97, 1. 99, 6. 102, 13.
109, 2. 113, 19. 129, 13. -a 13,
12. 26, 18. 56, 13. 104, 5. 106,
18. 110, 14. 118, 14.
ternas 23, 12. -is 137, 13. in
-o 99, 3. -os 96, 17. 99, 1.
152, 14.
terrä 25, 21. 59, 15. 82, 10. 83,
3. 129, 17. 130, 1. 144, 13.
-ä (in —) 17, 22. (e —) 25,
13. 91, 14. 137, 19. 138, 3.
141, 4. -ae 28, 9. -am (in —)
15, 6. 25, 14. 82, 9. 142, 5.
148, 10. -arum (orbem —) 5,
10. -as 160, 6. 163, 5. -is 44,
7. 144, 10.
terreant 85, 11. -antur 102, 27.
-itus 110, 18. -itos 65, 18.

terrena 32, 6.
terrestre 149, 8. 161, 5. -i 157,
5. -is 149, 5. 162, 8.
terrifico 135, 17.
terrore 17, 1. 79, 10. [120, 5.]
136, 5. -em 49, 3. 115, 5. -is
46, 23.
tertio (adu.) 27, 1.
tertius 64, 16. 97, 9. 102, 19.
[121, 17.] -a 17, 15. 26, 6.
38, 15. 42, 5. 47, 11. 81, 23.
107, 15. 160, 1. -ā 22, 15. 38,
16. -o 157, 2. -um 97, 16.
156, 7.
tessera 40, 5. 42, 17. -am 40, 5.
tesserarii 40, 5.
testantur 111, 5. -atur 33, 6.
-entur 146, 3.
[teste 9, 13. 20, 14.]
per testimoniales 35, 23.
testimoniis 4, 8.
testudo 136, 10, 17. -inis 136,
17. -ines 59, 19. 136, 6. -ini-
bus 143, 18.
Teutonum 92, 15.
texebant 14, 19. -endas 134,
11. -uerunt 150, 18.
Thebanis 141, 15.
Thessali 28, 13.
Thracas 28, 14.
thrascias 155, 5.
Tiberi (in —) 7, 21. (dat.) 14,
10.
tignarios 43, 15.
timentibus 76, 19. -entur 95,
9, -ere 87, 6. -et 8, 1. 23, 23.
timidi 86, 19.
timor [122, 20.] 136, 1.
tinguntur 153, 6.
tiro 7, 2. 11, 17. 14, 3. 15, 8,
14, 27. 16, 4. 17, 7. 24, 1. 26,
9. 55, 18. 94, 10. -oni 9, 3.
-onem 5, 18. -one 10, 8. -ones
6, 7, 20. 10, 17. 11, 13. 12, 21.
14, 18. 21, 2. 23, 21. 26, 19.
51, 10. 87, 12. -onum 4, 18.
9, 6. 28, 6. 33, 2. 64, 14. -oni-
bus 11, 8. 12, 1. 14, 22. 15, 5.

18, 20. 19, 16. 50, 16. 87, 14.
89, 3.
tironem adi. 89, 12.
titulos 4, 18.
tolerandae 114, 7.
tolerantiam 7, 6.
tollenon 142, 5. -one 141, 16.
tormenta 133, 17. 147, 2. 161,
6. -is 134, 2, 4. -orum 43, 12,
20. 69, 5. 143, 6.
torquati 40, 19 bis.
torques 40, 20.
torrentes 14, 6. 79, 2. -ibus
24, 19. -ium 160, 5.
tot 11, 10. 14, 8. 21, 14. 29, 7
ter. 64, 8. 162, 4.
totus 72, 12. 112, 3. -ā 53, 11.
98, 14. 102, 7. 109, 5. -ius
10, 17. 38, 9. 41, 11. 44, 23.
51, 14. 128, 9. -am 117, 17.
-um 97, 23. -ā 41, 21. 42, 6.
-o 115, 10.
totidem 13, 5.
trabes 142, 5, 6. 163, 8. (pl.)
74, 2. 133, 9. 140, 19. 151, 19.
152, 5. -em 136, 12, 19. -e
141, 18. -ibus 59, 7. 79, 24.
80, 6. 138, 11.
tractandi 96, 20. -andum 86, 9.
[-anti 22, 1.] -are 9, 1. (— ne)
78, 21. [-ato 122, 17.] -et 85,
15. -etur 6, 7. -asse 10, 13.
tractatus 68, 11. 155, 15.
tradenda (est —) 19, 3. -dit
55, 17. -ditur 16, 3. -dunt
(se —) 86, 15.
tragularii 48, 12.
ad trahendum (muli — deputantur) 58, 17. -unt 143, 18.
Traiani 12, 17. -o 36, 14.
tranquilla 155, 8. 159, 1. -o
160, 20. de -o 158, 17.
tranquillitas tua 32, 4.
transduxit 28, 20.
transeant 79, 17. -eantur 59,
12. -eundis 65, 9. -eunt 80,
3. 131, 1. 139, 4. 161, 18.
-euntes 142, 2. -euntur 14, 4.

turbabis 101, 14. -anda 100,
11. -antur 69, 7. -are 103, 9.
158, 14. -arentur 77, 1. -aret
49, 18. -ari 45, 4. -atur 74,
10. -ent 97, 7. -eris 106, 9.
-et 8, 19. -ata 104, 17. -ato
57, 8.
turbinum 153, 11.
turbulenti 71, 10.
turma 46, 2, 3. -ae 46, 15. -as
27, 17.
turmales 46, 19.
turricula 140, 17. -am 140, 15.
-is 147, 12.
turris 138, 20. 139, 5. (—amb.)
140, 22. 141, 3. -em 139, 2.
140, 13. 141, 19. -e 142, 2, 4.
-i (abl.) V. L. 142, 2. -es 43, 17.
(— ambulatorias) 59, 20. 129,
10. 132, 23. 133, 14. 136, 7.
(— amb.) 138, 4. 138, 10, 17.
145, 3, 11. 161, 20. -ium 140,
23. 148, 9. -ibus 74, 2. 117,
1. 134, 19. 138, 8. 141, 8. 145,
20. 146, 2. 161, 7.
turritam 140, 3.
tutantur 164, 8. -tatur 153, 16.
tutela 89, 8. 149, 16.
tutioribus 95, 5.
tutissima V. L. 129, 3. -as 69,
3. -o 129, 3. -um 75, 10. V.
L. 129, 3.
tutius 75, 23. 117, 1.
tuto 111, 7.
tutus 131, 14. -ae 78, 11. -i
114, 11. 137, 10. -o 24, 14.
-um 84, 22.
[Tydeum 9, 14.]

V.

uacantes 90, 9. -ibus 101, 3.
-are 52, 8. -ent 70, 16.
uadari 59, 11.
uadat 54, 1.
uado 79, 14.
uadosa 160, 17.
uagantibus 104, 2.

uago 104, 18.
ualeant 9, 17. 37, 7. 78, 18.
-eat 11, 20. -ent 148, 4. -en-
tibus 10, 5. -eo 36, 16. -et
6, 11. -uerunt 28, 12. -uisset
5, 12.
ualida 113, 2. -is 13, 22. -o
139, 20.
ualidiores 38, 17. -a 161, 12.
ualidissimis 133, 6.
ualli (masc.) 82, 7.
uallibus 113, 14.
uallum 24, 4. 43, 10. 59, 6.
84, 8. -i 43, 4. -o 50, 13. 91,
8. 147, 11.
uaria 10, 22.
uariantur 160, 12. -ari 72, 21.
-atur 77, 12. -etur 159, 9.
uarietas 77, 11. -atem 63, 10.
-ate 118, 12.
Varro 159, 14.
uasa 135, 9.
ubi 7, 9. 25, 16. 36, 7. 72, 5.
110, 18. 113, 3. 115, 9. (cum
fut. ex.) 139, 18 et 145, 15.
161, 8.
ubique 11, 10. 24, 5. 29, 4. 33,
17. 50, 11. 60, 1. 101, 8.
udentur 80, 2.
ue 50, 8. 159, 10.
uecte 13, 22. -es 70, 19. -ibus
129, 17.
uegetatur 160, 3.
uehebant 116, 5. -itur 153,
10.
uehementer 9, 15. 101, 4.
nehementior 23, 15. 143, 6.
uehementissimas 157, 15. -um
156, 9.
uehementius 22, 18. 95, 14. 97,
3. 117, 7. 136, 16. 147, 17.
uehicula 43, 8, 20. 76, 4.
uel passim; cf. 94, 2. uide
certe; uel — aut 87, 8. uel
— uel 4, 4. 10, 11. 13, 13. 17,
12. 18, 8. 21, 1, 15. 35, 17. 37,
22. 40, 7. 43, 18, 20. 63, 17.
70, 18. 106, 13. 107, 16. 127,

16 *

244   Index uerborum.

Numerorum sigla.

Supplementum indicis.

CPSIA information can be obtained
at www.ICGtesting.com
Printed in the USA
LVHW021515171218
600760LV00009B/246/P

9 781377 156002